HISTOIRE DE L'EUROPE.

« Bellum maxime omnium memorabile, quæ unquam gesta sint, me scripturum ; quod, Hannibale duce, Carthaginenses cum populo Romano gessere. Nam neque validiores opibus ullæ inter se civitates gentesque contulerunt arma, neque his ipsis tantum unquam virium aut roboris fuit : et haud ignotas belli artes inter se, sed expertas primo Punico conserebant bello ; odiis etiam prope majoribus certarunt, quam viribus ; et adeo varia belli fortuna ancepsque Mars fuit, ut propius periculum fuerint, qui vicerunt. »

LIV., lib. 21.

Imp. de F. PARENT, à Bruxelles.

HISTOIRE DE L'EUROPE,

DEPUIS LE

COMMENCEMENT DE LA RÉVOLUTION FRANÇAISE,

EN 1789,

JUSQU'A NOS JOURS;

PAR SIR ARCHIBALD ALISON,

BARONNET.

(Traduction de l'anglais.)

TOME III.

PARIS,

COMPTOIRS des imprimeurs-unis. LACROIX-COMON, ÉDITEUR, QUAI MALAQUAIS, 15. LIBRAIRIE scientifique et agricole.

1857.

HISTOIRE DE L'EUROPE.

CHAPITRE VI.

TRAVAIL DE LA CONSTITUTION, DEPUIS L'INSURRECTION DE VERSAILLES JUSQU'A LA FIN DE LA CONSTITUANTE (7 OCTOBRE 1789 — 14 SEPTEMBRE 1791.)

Fâcheux effets de la translation de l'Assemblée à Paris. — Le duc d'Orléans envoyé en Angleterre. — Retraite de Mounier et de Lally-Tollendal. — Tumulte à Paris, meurtre de François. — Décret contre les rassemblements séditieux. — Nouveaux désordres. — Captivité de la famille royale aux Tuileries; elle est exposée aux insultes de la populace. — Anecdotes sur le dauphin. sérénité apparente de la reine. — Réunion de l'Assemblée et du club des jacobins dans leurs nouvelles salles. — Procès et exécution du marquis de Favras. — Division de la France en départements; municipalités. — Organisation municipale; franchises électorales. — Effets durables de ces innovations. — L'assemblée au manége; invention de la guillotine. — Enquête au Châtelet sur les désordres des 5 et 6 octobre. — Extrême pénurie des finances. — Arguments de Talleyrand en faveur de la spoliation de l'Église. — Réponse de Maury et de Sieyès. — Confiscation des biens du clergé. — Réflexions sur cette mesure. — Émission des assignats, vente des biens ecclésiastiques. — Division des propriétés. — Le clergé résiste. — Seul moyen d'éviter de semblables iniquités. — Nouvelle constitution du clergé. — Organisation judiciaire. — Efforts du clergé pour amener la dissolution de l'Assemblée. — Discours de Mirabeau à cette occasion. — Discussion sur le droit de paix et de guerre. — Discours de Mirabeau en faveur de la couronne. — Dotation de la liste civile. — Abolition des titres de noblesse. — Réflexions à ce sujet. — Organisation militaire. — Extrême difficulté d'employer la force armée contre le peuple. —

Institution générale de la garde nationale. — Des sections populaires armées de piques. — Dépréciation effrayante des assignats. — Arguments de Maury et de Talleyrand contre une nouvelle émission.—Mirabeau parle en faveur de la mesure.—Chute rapide des assignats. — Préparatifs de la fête du 14 juillet. — Détails. —Accusation contre le duc d'Orléans et Mirabeau. —Nobles paroles de Cazalès en cette circonstance. — Retraite de Necker. — Changement de ministère. — Révolte à Metz et à Nancy. — Caractère de M. de Bouillé. — Difficultés de sa position. — Bouillé marche contre Nancy. — Engagement sanglant. — Tumulte à Paris; fermeté de l'Assemblée. — Affreux désordres sur différents points de la France. — Nouveau serment ecclésiastique, ses effets. — Pourquoi les prêtres se refusaient au serment. — Discours remarquable de Cazalès. — Noble conduite du clergé. — Effets désastreux de cette mesure. — Lois révolutionnaires sur les successions. — Clubs de Paris. — Départ pour Rome des princesses Adélaïde et Victoire. — L'émigration continue. — Arrestation des princesses royales. — Discussion sur les émigrés. — Mirabeau s'allie à la cour. — Ses plans. — Sa mort. — Son caractère. — Ses funérailles. — L'opinion des hommes de lettres sur la Révolution se modifie. — Débat de l'Assemblée sur la peine de mort; discours de Robespierre. — Projet de fuite de la famille royale. — M. de Bouillé prépare le voyage. — Préparatifs à Paris. Plan de la cour. — Voyage de Varennes, fatalité. — Le roi se fait connaître au maire qui prend des mesures pour arrêter les fugitifs. — Le roi est retenu et gardé à vue jusqu'à l'arrivée des aides de camp de la Fayette. — Retour à Paris. — Causes véritables qui firent manquer la fuite de Varennes. — Consternation à Paris; commissaires envoyés à la recherche du roi; Barnave gagné à la cause royale. — Retour à Paris, cruauté du peuple durant le voyage. — Consternation générale. — Actes de l'Assemblée. — Arrivée de la famille royale à Paris. — Opinion des partis sur la fuite du roi. — Première profession des principes républicains, nouvelle division des partis dans l'Assemblée. — Un décret de l'Assemblée suspend l'autorité royale. — But des républicains. — Arguments de Robespierre contre le roi. — Réplique de Barnave. — Révolte au Champ-de-Mars. — Mesures vigoureuses de l'Assemblée. — Victoire de la Fayette. — Les constitutionnels ne savent pas en profiter. — On propose de modifier la constitution. — Les membres de l'Assemblée sont déclarés inhabiles à faire partie de la prochaine législature. — Le roi est rétabli dans l'exercice de son pouvoir. — Clôture de la session de l'Assemblée. — Jugement sur la Constituante, ses services. — Ses fautes et ses erreurs. — Toutes sont commises en opposition avec les instructions des cahiers. — Vice du principe qui conduisit à toutes les mesures désastreuses. — Création fatale d'une foule d'intérêts révolutionnaires. — Inutilité des concessions. — Causes de cette inutilité. — Quand fallait-il résister? — Humanité mal entendue du roi, ses irrésolutions. — Trahison des troupes et émigration de la noblesse.

« Dans tout État, dit Salluste, il arrive que ceux qui n'ont rien portent envie aux bons citoyens, préconisent les méchants, haïssent les institutions anciennes, en désirent de nouvelles : mécontents de leur situation, ils voudraient tout changer; ils se repaissent, sans souci du lendemain, de troubles et de séditions, parce que leur pauvreté n'y saurait rien perdre. Mais bien des causes avaient fait dévier la plèbe romaine de la route du devoir. Et, d'abord, ceux qui partout s'étaient le plus signalés par leurs vices et leur amour du désordre, ceux qui, par des motifs honteux, avaient perdu leur patrimoine, ceux enfin que des actions criminelles avaient forcés d'abandonner leurs foyers, tout cela avait afflué à Rome, comme dans une sentine [1]. » L'Assemblée nationale éprouva la vérité de cette observation de l'historien romain, aussitôt que le siége de ses délibérations eut été transféré au sein de la capitale. Paris, outre la dépravation naturelle à une grande cité, renfermait une population corrompue par l'immoralité et l'irréligion des règnes précédents. Ajoutez à cela la licence la plus effrénée, l'emportement des plus violentes aspirations, que grandissait encore l'enthousiasme de cette époque révolutionnaire, ainsi que la translation soudaine du souverain pouvoir aux mains de la multitude. Jamais peuple si peu habitué à modérer ses passions ne se vit en présence d'événements aussi propres à les enflammer; jamais le poison de la flatterie ne fut versé avec autant de profusion dans des âmes si peu préparées à la résistance. L'Assemblée, avec une précipitation fatale, se livrait, sans protection, à la merci de la populace la plus corrompue de l'Europe, et cela au moment de la plus grande exaltation. Fallait-il être prophète pour prédire les conséquences d'un semblable état de prostration ?

Dès la translation de la cour à Paris, il s'opéra dans les partis des modifications remarquables. Le duc d'Orléans vit le premier décliner son influence. Le général la Fayette déploya avec succès la plus grande vigueur, dans le but de montrer que le duc avait été le secret instigateur des troubles qui avaient failli devenir si funestes à la famille royale : il déclara publiquement qu'il pos-

[1] Semper in civitate, quibus opes nullæ sunt, bonis invident, malos extollunt; vetera odere, nova exoptant, odio suarum rerum, mutari omnia student; turba atque seditionibus sine cura aluntur; quoniam egestas facile habetur sine damno. Sed urbana plebes eo vero, præceps ierat multis de causis; nam qui ubique probro atque petulantia maxime præstabant, item alii per dedecora patrimoniis amissis, postremo omnes quos flagitium aut facinus domo expulerat, hi Romam sicuti in sentinam confluxerant. (Salluste. *Conj. de Catil.*, § 37.)

sédait des preuves irrécusables de la participation de ce prince au mouvement insurrectionnel dont il voulait profiter pour se faire nommer lieutenant-général du royaume. Le duc d'Orléans avait enfin perdu la confiance de tous les partis. La cour savait sa trahison; le peuple connaissait sa faiblesse; ses complices mêmes désespéraient de sa pusillanimité. Si l'on veut rester longtemps à la tête d'une conspiration, il faut assez de courage pour cueillir de sa main les fruits qui doivent récompenser le dévouement des conjurés. « Le lâche! disait Mirabeau, a du penchant pour le crime, mais n'a pas le courage de l'exécution. » Même au Palais-Royal, il n'avait plus d'influence que sur ses partisans stipendiés; le roi, enchanté de se débarrasser d'un sujet aussi dangereux, lui infligea, à la satisfaction de l'Assemblée nationale, un exil honorable, déguisé sous l'apparence d'une mission en Angleterre [1].

On ne pouvait attendre que du bien de cet éloignement : malheureusement, la retraite d'autres membres de l'Assemblée sembla en exclure l'influence de la raison, et y abandonner l'ascendant à l'ambition révolutionnaire. Mounier et Lally-Tollendal, désespérant de la cause de l'ordre, quittèrent la capitale; le premier alla se fixer en Dauphiné, sa province natale, où il chercha à organiser une opposition contre l'Assemblée [*]. Le départ de ces patriotes intelligents, qui avaient si activement aidé aux premières usurpations du tiers-état, fut une véritable calamité pour la France. Il affaiblissait le parti des amis d'une liberté raisonnable, donnait le fâcheux exemple du découragement, et livrait le pays en proie aux ambitieux qui cherchaient à s'élever

[1] Toul., I, 152. — Lac., VII, 259. — Th., I. 184, 185, 186.

[*] Le dernier, écrivant à l'un de ses amis, justifiait ainsi qu'il suit sa retraite de la vie publique : « Ma santé ne me permet pas de rester à l'Assemblée; mais, à part cela, je ne pourrais endurer plus longtemps l'horreur de ce sang, de ces têtes, de cette reine presque assassinée, du roi emmené captif au milieu des assassins, précédé par les têtes de ces malheureux gardes du corps morts à son service; ces meurtriers, ces femmes cannibales, ce cri infernal : *A la lanterne tous les évêques!* Mirabeau s'écriant que le vaisseau de la Révolution, bien loin d'être arrêté dans sa course, marcherait avec plus de rapidité que jamais. Telles sont les circonstances qui m'ont engagé à fuir de cette caverne de cannibales, où ma voix ne peut plus être écoutée, où pendant six semaines j'ai en vain essayé de la faire entendre. » (Lac., VII, 265, 266.)

sur les ruines de la patrie. Ces hommes généreux s'étaient trompés : ils s'étaient figuré que le peuple, après avoir, le 14 juillet, délivré l'Assemblée nationale, se serait empressé d'obéir à leur autorité : les premiers ils comprirent qu'il est plus aisé d'exciter que de contenir les mouvements populaires, et que la multitude n'abat point un pouvoir pour se soumettre à un autre. Ceux qui, dans la séance du Jeu de paume, et le jour de la réunion des ordres, avaient été les héros de la nation, étaient déjà tombés dans le mépris. Ils avaient dépassé les parlements dans la voie de la démocratie ; eux-mêmes se voyaient devancés par ceux qu'ils guidaient la veille [1].

La Fayette, toujours sous l'empire de ses premières illusions, croyait encore à la possibilité de maintenir l'ordre au milieu de l'effervescence démocratique : il réussit en effet, à la tête de la garde nationale, à rétablir pour quelque temps la tranquillité dans Paris. Cependant, on vit bientôt se renouveler les scènes de violence des premiers jours de la Révolution. Le 19 octobre, un boulanger du nom de François fut massacré dans les rues par une populace furieuse de ce que le retour du roi n'eût point immédiatement fait baisser le prix du pain. Portant sa tête au bout d'une pique, les assassins obligeaient tous les boulangers qu'ils rencontraient à baiser ces restes inanimés. La femme du malheureux François, se dirigeant vers l'hôtel de ville, rencontra l'affreux cortége, et tomba évanouie sur le pavé. Les barbares eurent l'atrocité d'approcher de la face de cette infortunée les lèvres livides et glacées de son mari. Les magistrats et l'Assemblée ne firent rien pour empêcher ni pour punir cette barbarie : élus par le suffrage universel, les députés du peuple se sentaient arrêtés à chaque pas par la crainte de perdre leur popularité. Tous les bons citoyens s'indignèrent cependant à la vue de ces abominables excès ; on proclama la loi martiale, et la Fayette, se mettant à la tête de la garde nationale, marcha contre la populace, s'empara du misérable qui portait la tête de François et le fit exécuter le lendemain. Cette sévérité excita les murmures de la foule. « Quoi, disait-on, est-ce là notre liberté? Nous ne pourrons plus pendre qui nous voudrons? » Cependant, ce premier châtiment infligé au crime, le seul peut-être qui fut puni pendant

[1] Lac., VII, 255. — Mign., I, 97. — Th., I, 191.

la Révolution, rétablit l'ordre comme par enchantement; preuve évidente de la facilité avec laquelle on eût évité toutes les atrocités de cette époque, si le roi d'abord, si l'Assemblée ensuite eussent montré un peu de vigueur; si surtout leur énergie eût été secondée par la fidélité des troupes [1]*.

L'Assemblée, sous l'impulsion de l'indignation générale excitée par ce meurtre, mit en discussion un décret proposé contre les rassemblements séditieux et connu sous le nom de *loi martiale.* Ce décret, dans le cas de troubles graves, autorisait la municipalité à arborer le drapeau rouge; à ce signal, tous les groupes devaient se disperser immédiatement, sous peine d'exécution militaire. Mirabeau, Buzot et Robespierre s'opposèrent à la mesure avec beaucoup de véhémence; ils sentaient l'importance des mouvements séditieux, pour venir en aide à leurs desseins sanguinaires. Robespierre s'exprima dans ces termes : « Si nous n'embrassons pas à la fois toutes les mesures, c'en est fait de la liberté : on demande du pain et des soldats ; c'est dire : Le peuple attroupé veut du pain; donnez-nous des soldats pour immoler le peuple. Ce ne sont pas des mesures violentes qu'il faut prendre, mais des décrets pour déconcerter la conspiration qui, peut-être dans le moment où je parle, ne nous laisse pas d'autre ressource qu'un dévouement illustre. Il faut nommer un tribunal vraiment national. Nous sommes tombés dans une grande erreur en croyant que les représentants de la nation ne peuvent juger les crimes commis envers la nation. Ces crimes au contraire ne peuvent être jugés que par la nation, ou par ses représentants, ou par des membres pris dans votre sein. Qu'on ne parle pas de la constitution quand tout se réunit pour l'étouffer dans son berceau. » . . . .

On le voit : déjà cet orateur avait en vue le tribunal révolutionnaire; mais le 6 octobre, les excès des provinces et le meurtre de François étaient des souvenirs trop récents, et la loi fut votée à une grande majorité [2].

[1] Toul., I, 168. — Mign., 1, 98. — Th., I, 192. — Lac., VII, 226. — *Hist. parl.*, III, 190. — Prudhomme, *Crimes de la Rév.*, III, 169, 170.

* L'Assemblée constituante devait du moins s'empresser de punir avec éclat; mais chacun voulait se populariser, et ce motif seul a fait presque tous les crimes qui souillèrent la Révolution. (Prudhomme, III, 168.)

[2] *Hist. parl.*, III, 201, 207. — Deux Amis, III, 316, 322.

Cependant, malgré ce décret, le peuple, convaincu qu'il ne serait jamais mis à exécution, ne voulut point abandonner sans combattre l'agréable office d'exécuteur public. Il s'empara de deux voleurs, et, sous le prétexte que la justice des tribunaux était trop lente, il les pendit à la lanterne; un troisième allait subir le même sort, lorsque la Fayette survient avec ses grenadiers et inflige un châtiment sommaire aux imprudents qui venaient de se rendre coupables d'un nouvel abus d'autorité. Peu de temps après, il réprima avec la même vigueur et le même courage une révolte de la garde armée de Paris, qui déjà commençait à former un noyau de mécontents. Chose étrange! cet homme, au moment même où chaque jour il exposait sa vie pour rétablir le règne des lois, proclamait, à la tribune de l'Assemblée nationale, cette dangereuse doctrine, que quand le peuple est opprimé, *l'insurrection devient le plus saint des devoirs.* Que de fois une parole imprudemment lâchée a produit des conséquences funestes qu'on ne peut plus éviter au péril même de sa vie! Homère a dit avec une profonde sagesse que les paroles ont des ailes * : les actes restent circonscrits dans de certaines limites; les idées font le tour de l'univers [1].

A peine le roi et la famille royale furent-ils installés aux Tuileries, qu'ils purent se convaincre que non-seulement ils étaient prisonniers d'État, mais encore qu'ils se trouvaient exposés sans défense aux insultes de la plus vile populace. Le lendemain de leur arrivée, ces mêmes viragos qui avaient la veille ouvert la marche du cortége, assises sur les canons, se réunirent sous les croisées de la reine, et la demandèrent à grands cris. Marie-Antoinette paraît; aussitôt elle est accablée d'outrages; mais, sans rien perdre de son sang-froid, elle parle à ces misérables avec tant de calme et de dignité, que la multitude finit par l'applaudir à outrance. Cependant, quelques députés constitutionnels de l'Assemblée, car déjà l'on désignait sous ce nom les membres du centre, sachant toute la haine dont la reine était l'objet de la part des chefs de la démocratie, lui firent conseiller, par la duchesse de Luynes, de s'exiler de France, au moins jusqu'à ce que la constitution fût achevée. Elle répondit à cette commu-

* Ἔπεα πτερόεντα.

[1] Deux Amis, III, 324, 326. — Lac., VII, 263, 267, 269. — Th., I, 192 — Buzot, 174.

nication : « Je comprends vos raisons, mais jamais je ne me séparerai de mon mari; s'il le faut, je ferai pour lui le sacrifice de ma vie : c'est le trône qu'ils veulent détruire; mon éloignement serait une lâcheté dont le roi ne profiterait pas. » Le service du palais était confié à la garde nationale et aux gardes françaises, tout dévoués aux intérêts révolutionnaires. Nuit et jour la famille royale était l'objet d'une surveillance attentive, sans cesse la foule environnait les Tuileries; aussi le roi et sa famille ne pouvaient-ils plus songer à s'échapper. Un jour, Louis XVI voulut sortir pour aller chasser à Saint-Cloud; la populace s'ameuta aux grilles du jardin et coupa les traits de la voiture : la Fayette, présent à ce désordre, ne crut pas qu'il fût prudent d'intervenir. La reine, chaque fois qu'il lui arrivait de paraître à une croisée pour y prendre l'air, se voyait exposée à tant d'outrages, qu'elle fut obligée de renoncer à satisfaire jusqu'au besoin de respirer; dès lors, elle ne se montra plus, et se voua tout entière à l'éducation de ses enfants. Le temps qu'elle ne consacrait point à ce saint devoir, elle l'employait, comme la reine Marie au château de Lochleven, à des ouvrages de tapisserie. Un des appartements du palais est encore aujourd'hui orné du travail de ses mains [1].

Le dauphin, parvenu à cet âge où les enfants commencent à ressentir l'impression des choses extérieures, doué d'un caractère heureux et d'une âme contemplative, ressentait un chagrin profond de tous les changements qui s'étaient opérés autour de lui depuis l'arrivée de la famille royale aux Tuileries. Le triste ameublement de ce palais depuis si longtemps inhabité, l'absence de ce confort dont on jouissait à Versailles, et par-dessus tout la disparition des gardes du corps, les figures nouvelles pour lui des gens employés au service du château, tout cela le frappait d'étonnement. Il en demandait souvent la cause : « Mon fils, lui disait la reine, le roi n'a plus d'autres gardes que les cœurs des Français. » Le roi le prit un jour sur ses genoux, et raconta en peu de mots à cet enfant l'histoire de la Révolution, mais en termes si clairs et si justes à la fois, qu'il serait difficile d'en condenser le récit d'une manière plus exacte et plus concise *. Une

[1] Campan, II, 87, 93. — Montjoie, *Vie de Marie-Antoinette*, I, 241. — Weber, II, 1, 7.

* Louis le prit sur ses genoux et lui dit, à peu de mots près, ce qui suit :

dame de la cour dit un jour que certaine personne dont on parlait était heureuse comme une reine : « Ce n'est pas d'une reine comme maman que vous parlez, dit le dauphin. — Pourquoi donc ? reprit Mme de Neuville, la mère de Votre Altesse royale n'est-elle point heureuse ? » L'enfant alors, jetant autour de lui des regards inquiets, comme s'il eût craint d'être entendu : « Non, dit-il, elle n'est pas heureuse ; elle pleure toute la nuit. » Les dames de la cour comprirent alors pourquoi la reine avait les yeux rouges et enflammés : telle était la force de ce caractère qu'on ne la voyait jamais autrement que le visage serein et le sourire sur les lèvres [1].

L'Assemblée, après sa translation à Paris, tint d'abord ses séances dans une des salles de l'archevêché. La première réunion eut lieu le 19 octobre ; l'Assemblée s'était ajournée à cette date en quittant Versailles. Son installation dans son nouveau local se fit avec une imposante solennité. Des députations de la municipalité et de la garde nationale, conduites par Bailly et la Fayette, vinrent féliciter l'Assemblée sur son arrivée dans la capitale. Les députés se rendirent en corps auprès du roi, pour lui renouveler leurs protestations de fidélité à sa personne. La reine, portant le dauphin dans ses bras, se mêla à la foule des représentants du peuple : des larmes coulèrent de bien des yeux à ce spectacle touchant. Le même jour s'accomplissait un événement d'une nature toute différente : le club breton qui, comme on l'a dit plus haut, renfermait dans son sein les démocrates les plus avancés, et qui jusque-là n'avait reçu que des membres de la législature, quitta aussi Versailles, et alla s'établir rue Saint-Honoré, dans

« Mon enfant, j'ai voulu rendre le peuple encore plus heureux qu'il ne l'était ; j'ai eu besoin d'argent pour payer les dépenses occasionnées par les guerres ; j'en ai demandé à mes peuples, comme l'ont toujours fait mes prédécesseurs. Des magistrats qui composent le parlement s'y sont opposés, et ont dit que mon peuple avait seul le droit d'y consentir. J'ai assemblé à Versailles les premiers de chaque ville par leur naissance, leur fortune ou leurs talents ; voilà ce qu'on appelle les états-généraux. Quand ils ont été assemblés, ils m'ont demandé des choses que je ne puis faire, ni pour moi, ni pour vous, qui serez mon successeur. Il s'est trouvé des méchants qui ont fait soulever le peuple ; et les excès où il s'est porté les jours derniers sont leur ouvrage ; il ne faut pas en vouloir au peuple. » (Madame Campan, II, 89, 90.)

[1] Weber, II, 7, 8. — Campan, II, 89, 90.

la bibliothèque du couvent des Jacobins. On admit dès ce moment dans la société toute personne présentée par deux membres comme digne d'en faire partie. Les séances étaient secrètes, et l'on n'y était admis que sur l'exhibition de billets d'entrée, qu'on accordait du reste à tous ceux qui étaient connus pour professer des principes républicains, et qui se distinguaient comme écrivains ou comme orateurs. La société porta désormais le nom à jamais célèbre de *Club des Jacobins* [1].

Bientôt eut lieu, devant la haute cour du Châtelet, le procès du baron de Besenval, en faveur de qui Necker était intervenu avec tant de générosité, lors de son retour à Paris. Il fut acquitté. Son avocat le pressait de faire usage d'une pièce signée de la main du roi, et qui l'autorisait à repousser la force par la force. « Dieu me garde, dit-il, d'acheter ma vie au péril de celle d'un si bon roi ! » et il déchira l'écrit qu'il tenait à la main. Peu de jours après comparut devant le même tribunal le marquis de Favras. Le peuple était indigné de l'acquittement de Besenval ; on put voir, dès le commencement du procès, quel serait le destin du second accusé. Le crime qu'on lui imputait, aussi absurde qu'incroyable, était d'avoir conspiré le renversement de la constitution. Sans la moindre preuve il fut condamné par un tribunal qu'intimidait une multitude furieuse qui, dans le sanctuaire même de la justice, ne cessait de crier : *A la lanterne ! à la lanterne !* Le jour de l'exécution, à trois heures du matin, il fut conduit en chemise sur la place de Grève, où, une torche à la main, il lut d'une voix ferme sa sentence de mort. Il fit preuve dans ses derniers moments d'une constance héroïque, et protesta jusqu'au bout de son innocence. C'était la première victime des iniquités judiciaires qui ont souillé la Révolution. Il convint avoir reçu cent louis d'une personne de rang élevé, mais soutint que du reste il n'avait pris part à aucune espèce de conspiration. Les amis mêmes de la Révolution furent frappés de l'injustice de cette sentence ; ils voyaient un funeste présage dans le supplice d'un innocent sacrifié à une prétendue nécessité d'État [*]. Malgré

[1] *Moniteur*, 15 et 19 octobre 1789, p. 308. — *Hist. parl.*, III, 188, 189. — Deux Amis, III, 304, 305.

[*] « Votre vie est un sacrifice nécessaire à la tranquillité publique, » furent les expressions sorties de la bouche du rapporteur Quatremer et adressées au marquis. Le supplice du marquis de Favras fut regardé

la nuit, une foule immense, animée d'une joie sauvage, assistait à l'exécution qui se fit à la lueur de torches lugubres. La pendaison d'un marquis, un pareil supplice infligé à un personnage de ce rang, tout prouvait au peuple que la Révolution avait bien décidément nivelé toutes les conditions. La multitude s'écoula joyeusement, faisant des quolibets sur cette exécution d'un aristocrate[1].

La première grande mesure législative de l'Assemblée fut dirigée contre la jalousie naissante des provinces. Ces petits États, fiers de leurs anciens priviléges, avaient vu avec des regrets amers diminuer leur importance à mesure que s'étendait la souveraineté de l'Assemblée nationale. Quelques provinces se préparaient à contre-balancer l'influence de ce corps. Afin de les arrêter dans leurs desseins, la Constituante décréta une nouvelle division du royaume en départements égaux à peu près en étendue et en population. Le décret en établissait quatre-vingt-quatre. Chaque département était partagé en districts et chaque district en cantons, dont chacun renfermait cinq ou six paroisses. Il y avait un tribunal criminel par département, un tribunal civil par district et une justice de paix par canton. A la tête du département était un conseil d'administration composé de trente-six conseillers et un comité exécutif de cinq membres. Le district avait son conseil et son comité composés de la même manière. Les citoyens se réunissaient au chef-lieu du canton pour élire leurs députés et leurs magistrats; il fallait, pour être électeur, payer une contribution équivalente au prix de trois jours de travail. Aux députés élus par les cantons était confiée la nomination des représentants à l'Assemblée nationale, des administrateurs de département et de district, ainsi que des juges aux tribunaux. Afin d'assurer plus efficacement le contrôle du peuple, les juges n'étaient nommés que pour trois ans; le caractère temporaire de ces fonctions plaçait les magistrats dans un état de dépendance plus dangereuse sous l'empire de la multi-

comme du plus sinistre augure pour une révolution naissante, et ce pressentiment fut trop vérifié dans le temps. Les bons citoyens frémirent de voir la cour et l'Assemblée constituante laisser naître un crime juridique et le crime justifié par les circonstances. » (Prudhomme, III, 156, *Rév. de Paris*, n° 32, pages 31, 32.)

[1] *Moniteur*, 20 février 1790. — Prudhomme, *Crimes de la Rév.*, III, 187, 188. — Th., I, 210, 211. — Lac., VII, 271, 275.

tude que sous le gouvernement d'un seul. Le monarque, jouissant d'un pouvoir durable, peut du moins comprendre qu'il est de son intérêt et de celui de sa famille de ne point autoriser l'injustice : la foule, au contraire, dans un état de fluctuation perpétuelle, n'est retenue par aucun sentiment de responsabilité, et les conséquences de l'iniquité ne sauraient l'atteindre [1].

Le décret déterminait les droits et les limites des districts ruraux ; une autre mesure de l'Assemblée réglait les pouvoirs et les priviléges des habitants des villes. L'administration des villes était confiée à un conseil général et à une municipalité : le nombre des membres y était en raison de la population. Les officiers ou magistrats municipaux étaient élus directement par le peuple ; seuls ils avaient le droit de requérir l'assistance de la force armée. Comme ils étaient élus par le suffrage universel, il s'ensuit que l'autorité civile du royaume fut dès ce moment tout entière dans les mains du peuple. Il n'y avait ni officiers, ni juges nommés par le roi, aucune puissance enfin qui pût s'opposer à l'exécution des mandats du magistrat populaire. Visites domiciliaires, enquêtes, emprisonnements, poursuites contre les citoyens suspectés d'hostilité envers la Révolution, tout cela se faisait sur les ordres des comités exécutifs de la majorité. La moindre résistance à leur autorité mettait le citoyen en lutte ouverte avec la puissance civile et militaire de l'État [2].

La mise à exécution de ces décrets fut une des phases les plus intéressantes de la Révolution. C'était l'application pratique du principe proclamé par la déclaration des droits de l'homme, que *toute souveraineté émane de la nation*. Les classes inférieures acquéraient par là une prépondérance décisive : la nomination des municipalités leur livrait le gouvernement des villes, et indirectement la disposition de l'armée dont les magistrats de leur choix pouvaient requérir l'assistance. Les élections départementales leur donnaient la nomination des députés de l'Assemblée, des magistrats de l'ordre judiciaire, des évêques et des officiers de la garde nationale ; enfin, par les élections cantonales, ils nommaient les fonctionnaires inférieurs. Ainsi tous les pouvoirs,

[1] *Hist. parl.*, III, 260, 278, 430, 439. — Mign., I, 98, 99. — Toul., I, 172. — Th., I, 196. — Staël, *Rév. fr.*, I, 375.

[2] *Hist. parl.*, III, 328, 335, 415, 417. — Deux Amis, III, 329, 352. — Mign., I, 99, 100. — Th., I, 196.

soit directement, soit par l'élection à deux degrés, émanaient réellement du peuple. Au reste, le cens électoral avait été fixé si bas que la loi admettait à voter à peu près tous les hommes valides. Quarante-huit mille communes ou municipalités érigées sur ce principe exerçaient concurremment, et sans interruption, les droits de la souveraineté; à peine avait-on laissé à la couronne une seule nomination à faire. Est-il étonnant qu'avec une constitution aussi démocratique, le parti populaire ait acquis un pouvoir irrésistible dans la suite de la Révolution? Est-il étonnant que tous les fonctionnaires de rang quelconque se soient constitués les partisans de la multitude dont ils attendaient la continuation de leurs charges[1]?

Ces grandes innovations ne purent s'effectuer sans amener le plus vif mécontentement dans les provinces. Elles heurtaient trop de sentiments, bouleversaient trop d'intérêts, pour ne pas produire une irritation générale. Ce grand acte de despotisme démocratique ne tenait compte ni des divisions territoriales qui dataient de la chute de l'empire romain, ni des parlements créés à l'époque où parurent les premières lueurs de la liberté, ni des préjugés séculaires, ni des barrières immuables de la nature, ni des haines politiques, alors encore dans toute leur vigueur. De tous côtés s'élevèrent des réclamations; des troubles sérieux éclatèrent en Bretagne et dans le Languedoc. Mais les protestations des provinces, la résistance des parlements, les clameurs des états, rien ne put arrêter l'Assemblée nationale, ni la détourner de son dessein. Des changements politiques plus considérables que ce que tenta jamais la puissance romaine à l'apogée de sa grandeur, plus grands que ce qu'osa jamais la vigueur de Pierre le Grand ou l'ambition d'Alexandre, furent accomplis avec succès par une assemblée populaire peu de mois après sa première réunion; témoignage mémorable de la force de l'opinion publique, de l'influence immense de la propagation des lumières, et de la puissance de la presse, agissant pour la première fois en France sur la direction des affaires publiques. En partageant ainsi le royaume en divisions arithmétiques, l'Assemblée constituante le traitait véritablement comme un pays conquis[2]. Les

[1] Mign., I, 100. — Th., I, 97, 196. — Lac., VII, 339. — Deux Amis. III. 336, 350.

[2] Deux Amis, III, 340, 352. — Mign., I, 100. — Lac., VII, 336, 337.

patriotes firent subir aux habitants libres de la France ce que l'historien romain déplore comme la dernière humiliation des vaincus *. Ils se conduisirent en conquérants et suivirent la politique cruelle des vainqueurs **.

En même temps, la franchise électorale était accordée dans les assemblées primaires à tout citoyen âgé de vingt-cinq ans et payant une contribution de trois jours de travail; on exigeait pour l'éligibilité aux assemblées électorales un cens un peu plus élevé; c'était une contribution équivalente à environ dix jours de travail; enfin, pour être éligible à l'Assemblée nationale, il fallait payer une imposition de la valeur d'un marc d'argent, et posséder quelque propriété. Cette dernière condition toutefois n'était point rigoureusement exigée dans la pratique ; le choix du peuple tenait lieu de tous les autres titres. L'élection des représentants se faisait à deux degrés : les assemblées primaires choisissaient des délégués qui à leur tour élisaient les membres de la législature [1].

Ces deux grandes mesures, la division du royaume en départements, et le prodigieux avilissement des franchises électorales,

* *Non ut olim universæ legiones deducebantur cum tribunis et centurionibus et sui cujusque ordinis militibus, ut consensu ut caritate rempublicam afficerent; sed ignoti inter se diversis manipulis, sine rectore, sine affectibus mutuis, quasi ex alio genere mortalium repente in unum collecti numerus magis quam colonia.* (Tacite, *Ann.*, XIV, c. 27.)

** « La politique de ces barbares vainqueurs, dit M. Burke, qui méprisent le peuple conquis et insultent les habitants, a toujours été de détruire tous les vestiges de l'ancien État, en fait de religion, de police, de lois et de mœurs ; de confondre les limites territoriales, de produire une misère générale, de persécuter les nobles, les princes et les pontifes ; d'abaisser tout ce qui élevait la tête au-dessus du niveau, tout ce qui pouvait servir de moyen d'entente ou de ralliement au peuple en détresse sous l'étendard des anciennes opinions. Ils ont fait une France libre, comme leurs amis dévoués aussi aux droits de l'humanité, avaient affranchi la Grèce, la Macédoine, la Gaule et d'autres contrées. Si leur république vient à périr, avec elle tomberont toutes les garanties d'une liberté modérée ; ils ont nivelé, anéanti tous les ordres de l'ancienne monarchie : tous les liens qui servaient indirectement autrefois à adoucir le despotisme ont été brisés, de telle sorte que si jamais la monarchie pouvait redevenir forte en France, soit sous la dynastie actuelle, soit sous toute autre famille, elle serait probablement la plus complétement arbitraire qu'on ait jamais vue dans le monde, à moins qu'elle ne fût volontairement tempérée par la sagesse du prince. » (Burke, *Considér.*, *Œuvres*, V, 328, 333.)

[1] Deux Amis, III, 352, 354. — *Hist. parl.*, III. 430, 432. — Th., I. 197.

ne tardèrent pas à produire des effets funestes à la liberté. Le dernier de ces décrets fit arriver à la représentation nationale une assemblée qui renversa le trône et ouvrit les voies au règne de la Terreur et au despotisme de Napoléon. La nouvelle division territoriale détruisit l'influence des provinces, concentra à Paris toute l'autorité de l'État, et ne laissa pas subsister le moindre pouvoir capable de contre-balancer la domination populaire, monarchique ou militaire de la capitale. Il n'en était pas ainsi dans la France d'autrefois. Paris fut occupé seize ans par les Anglais ; un roi d'Angleterre fut couronné à Reims ; les provinces résistèrent et sauvèrent la monarchie. La Ligue domina longtemps à Paris : Henri IV, à la tête des forces des provinces, reconquit sa capitale. Tandis que, depuis la division en départements, la suppression des parlements et des états de provinces, depuis la concentration de tous les pouvoirs dans la métropole, toute la France a été soumise aux caprices de Paris. L'autorité qui siége aux Tuileries a toujours été obéie d'un bout à l'autre de la France, et ce beau pays subit la loi des émeutiers de Paris, plus encore que l'Empire ne subissait la loi des prétoriens [1].

L'Assemblée, dans l'intervalle des travaux dont nous venons de parler, s'était établie dans la salle du Manége, près des Tuileries, entre le château et le Palais-Royal, sur l'emplacement actuel de la rue de Rivoli. Ce local vit les séances les plus mémorables de la Législative et de la Convention. Les partis extrêmes s'y rangèrent à droite et à gauche, comme ils l'avaient fait dans la salle de l'archevêché. Le centre, ou *la plaine,* commençait à devenir la fraction la plus importante, car elle faisait pencher la balance en faveur des démocrates ou des royalistes, suivant que ses voix se portaient à gauche ou à droite. Le 10 décembre, le docteur Guillotin, dans un discours long et diffus, demanda la réforme du Code pénal ; il proposa en outre de remplacer la hache de l'exécuteur, et tous les autres genres de supplice, par un instrument dont on ferait usage dans toutes les exécutions capitales : cet instrument consistait en un large couteau glissant le long d'une rainure et tombant sur le cou du condamné. Cette dernière proposition fut adoptée par l'Assemblée, et la nouvelle machine de mort fut appelée *guillotine,* du nom de l'inventeur.

[1] Vicomte de Saint-Chamans, *Sur la Rev.*, 82.

« Avec cet instrument, disait Guillotin, la tête sera coupée en un clin d'œil et la victime ne sentira rien. » Cependant, les recherches des savants, les résultats de l'expérience, ont fait naître des doutes à cet égard; il est à craindre que ce genre de supplice ne soit pas aussi humain que le voudraient les amis d'un adoucissement dans la sévérité des supplices. Il y a des raisons de penser que, dans certains cas, la tête éprouve des sensations, peut-être même des souvenirs, qui peuvent se prolonger jusqu'à dix minutes après le moment où elle a été séparée du tronc. On en verra de tristes exemples dans la suite de cette histoire [1] *.

Cependant, la haute cour du Châtelet, sur les réquisitions du procureur du roi et de l'accusateur public de la cité de Paris, ouvrit une enquête sur les troubles des 5 et 6 octobre. Malgré tous les efforts qui furent faits pour rendre vaines les investigations de cette cour, et pour les détourner de leur véritable objet, l'enquête se poursuivit et donna lieu à des révélations qui excitèrent l'attention générale. L'instruction se prolongea pendant plusieurs mois; plus de deux cents témoins furent entendus; et il demeura clairement établi que la faction d'Orléans avait profité de la crise alimentaire dont souffrait le peuple de Paris, pour diriger la multitude sur Versailles, dans l'espoir que le roi se serait décidé à fuir, et qu'alors on eût proclamé le duc lieutenant-général du royaume. Le procès toutefois ne fut point intenté, parce qu'il eût compromis trop de personnages haut placés. Le rapport présenté par M. Chabrond désignait clairement Mirabeau; il parlait des *grands criminels impliqués dans cette affaire*. Après un débat très-animé, dans lequel ce

[1] *Hist. parl.*, III, 307, 447.

* Des physiologistes modernes ont démontré que la tête des animaux peut entendre, voir, sentir, pendant dix, quinze et même dix-huit minutes après avoir été séparée du tronc. (*Voyez* particulièrement les expériences de Jegallon.) La même chose a été observée sur des êtres humains : des têtes de suppliciés ont donné des signes non équivoques qu'elles avaient conservé la volonté, en fixant leurs regards sur un objet aimé, en remuant les lèvres et semblant faire un effort pour parler : on l'a remarqué surtout chez ceux qui périssent avec le plus de calme et de résolution. (*Hist. parl.*, III, 447, 448. — *Journal du progrès des sciences médicales. Essai sur le système nerveux.*)

Ce genre de supplice était connu depuis des siècles dans le nord de l'Europe. La machine à décapiter était connue en Écosse sous le nom de *Maiden*. C'était, à peu de chose près, la guillotine.

grand orateur déploya pour sa propre défense toute la puissance de son talent, l'Assemblée, dans la crainte de voir compromettre un trop grand nombre de ses membres, déclara qu'il n'y avait pas lieu à plus ample information. Ce résultat ne surprit personne; on s'y attendait. Tous les cœurs généreux admirèrent sans réserve la grandeur d'âme de la reine, grandeur que l'enquête fit briller du plus vif éclat. Pressée par le comité de la municipalité de Paris, et par une députation de la cour du Châtelet de déclarer ce qu'elle savait et ce qu'elle avait vu. « Jamais, répondit-elle, je ne porterai témoignage contre les sujets du roi. j'ai tout vu, tout su, et tout oublié [1]. »

Bientôt l'attention de l'Assemblée dut se fixer sur les embarras financiers du royaume. Toutes les mesures prises, depuis la convocation des états-généraux, dans le but de porter remède aux nécessités du trésor, avaient été insuffisantes. La France n'avait subsisté que d'emprunts : le revenu public avait manqué presque partout; enfin, pendant les trois dernières années, la dette publique s'était accrue de la somme énorme de 1,200,000,000 (environ 50,000,000 de liv. st.) *. On en était arrivé à la crise : les capitalistes, qui si longtemps s'étaient montrés les ardents défenseurs de la Révolution, mieux éclairés enfin sur ses tendances, ne voulaient plus faire l'avance d'un denier pour le service public. La contribution du quart du revenu, accordée à Necker à la faveur de l'éloquence de Mirabeau, n'avait produit qu'un soulagement momentané; du reste, par suite de l'émigration presque générale de la noblesse et de la stagnation du commerce, cette ressource avait été bien au-dessous des prévisions. La confusion qui régnait dans le royaume avait tari toutes les sources du revenu; une grande mesure était indispensable pour combler le gouffre du déficit creusé par la Révolution **.

[1] Bertr. de Mollev., III, 332, 347. — *Hist. parl.*, VII, 336, 339.

* Total de la dette en avril 1787,		3,002,000,000	120,080,000 liv. sterl.
»	en avril 1790,	4,241,000,000	169.640,000
	AUGMENTATION,	1,239,000,000	49,560,000 liv. sterl.

(Calonne, 74.)

** « Il fallait donc de nouvelles ressources, et elles étaient toutes épuisées; il fallait du crédit, et il était anéanti. Cependant l'infâme banqueroute était là : il fallait l'écarter à l'instant, ou souiller de la tache la plus honteuse la gloire française. » (Deux Amis, IV, 2.)

Talleyrand, évêque d'Autun, proposa de consacrer les biens ecclésiastiques au soutien des ministres de la religion et au payement de la dette publique. Les défenseurs de la motion soutinrent que le clergé n'était pas propriétaire, mais seulement dépositaire des biens de l'Église ; que personne ne pouvait prétendre sur ces biens ni droit de propriété, ni droit de succession ; qu'ils n'étaient que des dons offerts par la munificence des rois ou des grands seigneurs, et que la nation pouvait les reprendre puisqu'elle avait succédé aux droits des donateurs ; qu'il n'était pas juste de supprimer le corps entier du clergé indispensable aux besoins du culte, mais qu'il était juste et utile d'abolir ces corporations ecclésiastiques, ces agglomérations de propriétés inutiles et nuisibles à la fois ; que les droits de la nation autorisaient les représentants du peuple à régler l'emploi des biens de l'Église ; que tous les bénéfices exempts de charges pouvaient être immédiatement confisqués au profit de l'État ; que quant à ceux de ces biens qui étaient chargés de certaines redevances, la seule portion de leur revenu qu'on pût réellement considérer comme sacrée, était celle qui suffirait à l'entretien convenable des hôpitaux ou des colléges au soutien desquels ils avaient été affectés ; qu'enfin la nation pouvait en toute justice, du moment où elle se chargeait de pourvoir aux besoins de ces maisons, s'approprier toutes les propriétés ecclésiastiques. Thouret, Mirabeau, Barnave, Garat, et toutes les sommités du parti révolutionnaire, appuyèrent la proposition.

Maury et Sieyès répliquèrent que c'était une opinion erronée de prétendre que l'État pût disposer des biens de l'Église ; qu'ils provenaient de la munificence et de la piété des fidèles des premiers siècles, et que leur destination toute spéciale n'avait pas le moindre caractère séculier ; que si le but des donateurs ne pouvait plus être atteint, les biens devaient retourner à leurs héritiers. Que ce grand acte de spoliation serait le premier pas dans la voie des confiscations, et serait bientôt suivi d'atteintes semblables à toute espèce de propriété ; que ce serait un sacrifice imposé aux provinces, en faveur des financiers de la capitale créanciers de l'État, un sacrifice fait à la foule tumultueuse qui dirigeait les délibérations de l'Assemblée. Le clergé, disaient-ils encore, jouissait de ses biens depuis dix siècles ; y avait-il dans tout le royaume un noble ou un propriétaire qui pût prouver des titres plus anciens? Devait-on compter pour rien les immenses sacrifices qu'avaient déjà faits les membres de l'ordre du clergé, et sa jonction avec le tiers-état, qui avait donné gain de cause à la Révolution? La France réserverait-elle comme récompense à ces amis si précieux, si vantés de la liberté, la ruine et la mendicité? On prétendait que certains bénéfices étaient exempts de charge; mais de quelle nature étaient donc les biens des nobles et des capitalistes? Mille francs par an ne suffiraient-ils point à un gentilhomme? Eh bien, que le reste soit donc à la disposition de la nation.

Mais tout fut inutile. Les biens de l'Église, estimés à deux milliards de francs (80,000,000 de liv. st.), parurent une ressource suffisante pour l'entretien du clergé, la dotation des hospices, le payement des intérêts de la dette publique, et pour les dépenses du nouvel établissement civil. En vérité, la tentation était trop forte pour un gouvernement révolutionnaire accablé de dettes; et malgré l'éloquence de l'abbé Maury et tous les efforts du clergé, une grande majorité décréta que les domaines ecclésiastiques seraient mis à la disposition de la nation. On obtenait des sommes énormes par cette mesure; les biens de l'Église formaient à peu près le tiers de toute la propriété territoriale du royaume. L'entretien du clergé fut considéré comme une des charges de l'État, et dès cette époque les prêtres reçurent leur salaire sur le trésor public. Mais l'Assemblée n'accorda que de faibles traitements aux ministres des autels : elle fixa à 50,000 francs celui de l'archevêque de Paris; à 25,000 celui des évêchés les plus importants; puis il y eut des évêques à 18,000 francs et d'autres à 12,000. Les curés des grandes paroisses reçurent 2,000 francs; on accorda 1,500 francs aux cures de moyenne importance, et 1,200 francs aux paroisses du troisième rang. Ce changement réduisait des quatre cinquièmes le revenu des grands bénéficiaires du clergé *.

Les arguments qui, en cette circonstance, entraînèrent l'As-

* L'acte de spoliation fut voté par une majorité de 568 voix contre 341. 40 s'étaient abstenus, et 246 n'assistaient pas au vote. La résistance étant impopulaire, on peut supposer que les absents désapprouvaient la mesure, mais que la crainte les tint éloignés. S'ils s'étaient montrés et qu'ils eussent voté contre, le décret n'eût point passé, et le caractère de la Révolution pouvait être changé complétement. (*Hist. parl.*, III, 256.)

semblée étaient ceux qu'on met généralement en avant lorsqu'on veut dépouiller des corps constitués de leurs propriétés ou de leurs privilèges. Sans doute, il y a quelque chose de plausible dans cette opinion qui soutient que toute religion doit se suffire à elle-même, que les fidèles pourvoiront toujours aux besoins des prêtres qui en remplissent consciencieusement les devoirs, et que l'État ne doit accorder de préférence aux ministres d'aucun culte en particulier. L'expérience a démontré toutefois que ces raisons sont plus spécieuses que solides : la religion en effet tombe bientôt en discrédit, quand ses ministres ne sont point dotés, et généreusement dotés, soit par le trésor public, soit sur des biens spécialement affectés à cet usage. L'irréligion qui s'est manifestée en France d'une manière si sensible, depuis la Révolution, démontre que la cause de la vérité elle-même ne peut se passer du secours d'une certaine splendeur mondaine. La raison en est claire : elle résulte de la différence entre les intérêts immédiats et matériels, appréciables pour tous, et l'intérêt final de la vie, qui n'est profondément senti que par le petit nombre. Les jouissances mondaines ont quelque chose qui séduit d'abord ; elles ne sont pénibles que dans leur fin, tandis que l'homme n'éprouve qu'après un long laps de temps les effets salutaires des vérités religieuses. On peut donc abandonner les premières au goût, aux inclinations des individus ; les autres veulent être soutenues ou dirigées par l'État. Les hommes choisiront pour leurs besoins le meilleur architecte, l'ouvrier le plus habile ; mais il ne s'ensuit pas qu'ils seront aptes à choisir les meilleurs guides spirituels. Les enthousiastes s'attacheront, non pas au plus raisonnable, mais au plus séduisant ; l'égoïste et l'indifférent prendront le plus accommodant ; les méchants voudront se passer de toute direction. Ceux-là mêmes qui, plus que les autres, devraient songer à devenir meilleurs, seront les derniers à en rechercher les moyens. Il faut donc une Église établie, et une dotation spéciale, pour que les ministres du culte ne se trouvent point dans la nécessité de faire plier la doctrine au gré des opinions ou du fanatisme du temps. Des prêtres qui n'auraient d'autre ressource que la générosité des fidèles, ne sauraient être libres dans leur enseignement. Aussi longtemps qu'il ne sera pas permis à l'enfant de faire choix du remède qui doit le guérir dans la maladie, aussi longtemps qu'il ne sera pas permis à l'adolescent de faire choix du genre d'éducation qui doit le préparer à vivre dans la société des hommes, il ne sera pas possible non plus d'admettre que l'entretien du clergé puisse être abandonné à la bonne volonté des sectateurs d'un culte quelconque.

Cette mesure violente en amena une autre dont les conséquences devaient être plus désastreuses encore. Les biens confisqués étaient immenses, mais il ne se trouvait pas d'acheteurs, et il fallait immédiatement lever un fonds considérable sur la garantie de la propriété ainsi acquise. Les besoins de l'État réclamaient la vente de 400,000,000 de biens ecclésiastiques. Afin de faciliter l'opération, la municipalité de Paris et celles des principales villes du royaume, achetèrent de première main, comptant se procurer les moyens de payer en revendant par petites portions aux particuliers. Mais il y eut une difficulté insurmontable; on ne put trouver l'argent indispensable pour satisfaire aux besoins pressants de l'État, avant la vente en détail. Pour remédier à cet inconvénient, les municipalités émirent des promesses de payement aux créanciers de l'État, lesquelles pourraient avoir cours jusqu'à l'époque du remboursement; toutefois, quand arriva cette époque, on ne fut pas en mesure de rembourser, et l'on fut obligé de créer un papier-monnaie national, ayant cours forcé dans toute l'étendue du royaume. C'est ce qui donna naissance au système des *assignats,* source à la fois d'une plus grande force publique, et de plus grandes souffrances pour les particuliers. Par un décret de l'Assemblée, voté au printemps de 1790, le gouvernement fut autorisé à émettre des assignats pour une valeur de 400,000,000 de francs, garantis par les domaines de la couronne et par les biens du clergé, jusqu'à concurrence de cette somme. Ainsi la Révolution porta pour la première fois la main sur les propriétés privées, et fit l'expérience du danger d'émettre des obligations sans pourvoir aux moyens de les payer, quand arrive le moment de la liquidation. Cet expédient était sans doute favorable à l'industrie, et donnait de la force au gouvernement; mais il devait être désastreux pour l'un et pour l'autre, s'il n'était employé avec prudence, et si le payement des assignats n'était point définitivement garanti. Il est bien digne de remarque que l'Assemblée vota cette mesure en opposition directe avec les opinions du pays. De trente-sept adresses venues des principales villes commerçantes du royaume, sept seulement se prononçaient en faveur des assignats. Les clameurs des démagogues avides de spoliations et les embarras financiers étouffèrent la voix de la propriété territoriale, de l'industrie et du commerce [1].

L'émission des assignats rendait irrévocable l'aliénation des biens du clergé. Les nécessités du trésor conduisaient inévitablement à l'extension du système. Il en résulta une conséquence des plus importantes, la création d'un corps très-nombreux de petits propriétaires qui s'identifia avec les intérêts de la Révolution, à laquelle il devait son existence. Les créanciers de l'État ne furent point obligés d'abord d'accepter de la terre au lieu d'argent; ils recevaient des assignats qui avaient cours sur le marché, et finissaient par arriver dans les mains de quelques personnes sages et prévoyantes, qui s'en faisaient un petit capital au moyen duquel elles achetaient des parcelles de biens nationaux. L'extrême difficulté de trouver pour l'argent un placement sûr dans ces temps agités, les nombreuses banqueroutes des commerçants, tout cela répandit dans les classes laborieuses cette conviction, que l'acquisition de propriétés territoriales était le moyen le plus avantageux de disposer de ses fonds. Plus tard, l'extrême dépréciation des assignats, et l'accroissement considérable du domaine de la nation par suite de la confiscation des biens des nobles émigrés, conduisirent à cette division générale des propriétés qui forme le caractère distinctif de la France moderne [2].

Le clergé, voyant l'administration de ses biens transférée aux municipalités et la création d'un papier-monnaie dont ces biens devaient être la garantie, fut saisi des plus violentes appréhensions. Comme dernier moyen de salut, il offrit de prêter à l'État les 400,000,000, à la condition qu'on le remît en possession de ses biens. Cette offre fut rejetée sans examen, parce qu'elle eût laissé subsister du doute sur la réalité de la confiscation. L'Église, dès ce moment, fit les plus grands efforts pour soulever l'opinion publique contre la Révolution. La chaire retentit de déclamations contre l'Assemblée; les prêtres dénonçaient avec

[1] Décret du 22 avril. *Hist. parl.*, V, 321, 325. — Deux Amis, IV, 154. 157. — *Hist. parl.*, IV, 4, 16, 37, 292. — Th., I, 234, 235. — Calonne, 28.

[2] Baron de Staël, 72. — Mign., I, 106. — Toul., I, 179.

raison la vente des biens du clergé comme la mesure la plus inique. Tout ce bruit ne produisit cependant aucun effet : il y eut bien quelques troubles dans le Midi, quelques collisions sanglantes dans les provinces ; mais on ne vit point de mouvement national en faveur de l'Église dépouillée : l'émigration des nobles avait privé les paysans de leurs chefs naturels ; aussi, le clergé fut-il universellement dépossédé sans beaucoup de résistance. L'esprit irréligieux du siècle assurait le triomphe des ennemis de la foi chrétienne. Cependant, tout acte violent et injuste ne saurait manquer de retomber comme un châtiment sur la nation qui s'en est rendue coupable. On peut faire remonter à l'époque de cette mesure injustifiable la haine que le clergé de France a vouée à la Révolution, de même que l'indifférence religieuse, qui, depuis, est devenue si générale dans ce pays. On peut rapporter à la même date cette rapide dissolution des mœurs qui a répandu, dans toutes les classes de la société française, les vices de l'ancienne aristocratie, et qui menace de détruire tous les avantages de la Révolution, en empoisonnant les sources des vertus domestiques, qui seront toujours la base de la prospérité des peuples. Le système fatal des assignats précipita sans retour la marche de la Révolution française, et entraîna la ruine de toutes les classes qui avaient pris part à ce premier acte impardonnable d'iniquité [1].

Le seul moyen d'échapper à ces affreuses calamités qui tarissent toutes les sources de la prospérité nationale, c'est de reconnaître et de mettre en pratique ce principe fondamental, que les propriétés réservées à l'Église sont des biens inaliénables, qu'on ne peut ni entamer ni altérer sans commettre une violence semblable à toute entreprise contre les droits privés. L'Église, si elle est dépouillée de cette sauvegarde, sera tôt ou tard la victime des embarras financiers de la nation. Elle n'a point, comme l'armée, de baïonnettes pour se défendre ; elle a perdu ces foudres spirituels qui assuraient son autorité dans les siècles de superstition ; elle s'adresse aux besoins à venir, non pas aux besoins présents de l'humanité ; par conséquent, dans un état avancé de civilisation, elle sera toujours sacrifiée la première à

[1] Mignet, I, 106, 107. — Lac., VII, 290, 291. — Th., I. 199, 211, 235. — Deux Amis, IV, 146, 151. — *Hist. parl.*, IV, 4, 7.

la pénurie financière de l'État, si elle n'est point protégée par le bouclier d'un intérêt commun avec celui des propriétaires. La nation anglaise a toujours maintenu fortement ce principe, et c'est à cela que Burke attribue la longue durée et la prospérité de ses institutions nationales[1] *.

Bientôt l'Assemblée s'occupa de reviser l'organisation intérieure de l'Église. On réduisit le nombre des évêchés : il fut égal à celui des départements. On déclara que les prêtres et les évêques ne pouvaient être nommés que par les électeurs qui avaient le droit d'élire des députés à la représentation nationale ; on supprima les cathédrales, les chapitres et les ordres réguliers; on ne conserva que le clergé paroissial **. Si de ces réformes on excepte l'élection des prêtres et des évêques par le peuple, évidemment inhabile à faire un choix, on n'y trouve point de flagrante injustice : l'Église purifiée, débarrassée de ses splendides mais odieuses distinctions, pouvait encore se faire respecter, si on lui eût laissé la possession de ses biens. Malheureusement, les progrès de la Révolution et les efforts

[1] Burke, *Considér.*, *Œuvres*, V, 191, 192.

* Le peuple anglais, dit Burke, ne souffrira jamais que l'on convertisse en un traitement la dotation territoriale de l'Église. Il ne voudra jamais faire de son clergé indépendant des prêtres salariés. Un clergé aussi dépendant de la couronne les ferait trembler pour leurs libertés. Ils trembleraient pour la tranquillité publique, en songeant aux désordres que peut provoquer un clergé factieux, s'il devait dépendre de toute autre autorité que celle de la couronne.

** Voici les arguments remarquables par lesquels Robespierre soutint la nécessité de réduire le clergé à un certain nombre d'évêques et de curés.— « Premier principe : Toutes les fonctions publiques sont d'institution sociale ; elles ont pour but l'ordre et le bonheur de la société ; il s'ensuit qu'il ne peut exister dans la société aucune fonction qui ne soit utile. Devant cette maxime disparaissent les bénéfices et les établissements sans objet, les cathédrales, les collégiales, les curés, et tous les archevêques que ne demandent pas les besoins publics. — Second principe : Les officiers ecclésiastiques étant institués pour le bonheur des hommes et pour le bien du peuple, il s'ensuit que le peuple doit les nommer. Il est de principe qu'il doit conserver tous les droits qu'il peut exercer ; or, le peuple peut élire ses pasteurs comme les magistrats et autres officiers publics. — Troisième principe : Les officiers publics étant établis pour le bien de la société, il s'ensuit que la mesure de leur traitement doit être subordonnée à l'intérêt et à l'utilité générale, et non au désir de gratifier et d'enrichir ceux qui doivent exercer ces fonctions. » (*Hist. parl.*, VI, 31, 32.)

de novateurs plus audacieux achevèrent bientôt sa ruine [1].

L'organisation judiciaire subit, à la même époque, des changements radicaux. On supprima les parlements de province. L'œuvre de la destruction avait tellement pénétré dans les idées de tous, que l'abolition de ces cours de justice, aussi anciennes que la monarchie, fut à peine remarquée. On créa dans tout le royaume des tribunaux constitués sur une base essentiellement démocratique; les juges étaient nommés non par la couronne, mais par les électeurs, c'est-à-dire par les classes inférieures. On avait enlevé au souverain jusqu'au droit de grâce. Partout on introduisit le jugement par jury; on prenait indifféremment les jurés dans toutes les classes de citoyens. Cette réorganisation amena les réformes les plus salutaires dans l'administration de la justice criminelle : elle consacrait le principe de la publicité des débats, accordait un conseil à l'accusé, et lui donnait toute facilité pour sa défense. On abolit les châtiments inhumains qui faisaient la honte de l'ancienne monarchie; la peine de mort ne fut plus appliquée qu'à un petit nombre de crimes. La connaissance des crimes de haute trahison fut réservée à une cour suprême siégeant à Orléans; et il faut dire à l'honneur de l'Assemblée nationale que, durant toute son existence, personne ne fut attrait devant cette cour. On établit à Paris, sous le titre de cour de cassation, un tribunal chargé de reviser les décisions des tribunaux inférieurs; l'utilité de cette institution a été reconnue et consacrée par les divers gouvernements qui se sont succédé en France depuis 1789 [2].

Du jour où le parti révolutionnaire eût déclaré ouvertement la guerre à l'Église, les partisans de la religion se remuèrent beaucoup pour tâcher d'abréger la durée des opérations de l'Assemblée. Le moment était favorable; l'époque où devaient expirer les pouvoirs de la Constituante était arrivée : les députés n'avaient été élus que pour un an, et l'on était au 19 avril 1790. Le clergé et l'aristocratie, profitant de la circonstance, insistèrent sur la nécessité où était l'Assemblée de se dissoudre et d'aller demander de nouveaux pouvoirs aux électeurs. Ils se disaient que l'abolition des parlements, des cours de justice et des corporations, que la confiscation des biens ecclésiastiques, devaient

[1] *Hist. parl.*, IV, 397, 399; V, 216. — Mignet, I, 107, 108. — Th., I, 210.
[2] *Hist. parl.*, V, 408, 477. — Lac., VII, 344, 346. — Th., I, 238.

avoir produit dans le pays d'amers ressentiments; ils espéraient en conséquence que la prochaine assemblée serait anti-révolutionnaire. Ils appuyèrent leur proposition sur le principe de la souveraineté du peuple, proclamé comme la base du gouvernement par les chefs mêmes du parti populaire. Chapelier, tout en concédant le principe, soutint qu'il ne pouvait s'appliquer dans l'espèce; que la dissolution de l'Assemblée, avant qu'elle eût achevé le travail de la constitution, conduirait à la ruine de la constitution même; que les ennemis de la liberté ne faisaient cette proposition que dans le but de faire revivre la tyrannie et les priviléges féodaux, les prodigalités de la cour et les maux incalculables qui marchent à la suite du despotisme. L'abbé Maury répliqua que l'Assemblée tombait dans une grave erreur en songeant à la possibilité de se perpétuer. Rappelant l'époque où l'on s'était constitué en assemblée nationale, il demanda si le serment du 20 juin anéantissait celui que les députés avaient prêté à leurs commettants : il ajouta que la constitution était faite, attendu que le but pour lequel l'Assemblée avait été envoyée, était atteint, puisqu'on avait assuré l'influence du peuple sur la formation des lois, puisque désormais l'impôt serait consenti par ses représentants. « Je m'oppose, dit-il enfin, à tout décret qui limiterait le droit du peuple sur ses représentants. Ce n'est pas aux enfants à s'élever contre l'autorité des pères; nous sommes ici guidés par une piété filiale qui nous dit que la nation est au-dessus de nous, et que nous détruirions notre autorité en limitant l'autorité nationale[1]. »

De bruyants applaudissements accueillent cette éloquente protestation : Mirabeau monte à la tribune. « On nous demande comment, de simples députés de bailliages, nous nous sommes tout à coup transformés en convention nationale ? Je répondrai nettement : les députés du peuple sont devenus convention nationale le jour où, trouvant le lieu de l'Assemblée des représentants du peuple hérissé de baïonnettes, ils se sont rassemblés, ils ont juré de périr plutôt que d'abandonner les intérêts du peuple... Je dis que, quels que fussent alors nos pouvoirs, ils ont été changés ce jour-là ; que s'ils avaient besoin d'extension, ils en ont acquis ce jour-là ; nos efforts, nos travaux les ont assurés ;

[1] *Hist. parl.*, V, 381, 385.

nos succès les ont consacrés; les adhésions tant de fois répétées de la nation les ont sanctifiés. Vous vous rappelez le trait de ce grand homme qui, pour sauver sa patrie d'une conspiration, avait été obligé de se décider, contre les lois de son pays, avec cette rapidité que l'invincible tocsin de la nécessité justifie. On lui demandait s'il n'avait pas contrevenu à son serment. Il répondit : Je jure que j'ai sauvé la république. Messieurs, je jure que vous avez sauvé la république! » L'Assemblée, électrisée, se leva, applaudit avec transport, et déclara sa session permanente, jusqu'au parfait achèvement de la constitution. Dès ce jour la Constituante ne possédait plus l'ombre d'un titre pour continuer légitimement ses opérations : le terme pour lequel elle avait été élue venait d'expirer, et elle se continua dans ses pouvoirs sans faire appel au peuple, ce qui constituait une véritable usurpation[1].

Après l'adoption de ce décret important, l'Assemblée mit en délibération la question de savoir à qui, sous l'empire de la constitution nouvelle, appartiendrait le droit de conclure la paix et de déclarer la guerre. Un différend qui venait de s'élever entre l'Angleterre et l'Espagne, et qui annonçait des hostilités prochaines, semblait exiger que cette grave question fût résolue sans délai. La discussion se continua pendant quinze jours, avec beaucoup de vivacité. Comme le résultat de la délibération paraissait douteux, les révolutionnaires eurent recours à leurs moyens habituels; ils provoquèrent des rassemblements dans le but de faire fléchir l'Assemblée sous la crainte de la guerre civile. Mirabeau, qui comprenait enfin les dangereuses tendances de la Révolution, qui commençait à se rapprocher de la cour, depuis qu'il avait perdu tout espoir du côté de la faction d'Orléans, proposa comme moyen terme d'accorder le droit contesté en même temps au roi et à l'Assemblée. Ce fut une indication suffisante du changement qui s'opérait dans la politique du célèbre orateur : aussitôt il devint suspect au peuple[2]; le bruit se répandit qu'il avait été gagné par la cour, et l'on afficha dans tout Paris *la grande trahison du comte de Mirabeau*. Cependant

[1] *Hist. parl.*, V, 381, 395. — Mign., I, 109, 111. — Th., I, 218. — Ferrières, *Mém.*, I, 237.

[2] *Hist. parl.*, VI, 34, 132. — *Mon.*, 15 mai 1790, p. 547. — Lab., IV, 232. 236.

l'exaltation du peuple allait si loin, que les journaux révolutionnaires ne craignirent point d'annoncer, que si le droit de la paix et de la guerre n'était pas concédé exclusivement à l'Assemblée, il fallait s'attendre aux plus épouvantables convulsions, au massacre général des nobles et des prêtres*.

« Je vous le demande à vous-mêmes, dit Mirabeau dans cette discussion, sera-t-on mieux assuré de n'avoir que des guerres justes, équitables, si l'on délègue à une assemblée de 700 personnes l'exercice du droit de faire la guerre ? Avez-vous prévu jusqu'où les mouvements passionnés, jusqu'où l'exaltation du courage et d'une fausse dignité pourraient porter et justifier l'imprudence ? Voyez les assemblées politiques, c'est toujours sous le charme de la passion qu'elles ont décrété la guerre. C'est toujours l'ambition qui a précipité les républiques dans les guerres les plus injustes, les plus barbares. Ne comptez-vous pour rien l'inconvénient d'une assemblée non permanente, obligée de se rassembler dans le temps qu'il faudrait employer à délibérer, dans le temps où le pouvoir exécutif devrait agir ? Enfin, ne comptez-vous pour rien le danger de transporter les formes républicaines à un gouvernement qui est tout à la fois représentatif et monarchique ? je vous prie de considérer ce danger par rapport à notre constitution. Rome a péri par la lutte des intérêts monarchiques, aristocratiques et républicains. C'est dans de pareils États qu'un citoyen puissant est plus à craindre qu'un roi victorieux. C'est pour Carthage, c'est pour Rome, que des citoyens tels qu'Annibal et César étaient dangereux..... Ne croyez pas que je me laisse intimider par vos menaces. On voulait, il y a peu de jours, me porter en triomphe, et maintenant on crie dans les rues *la grande trahison du comte de Mirabeau !*.....

* Si le droit de la guerre et de la paix eût été accordé au roi, c'en était fait ; la guerre civile éclatait dans la nuit du samedi au dimanche, et aujourd'hui Paris nagerait dans le sang. A minuit le tocsin aurait appelé les citoyens aux armes ; le château des Tuileries eût été livré aux flammes ; le peuple eût pris sous sa sauvegarde le monarque et sa famille ; mais Saint-Priest, mais Necker, mais Montmorin, auraient été lanternés et leurs têtes promenées dans la capitale. Qu'on se figure tous les attentats qu'une pareille nuit aurait couverts de son ombre ; les massacres, les brigandages, le son des cloches, le fracas de l'artillerie, les cris des mourants ! Aucun aristocrate n'aurait échappé à la fureur du peuple. » (*Orateur du peuple*, par Fréron, 23 mai 1790.)

Je n'avais pas besoin de cette leçon pour savoir qu'il est peu de distance du Capitole à la roche Tarpéienne; mais l'homme qui combat pour la raison, pour la patrie, ne se tient pas si aisément pour vaincu. Celui qui a la conscience d'avoir bien mérité de son pays, et surtout de lui être encore utile; celui que ne rassasie pas une vaine célébrité, et qui dédaigne les succès d'un jour pour la véritable gloire; celui qui veut dire la vérité, qui veut faire le bien public indépendamment des mobiles mouvants de l'opinion populaire, cet homme porte avec lui la récompense de ses services; il ne doit attendre sa destinée, la seule qui l'intéresse, la destinée de son nom, que du temps, ce juge incorruptible qui fait justice à tous *. » Ce fut de l'éloquence dépensée en pure perte; l'Assemblée fut investie seule du droit de la paix et de la guerre **.

* L'auteur a réuni en un seul, deux discours prononcés par Mirabeau à quelques jours de distance. On voit, du reste, qu'il n'en a donné que la substance, comme il le fait souvent, en conservant autant que possible les termes dont s'est servi l'orateur. (*Note de l'Éditeur.*)

** M. Thiers affirme que ce fut l'opinion de Mirabeau, légèrement modifiée dans la forme par un amendement de Chapelier, qui l'emporta dans ce débat. Nos lecteurs jugeront par eux-mêmes de la portée du décret dont nous donnons ici le texte.

L'Assemblée décrète comme articles constitutionnels :

1° Le droit de la paix et de la guerre appartient à la nation. La guerre ne pourra être décidée que par un décret de l'Assemblée nationale, qui sera rendu sur la proposition formelle et nécessaire du roi, et qui sera sanctionné par lui ;

2° Le soin de veiller à la sûreté extérieure du royaume, de maintenir ses droits et ses possessions, est délégué par la constitution au roi; lui seul peut entretenir des relations politiques au dehors, conduire les négociations, en choisir les agents, faire des préparatifs de guerre proportionnés à ceux des États voisins, distribuer les forces de terre et de mer, ainsi qu'il le jugera convenable, et en régler la direction en cas de guerre;

3° Dans le cas d'hostilités imminentes ou commencées, d'un allié à soutenir, d'un droit à conserver par la force des armes, le roi sera tenu d'en donner sans aucun délai la notification au corps législatif, et d'en faire connaître les causes et les motifs; et si le corps législatif est en vacance, il se rassemblera sur-le-champ ;

4° Sur cette notification, si le corps législatif juge que les hostilités commencées sont une agression coupable de la part des ministres, ou de quelques autres agents du pouvoir exécutif, l'auteur de cette agression sera poursuivi comme coupable de lèse-nation; l'Assemblée nationale déclarant à cet effet que la nation française renonce à entreprendre aucune

L'Assemblée, satisfaite d'avoir dépouillé la couronne de cette précieuse prérogative, se montra fort généreuse quand il s'agit de fixer la dotation du souverain. Le roi demandait pour sa liste civile, 25,000,000 de francs; on les lui accorda sans contestation, et l'on fixa celle de la reine à 4,000,000. Quand un monarque se laisse dépouiller, il est toujours pour un temps le favori de toute assemblée démocratique [1].

Au milieu de la fièvre des innovations, les titres nobiliaires ne pouvaient être maintenus : Lambel, appuyé par Charles Lameth, proposa un décret pour la suppression des titres de duc, de comte, de marquis, de vicomte, de baron et de chevalier. « L'idée d'une noblesse héréditaire, dit Charles Lameth, choque la raison et blesse la véritable liberté : il n'est point d'égalité politique, il n'est point d'émulation pour la vertu, là où des citoyens ont une autre dignité que celle qui est attachée aux fonctions qui leur sont confiées, une autre gloire que celle qu'ils doivent à leurs actions. » Le duc de Noailles parla aussi en faveur de la motion. « Anéantissons, dit-il, ces vains titres, enfants frivoles de l'orgueil et de la vanité. Ne reconnaissons de distinc-

guerre dans la vue de faire des conquêtes, et qu'elle n'emploiera jamais ses forces contre la liberté d'aucun peuple;

5° Sur la même notification, si le corps législatif décide que la guerre ne doit pas être faite, le pouvoir exécutif sera tenu de prendre sur-le-champ des mesures pour faire cesser ou prévenir toute hostilité, les ministres demeurant responsables des délais;

6° Toute déclaration de guerre sera faite en ces termes : *De la part du roi et au nom de la nation ;*

7° Pendant tout le cours de la guerre, le corps législatif pourra requérir le pouvoir exécutif de négocier la paix, et le pouvoir exécutif sera tenu de déférer à cette réquisition;

8° A l'instant où la guerre cessera, le corps législatif fixera le délai dans lequel les troupes mises sur pied au-dessus du pied de paix seront congédiées, et l'armée réduite à son état permanent; la solde desdites troupes ne sera continuée que jusqu'à la même époque, après laquelle, si les troupes extraordinaires restent rassemblées, le ministre sera responsable et poursuivi comme criminel de lèse-nation;

9° Il appartiendra au roi d'arrêter et de signer avec les puissances étrangères toutes les conventions nécessaires au lieu de l'État; et les traités de paix, d'alliance et de commerce, ne seront exécutés qu'autant qu'ils auront été ratifiés par le corps législatif. (Séances du 22 mai 1790.)

(*Note de l'Éditeur.*)

[1] *Hist. parl.*, VI, 246, 249. — Lac., VIII, 48. — Th., I, 238, 10 juin.

tions que celles des vertus. Dit-on le marquis Franklin, le comte Washington, le baron Fox? On dit Benjamin Franklin, Fox, Washington. Ces noms n'ont pas besoin de qualification pour qu'on les retienne; on ne les prononce jamais sans admiration. J'appuie la motion de toutes mes forces, et je demanderai même qu'à l'avenir on ne porte plus de livrée.» — « En France, objecta l'abbé Maury, la noblesse est constitutionnelle; s'il n'y a plus de noblesse, il n'y a plus de monarchie. » L'Assemblée bien déterminée à abolir tous les titres, vota sans désemparer et à une grande majorité la motion de M. Lambel, malgré les efforts de la noblesse et du clergé[1].

Ainsi disparut en un jour l'ancienne et vénérable institution de la noblesse féodale, institution issue de la conquête, nourrie par l'orgueil, mais qui avait produit sur le corps social de grandes, d'importantes conséquences, causes de la différence essentielle entre la civilisation européenne et celle de l'Asie. Les conquérants de l'Est n'ont laissé que des institutions précaires, subordonnées à l'existence d'une seule génération de guerriers, ne laissant après eux ni honneurs ni possessions héréditaires capables de perpétuer la constitution sociale. Les dynasties de l'Orient n'ont rien laissé que d'éphémère; gloire nationale, prospérité publique, rien n'y a survécu aux fondateurs de ces empires. En Europe, au contraire, l'établissement de dignités héréditaires et du droit de primogéniture a perpétué l'influence des chefs du peuple; en créant une classe dont les intérêts étaient permanents, ces priviléges ont assuré aux institutions un caractère de durée inconnu des autres parties du monde. Quoi qu'on puisse dire de la vanité des titres, des mains indignes dans lesquelles ils descendent souvent, on ne peut nier que l'aristocratie féodale n'ait imprimé un cachet tout particulier à la civilisation européenne. On ne peut contester que le corps de la noblesse n'ait maintenu et sauvé la société au milieu des orages des siècles d'anarchie et de barbarie; qu'il n'ait jeté les fondements de la liberté, par cela même qu'il formait une classe capable de résister en tout temps aux envahissements du pouvoir despotique. La diffusion actuelle des lumières, la division de la propriété, ont-elles fait disparaître la nécessité d'un corps aristocratique? Peut-

[1] *Hist. parl.*, VI, 284, 298.

il exister un système de liberté modérée sans une classe intermédiaire entre la puissance monarchique et l'ambition du peuple? Ce sont là des questions que le temps seul peut résoudre; mais on peut du moins affirmer avec certitude que les chefs de la Révolution française ne possédaient point les bases d'une appréciation raisonnable de ces graves sujets.

Ces grandes innovations, toutefois, quelle qu'en fût du reste la portée, n'étaient rien en comparaison du changement qui se fit en France à cette époque dans l'organisation militaire du royaume. Les progrès de la Révolution, la défaite des armées qui envahirent la France, l'abaissement des puissances européennes, doivent être attribués principalement aux institutions militaires produites par la première ferveur de l'exaltation patriotique. Sous le gouvernement des rois, l'armée de France avait une organisation en harmonie avec l'esprit aristocratique de l'époque; les hauts grades y étaient exclusivement réservés à la noblesse de cour, et les simples brevets d'officiers n'étaient accordés qu'à ceux qui, par leur naissance ou par leurs alliances, tenaient à la classe des propriétaires territoriaux. Il était aisé de prévoir les conséquences d'un pareil système d'exclusion, dans un siècle de civilisation avancée. Les sous-officiers et les soldats n'avaient point d'intérêts communs avec ceux de leurs chefs, et, de même que le bas clergé, leur inclination les portait à prendre parti pour le tiers-état. Aussi conçoit-on aisément la défection rapide et décisive de l'armée, du moment où on voulut opposer à la Révolution des troupes déjà disposées à partager l'enthousiasme populaire. Déjà des modifications peu judicieuses apportées à la discipline et aux cadres de la *maison du roi* avaient porté la désaffection jusque dans ces corps privilégiés, et avaient été le prétexte de la révolte des gardes françaises, cause immédiate du renversement de l'autorité royale [1].

Dans toutes les luttes de l'autorité contre les émeutes populaires, le gouvernement resta désarmé, parce qu'il lui fut impossible de compter sur le concours des troupes. Les fonctions d'officier municipal ou de commandant de forteresse étaient devenues plus redoutables que la présence d'une armée ennemie. Les

[1] Toul., I, 124, 126, 127.

troupes, animées du même esprit de mutinerie qui régnait parmi le peuple, ou bien refusaient d'agir contre les émeutiers, ou prenaient ouvertement leur parti. Une poignée méprisable de mutins, sortis de la lie du peuple, faisaient trembler le gouverneur d'une citadelle. Tout acte de vigueur, même pour sa propre défense, était considéré comme crime capital ; enfin, l'on redoutait bien plus les clameurs de la plèbe que le tonnerre de l'artillerie ennemie. Tout le monde sentait que dans les collisions entre le peuple et l'armée, l'officier, même obéi de ses soldats, courait de plus grands dangers que les brigands qu'il voulait réprimer. Quant à l'officier qui avait perdu son autorité sur les troupes, sa ruine était inévitable. Aussi l'anarchie était-elle générale dans l'armée; anarchie d'autant plus redoutable que les soldats avaient été mieux formés à l'usage des armes. De cent vingt bataillons et quatre-vingts escadrons que commandait M. de Bouillé dans l'est de la France, il ne pouvait compter que sur cinq bataillons composés de soldats étrangers, pour la défense de la cause royale. Mirabeau comprit, mais trop tard, les conséquences désastreuses d'un pareil relâchement et voulut y remédier en proposant de proclamer la loi martiale; mais l'Assemblée, épouvantée à la seule pensée d'irriter la nation, n'osa s'aventurer à prendre une mesure aussi vigoureuse *. Peu de temps après la

* Le 4 juin 1790, M. de la Tour du Pin, ministre de la guerre, dans un rapport à l'Assemblée faisait ainsi qu'il suit le tableau de l'anarchie militaire : « Sa Majesté m'envoie pour vous rendre compte de désordres inquiétants pour la tranquillité publique. Les corps militaires sont actuellement dans la plus turbulente anarchie; des régiments ont violé vos lois, ont manqué au serment qu'ils avaient prêté de la manière la plus solennelle. Mon cœur se serre quand je porte ici des plaintes contre des soldats que j'ai toujours vus si loyaux, et avec lesquels, pendant cinquante ans, j'ai vécu comme camarade et comme ami. On voit dans plusieurs corps les liens de la discipline relâchés ou brisés, les ordonnances méconnues, les caisses et les drapeaux enlevés, les officiers méprisés et maltraités; pour comble d'horreur, des commandants égorgés sous les yeux de leurs soldats. L'ordre public et le bonheur de la patrie réclament votre intervention. Le corps militaire n'est qu'un individu devant le corps politique; tout est perdu s'il est abandonné à des passions particulières. Il ne doit être qu'un instrument; s'il devient un corps délibérant, le gouvernement dégénérera en une démocratie militaire. » (*Monit.*, 5 juin 1790.) — Chose étrange, le même ministre ajoutait de la part du roi : « Le roi m'a encore chargé de vous apprendre, qu'il approuve qu'un grand nombre de régiments parti-

prise de la Bastille, on exigea des soldats un nouveau serment, par lequel ils s'obligeaient à ne faire usage de leurs armes contre leurs concitoyens que sur la réquisition des autorités civiles. Le soldat comprit alors qu'il avait d'autres devoirs à remplir que ceux qui le liaient au souverain, d'autres intérêts à protéger que ceux de la couronne [1].

La garde nationale s'organisa dans tout le royaume, à l'imitation de celle de Paris, et avec une rapidité extraordinaire. La force de ses bataillons consistait surtout dans les classes moyennes toutes dévouées à la Révolution, parce qu'elle les rendait habiles à occuper toutes les positions sociales : en moins d'un an, la France compta dans les provinces trois cent mille gardes nationaux enrôlés et disciplinés, prêts à soutenir la cause populaire. L'influence de ce vaste corps armé s'accrut encore par son organisation démocratique. Formé dans un moment d'exaltation politique, et en l'absence de tout contrôle de l'autorité royale, il ne fut point organisé par le gouvernement; les gardes élisaient leurs officiers et se formaient au maniement des armes sous la direction d'instructeurs de leur choix, intéressés par leur position nouvelle à favoriser aussi le développement de la puissance populaire. Aussi, durant toute la Révolution, la garde nationale défendit-elle constamment les intérêts du peuple ; et, de plus, au premier appel qui fut fait pour voler à la défense du pays, fournit-elle un contingent considérable de bons soldats aux armées régulières que l'on organisa également sur une base démocratique. La garde nationale de Paris, sous le commandement de la Fayette, et déjà forte de trente mille hommes, pouvait, au premier coup de tambour, être portée au double : elle était parfaitement exercée et équipée. Malheureusement, comme il arrive presque toujours dans les corps où les officiers sont élus par leurs subordonnés, l'autorité du général s'affaiblissait singulièrement chaque fois que ses ordres se trouvaient en opposition avec les désirs de ses soldats. Un soir, qu'il venait de résigner son commandement, il parut dans une société en habit de ville.

cipent aux fédérations entre les troupes de ligne et les gardes nationales pour renouveler le serment civique... Il a pensé qu'il était à propos que chaque régiment prît part à ces fêtes civiques pour resserrer l'union de tous les citoyens. » (*Ibid.*)

[1] Bertr. de Mollev., *Mém.*, I, 23. — Dumont, 202.

« Comment, général, s'écria-t-on, nous vous croyions commandant de la garde nationale! — Oh! dit-il, j'étais las d'obéir, et je suis redevenu simple particulier [1] *. »

Il s'était formé, à Paris et dans les villes les plus importantes du royaume, une force bien plus redoutable pour l'administration et pour la nouvelle magistrature. Elle consistait dans une foule d'ouvriers et d'artisans, armés de piques, et présentant une certaine organisation militaire. Ces bandes tumultueuses se levaient dans les moments d'alarme, toujours prêtes à s'insurger, et désireuses de prendre part au pillage des classes opulentes. N'ayant rien à perdre, ces hommes étaient toujours disposés à prêter la main aux actes de spoliation et de cruauté. Les chefs les plus déconsidérés du parti démocratique y trouvèrent un appui assuré, dès que commença à décroître la ferveur moins enthousiaste de la garde nationale. A Paris seulement, ces bandes organisées s'élevaient à 50,000 hommes. Leur puissance déjà redoutable s'accrut encore quand la municipalité de Paris eut confié deux pièces de canon à chacune des quarante-huit sections de cette force populaire. Ces pièces étaient servies par les plus habiles et les plus déterminés de la populace; les hommes d'une condition un peu supérieure redoutaient les fatigues de ce service, qui tomba ainsi dans les mains des plus ardents et des plus exaltés. Aussi, ces redoutables canonniers acquirent-ils bientôt une horrible célébrité dans les scènes les plus sanglantes de la Révolution [2].

La dépréciation rapide des assignats réduisit une foule de malheureux à un véritable état de mendicité, et vint augmenter encore l'agitation des esprits. Le gouvernement, qui, une fois déjà, avait éprouvé un soulagement momentané par une émission de papier-monnaie, eut bientôt recours au même expédient; à chaque crise financière, on créait une masse nouvelle d'assignats, garantis par les propriétés de l'Église. Un décret de l'Assemblée du 20 septembre 1790 autorisa l'émission de 800,000,000 de ce papier à ajouter aux 400,000,000 déjà en circulation. Ce décret passa malgré l'avis de Talleyrand : il était

[1] Toul., I, 88, 126, 127.

* Cette anecdote a été rapportée à l'auteur par son regrettable ami, le professeur Dugald Stewart, qui avait été témoin du propos.

[2] Lac., VII, 357.

vivement appuyé par Mirabeau, qui voyait bien que cette mesure allait créer une masse nouvelle de propriétaires et par conséquent d'intérêts révolutionnaires [1].

Talleyrand et l'abbé Maury prédirent hautement les conséquences fatales de cette émission continuelle d'assignats, pour venir en aide aux besoins du trésor. « Vous voulez savoir, disaient-ils, pourquoi ce papier sera toujours d'une valeur inférieure à celle de l'argent ? C'est parce qu'il y aura toujours des doutes sur le rapport entre le montant des assignats et la valeur réelle des domaines nationaux; parce que de longtemps encore la vente de ces biens ne sera pas assurée ; parce qu'il est difficile de se faire une idée de l'époque où l'on parviendra à éteindre 2,000,000,000, valeur présumée des propriétés de l'Église; parce que l'argent étant émis au pair avec le papier, l'un et l'autre deviendront objets de spéculation, et que plus une marchandise abonde, plus son prix diminue. Il en doit résulter nécessairement une extrême confusion; on achètera de la terre pour une valeur nominale; on s'acquittera de sa dette par un payement illusoire; il en résultera en un mot un changement général de la propriété, par un système de spoliation si secret, que personne ne pourra voir d'où est parti le coup qui le ruine. Considérez seulement les effets d'une émission immodérée de papier-monnaie ; ne parlons point d'une émission de 2,000,000,000, car personne probablement ne voudrait soutenir une pareille absurdité; mais supposez seulement que la dépréciation atteigne le chiffre de 10 pour cent. A ce compte, le trésor gagnera le dixième de sa dette. N'est-ce pas là la banqueroute ? Et si la dépréciation continue, est-ce que toutes les dettes ne diminueront pas en même temps, et tous les créanciers ne seront-ils pas ruinés ? Les assignats deviendront un objet de commerce; vous les verrez monter et descendre comme les actions de la banque ; les détenteurs d'assignats engloutiront la dette du pays, sa fortune et tous nos domaines nationaux [2]. »

Mirabeau, de son côté, appuya de tout son pouvoir l'émission proposée. Son argumentation reposait principalement sur cette idée que la création du papier-monnaie devait amener forcément

[1] *Hist. parl.,* VI, 274. — Toul., I, 204. — Th., I, 254.
[2] *Moniteur,* 29 septembre 1790, p. 1129; 26 septembre, p. 1114.

la vente et la division du domaine national. « Ainsi, je mets au nombre des ennemis de l'État, dit-il, je regarde comme criminel envers la nation, quiconque cherche à ébranler cette base sacrée de tous nos projets régénérateurs. Nous avons juré d'achever, de maintenir notre constitution ; c'est jurer de défendre les décrets sur les biens nationaux; il n'y a pas un bon citoyen, pas un bon Français qui ne doive se réunir à notre serment. Que la vente des biens nationaux s'effectue; qu'elle devienne active dans tout le royaume : la France est sauvée. C'est en vain qu'on voudrait assimiler nos assignats au papier-monnaie. Quel est le créancier qui ne trouve pas ses écus sûrement placés, quand ils ont pour hypothèque un équivalent en propriété foncière ? Qu'est-ce qui constitue le prix des métaux monnayés ? c'est leur valeur intrinsèque; il en est de même de la terre, qui est directement ou indirectement la source de toute richesse. Le papier-monnaie, dit-on, deviendra surabondant et chassera le numéraire : de quel papier parlez-vous ? si c'est d'un papier qui n'est point assis sur une base solide, à la bonne heure; mais si c'est d'un papier dont la valeur repose sur la propriété foncière, vous êtes dans l'erreur. Mais on craint que les assignats ne perdent contre le numéraire : n'avons-nous pas des faits bien capables de nous éclairer sur cette matière ? Les écus perdent quand on veut les échanger contre des louis. Si le billon venait à manquer pour le peuple, c'est le billon qui ferait la loi. Le papier de commerce même gagne sur les espèces, quand on a un grand besoin de ce papier et qu'il est fort rare. Si donc les assignats perdent contre les espèces, c'est que les espèces sont plus rares encore que les assignats. Ayez des assignats plus petits, et les échanges devenus plus faciles se rapprocheront du pair. Ce sont de grandes erreurs sur la circulation du numéraire, qui font craindre si fort l'accroissement des assignats. C'est par là seulement que vous acquitterez votre dette, que vous payerez votre armée, que vous avancerez la marche de la Révolution. Ce papier réabsorbé progressivement par la vente des biens nationaux, ne pourra jamais devenir surabondant[1]. »

Les assignats portèrent dans le principe un intérêt de 4 pour cent; mais on cessa bientôt de leur accorder cette faveur, ce qui

[1] *Hist. parl.*, VI, 240, 271. — *Mon.*, 28 sept. 1790, pages 1121, 1126.

ne les empêcha pas de se maintenir pendant quelque temps au pair avec l'argent monnayé. Cependant, l'émission continue du papier produisit progressivement ses effets ordinaires sur le crédit public; la valeur des espèces baissa, tandis qu'augmentait dans la même proportion le prix de tous les objets de commerce. Enfin, la circulation des valeurs fictives étant devenue générale, il y eut panique, et la valeur du papier tomba à un taux purement nominal. Déjà au mois de juin 1790, il y avait eu une dépréciation assez considérable pour exciter de sérieuses alarmes, et appeler l'attention de l'Assemblée sur les moyens de remédier au mal. Mais, après un très-petit nombre d'années, on ne pouvait guère obtenir au delà de 8 ou 9 pour cent de la valeur nominale des assignats; ils descendirent même jusqu'à ne plus représenter que le quinzième de leur taux légal. Des changements aussi prodigieux dans l'état de la circulation occasionnèrent d'incroyables fluctuations dans la fortune des particuliers, et augmentèrent considérablement le nombre des individus ruinés par cette mesure; mais en même temps, la grande division des propriétés créait, comme nous l'avons fait remarquer déjà, une classe nombreuse de citoyens dont les intérêts s'identifiaient avec ceux de la Révolution [1].

Cependant, le 14 juillet, jour anniversaire de la prise de la Bastille approchait, et les patriotes voulurent le célébrer par une fête digne de l'avénement de la liberté dans l'un des plus grands États de l'Europe. On résolut une confédération générale du royaume au Champ-de-Mars. Là, le roi, les députations des quatre-vingt-quatre départements, l'Assemblée et la garde nationale devaient prêter serment à la constitution. On chercha à donner à la cérémonie le caractère le plus imposant. Longtemps avant la fête, presque tous les ouvriers de Paris avaient été mis en réquisition pour élever des gradins en amphithéâtre, dans cette plaine magnifique, pour les nombreux spectateurs que l'on attendait. La municipalité, la garde nationale, et les députations des départements rivalisaient de zèle dans le but d'y paraître avec toute la magnificence possible. La présence du monarque, de l'Assemblée nationale, de 100,000 hommes sous les armes, et

[1] *Hist. parl.*, VI, 274. — Th., I, 204. — Mign., I, 106. — Toul., I, 205. — Lac., VIII, 56.

de plus de 400,000 spectateurs, devait frapper les imaginations d'un peuple moins passionné même que les Français pour les effets de théâtre[1].

Le 14 juillet, dès la pointe du jour, tout Paris fut en mouvement. Quatre cent mille citoyens de tout âge et de tout rang se dirigèrent en habits de fête vers le Champ-de-Mars, et prirent place sur les gradins construits autour de la plaine. A sept heures le cortége se mit en marche. Les électeurs, les représentants de la municipalité, les présidents de districts, les gardes nationaux, les députations de l'armée et des départements, au nombre de 30,000 environ, au son d'une musique militaire, partent de la place de la Bastille, portant des bannières chargées d'inscriptions patriotiques, tous revêtus de costumes riches et variés. Ce cortége magnifique traverse la Seine sur un pont de bateaux, vis-à-vis de l'École militaire, et pénètre dans l'amphithéâtre en passant sous un arc de triomphe. Là se trouvaient le roi et l'Assemblée nationale, au pied d'un autel immense, élevé à la manière des anciens au milieu du Champ-de-Mars. Au bas de l'autel était représentée la prise de la Bastille. Talleyrand, évêque d'Autun, assisté de 200 prêtres en surplis tricolores, célébra une messe solennelle en présence de la multitude assemblée; après quoi la Fayette, en sa qualité de commandant en chef des gardes nationales de France, prêta serment en ces termes : « Nous jurons d'être fidèles à la nation, à la loi et au roi, et de maintenir de tout notre pouvoir la constitution décrétée par l'Assemblée nationale et acceptée par le roi, et de rester unis à tous les Français par les liens indissolubles de la fraternité. » Le président de l'Assemblée nationale et le roi prêtent aussi leur serment; la reine, élevant le dauphin dans ses bras, promet, au nom de son fils, qu'il partagera les mêmes sentiments. Les décharges de l'artillerie, le roulement des tambours, le cliquetis des armes, semblaient célébrer à l'envi cet heureux événement, qui unissait par les liens d'une mutuelle affection le monarque et ses sujets. Tout à coup éclate un orage terrible ; les nuages versent l'eau par torrents ; en un instant cette foule immense est inondée de pluie. L'air cependant s'éclaircit bientôt, et le soir de

[1] Deux Amis, V, 148, 154. — Th., I, 245. — Mign., I, 114, 115. — Lac., VII, 359.

brillantes illuminations éclairaient les fêtes nombreuses qui se donnèrent à Paris : le roi parcourut la ville en voiture fermée, et jouit de l'expression du bonheur public. Sur l'emplacement de la Bastille on avait élevé une tente avec cette inscription : « Ici on danse. » « Ils dansaient en effet, dit un écrivain contemporain, et avec joie et sécurité sur ce lieu même où coulaient autrefois tant de larmes, versées par la bravoure, par le génie et par l'innocence, sur ce lieu même où furent si souvent étouffés les cris du désespoir [1]. »

Toutefois ces réjouissances ne firent trêve que pour un instant à l'animosité des partis. Le duc d'Orléans, récemment revenu de son exil à Londres, fut accusé devant l'Assemblée, ainsi que Mirabeau, d'avoir excité l'insurrection du 5 octobre. Jamais accusation ne fut plus maladroite ni plus inopportune. Mirabeau, dégoûté des actes révolutionnaires de l'Assemblée, prêtait précisément alors, à la cour l'appui secret de son admirable talent; déjà dès le commencement de l'année 1790, il penchait de ce côté; car depuis longtemps il prévoyait la ruine de l'État, et avait résolu d'employer les plus grands efforts pour arrêter le torrent des passions populaires. L'abbé Maury, qui marchait à la tête des accusateurs, avait appris, avant les débats, que Mirabeau inclinait vers le parti monarchique ; il déclara donc à l'Assemblée qu'aucun indice ne justifiait des poursuites criminelles contre l'illustre orateur : l'accusation dirigée contre le tribun ne fit donc que lui rendre la popularité qui depuis quelque temps avait commencé à lui faire défaut. Jamais il ne domina l'Assemblée comme le jour où il monta à la tribune pour présenter lui-même sa défense. On prononça l'ajournement de la double accusation, jusqu'à la production du rapport général de la cour du Châtelet sur les événements du 5 octobre. Le duc ne parvint toutefois jamais à regagner sa popularité, et dès ce moment il perdit toute espèce d'influence sur la Révolution [2].

Dans cette circonstance, Cazalès prononça de nobles paroles, et força l'Assemblée à écouter le langage de la vérité et de la jus-

[1] Prudhomme, *Rév. de Paris,* II, 53, 54. — *Mon.*, 16 juillet 1790, p. 807. — Deux Amis, V, 142, 172. — Ferr., *Mém.*, I, 18, 23. — Mign., I, 117. — Lac., VII, 367. — Th., I, 246, 249.

[2] Lac., VIII, 83, 84. — Mign., I, 118. — Th., I, 187, 250, 252. — *Mon.*, 8 août 1790.

tice. « Est-il un membre de cette assemblée, dit-il, qui veuille soustraire aux lois les auteurs et les complices d'un attentat déplorable, qui a souillé la Révolution, qui pèse sur la nation française, qui sera son éternel déshonneur?... (Murmures.) Oui, je le répète, qui pèse sur la nation tout entière, qui sera à jamais son éternel déshonneur. Si les auteurs d'un forfait abominable ne sont découverts et punis, que dira la France, que dira l'Europe entière? L'asile de nos rois a été violé, les marches du trône ensanglantées, ses défenseurs égorgés; d'infâmes assassins ont mis en péril les jours de la fille de Marie-Thérèse, de la reine des Français. (Nous n'avons pas de reine, dit une voix.) Eh bien! de cette femme dont le nom célèbre surnagera sur l'oubli auquel vous avez dévoué les noms obscurs des victimes et des agents de la Révolution. Ils étaient députés, ils étaient Français, ils étaient hommes; et ils se sont souillés de ces attentats odieux. Si vous adoptez la motion qu'on vous propose, vous vous laverez au moins du déshonneur, il retombera sur les coupables. Si vous la rejetez, au contraire, vous revendiquez pour les membres de cette assemblée l'odieux privilége de commettre des crimes et de rester à l'abri du châtiment[1]. »

A peu de jours de là, M. Necker sortit du ministère : sa santé ne fut que le prétexte d'une résolution qui lui fut dictée par le sentiment de la perte de son influence et de sa popularité. Lui-même avait prédit ce qui lui arrivait; le jour de son entrée triomphale à Paris avait été le premier jour de son déclin. Il avait assez vécu pour apprendre par sa propre expérience la vanité de son opinion favorite, que la puissance de la raison finit par vaincre les assemblées populaires les plus passionnées. Sa démission, écrite d'un style éloquent et plein de sensibilité, fut reçue sans regret par l'Assemblée[*]; il reprit le chemin de la Suisse, comme un fugitif, sans suite, sur cette même route qu'il avait récemment parcourue en triomphe. Arrêté à Arcis-sur-Aube, il n'échappa qu'avec peine à la destinée dont il avait si généreusement

[1] *Mon.*, 8 août 1790, p. 910.

[*] « Les inimitiés, les injustices dont j'ai fait l'épreuve, m'ont donné l'idée de la garantie que je viens d'offrir; mais quand je rapproche cette pensée de ma conduite dans l'administration des finances, il m'est permis de la réunir aux singularités qui ont accompagné ma vie. » (*Hist. parl.* VII, 164.)

sauvé son ennemi, le baron de Besenval. La législature lui permit purement et simplement de continuer sa route : et cette assemblée lui devait son existence! exemple mémorable de l'instabilité des faveurs populaires, instabilité qu'on ne devrait jamais perdre de vue dans toute révolution. Les promoteurs du mouvement tombent bientôt dans l'oubli, parce qu'ils sont remplacés par des chefs plus audacieux ; toutes les classes veulent arriver à la suprématie; mais comme la marche d'une révolution est toujours progressive, personne ne jouit longtemps de la position élevée qu'il y a conquise, parce qu'en restant à la tête des affaires, ils arrêtent trop d'ambitions qui prétendent arriver à leur tour [1].

Le départ de Necker détermina la retraite du cabinet tout entier. Duport du Tertre fut fait premier ministre; les divers départements furent confiés à Duportail, Fleurieu, Lambert et Delessart. Duport du Tertre, que la Révolution avait élevé d'un emploi de 1,000 francs à celui de premier ministre, était partisan zélé du nouvel ordre de choses auquel il devait son élévation. La Fayette avait conseillé sa nomination. Intimement lié avec les Lameth, Barnave et les autres chefs de la Révolution, il représentait le parti dominant dans l'Assemblée. Il désirait sincèrement maintenir la constitution telle que la Constituante l'avait faite, mais il éprouva aussi la difficulté d'arrêter les progrès du mouvement dont lui-même avait été l'un des premiers promoteurs; il devint en peu de temps l'objet des plus violentes hostilités de la part des Jacobins, du jour où les membres de ce club dépassèrent, dans la carrière des innovations, les chefs les plus avancés de l'Assemblée nationale. Deux des nouveaux ministres étaient destinés à mourir sur l'échafaud, un troisième sous les coups des assassins. Elle approchait, cette époque funeste où une position éminente dans la vie publique allait être un titre assuré à une mort violente [2].

La situation de l'armée appelait aussi l'attention de la Constituante. Le nouveau code militaire fut éminemment favorable aux officiers subalternes; on abolit les distinctions et les priviléges de la naissance; l'ancienneté devint le seul titre à l'avancement. Ce changement, avantageux pour les soldats, ne l'était point pour les

[1] *Hist. parl.*, VII, 163. — Mign., I, 118. — Lac., VIII, 83. — Th., I, 257, 258.

[2] Lac., VIII, 92. — Th., I, 259. — Bertr. de Mollev., *Mém.*, I, 265.

officiers, qui virent leur avancement arrêté par une foule de compétiteurs des classes moyennes, dont jusque-là leur ambition n'avait rien eu à redouter. Il en résulta de la haine entre les soldats et les officiers. Partout où le soldat avait le dessus, il se formait des clubs à l'imitation des Jacobins, dans lesquels se discutaient les mesures concernant la discipline, l'équipement et l'organisation; dans les corps où dominait l'influence des officiers, il y avait opposition à la nouvelle forme du gouvernement. La garnison de Nancy se trouvait surtout dans un état d'anarchie des plus alarmants. Elle se composait de trois régiments, dont l'un était suisse et les deux autres français. Ces régiments avaient un nombre considérable d'officiers; aussi y régnait-il une grande hostilité contre la Révolution. Après une longue série de difficultés entre les chefs, et des soldats ennemis de la discipline, ces corps avaient perdu toute espèce de subordination. On leur avait fait une foule de concessions; mais, comme toujours, la faiblesse des chefs n'avait fait qu'accroître le mécontentement et les prétentions des mutins; enfin, la révolte éclata, et ils enfermèrent leurs officiers dans leurs propres quartiers [1].

L'Assemblée, comprenant l'extrême danger de l'insubordination militaire au milieu de l'agitation de l'esprit public, adopta les mesures les plus énergiques pour réprimer cette révolte. Mirabeau prêta sa voix puissante à la cause de l'ordre. Bouillé, qui commandait à Metz, reçut l'ordre de marcher avec toutes ses forces contre les insurgés. On ne pouvait mieux choisir pour une mission aussi importante et aussi délicate. Bouillé était doué d'un grand courage et d'une fermeté à toute épreuve, qualités auxquelles on reconnaît les nobles caractères. Tenant par sa naissance à la classe aristocratique, et attaché à la monarchie par principe autant que par affection, il n'était pas l'ennemi cependant de ces réformes modérées que tous les hommes intelligents de cette époque reconnaissaient être devenues indispensables dans l'État et dans l'armée. Il fut l'ennemi de la Révolution, non pas de 89, mais de 93. Ferme, intrépide, intelligent, il était l'homme du moment le plus capable d'arrêter les désordres; mais, telle était l'incroyable anarchie de ces temps

[1] Bouillé, 137, 140. — Deux Amis, V, 215, 219. — *Hist. parl.*, VII, 60, 61. — Toul., I, 237, 239. — Th., I, 254.

malheureux, que toute l'énergie de Napoléon lui-même ne fût point parvenue à rétablir l'ordre public. Bouillé avait maintenu l'autorité royale dans toute l'étendue de son commandement : évitant le contact entre ses soldats et le peuple, il avait fait tout ce qui était possible pour les préserver de la contagion des principes révolutionnaires; et cependant, l'ascendant naturel de son beau caractère lui avait conservé leur affection. Il refusa longtemps le serment d'être fidèle *à la nation, à la loi et au roi*. Cédant aux instances de Louis, il y consentit enfin, dans l'espoir qu'il pourrait faire en sorte que les deux premiers termes de la formule ne fissent point oublier le troisième [1].

Jamais général ne fut chargé d'une tâche aussi difficile que celle qui incombait à Bouillé : il lui fallait, avec une poignée de mercenaires étrangers, réprimer la révolte d'une troupe dix fois plus nombreuse, composée de soldats du pays, soutenus par les vœux de tous les habitants de la province. Des 90 bataillons qu'il eût pu réunir, il ne pouvait compter que sur 20, presque tous suisses ou allemands. A la vérité, plus de la moitié des 104 escadrons qu'il commandait étaient restés fidèles; mais la difficulté de se procurer des fourrages l'avait obligé à les cantonner dans les villages de la province; de sorte qu'il lui était difficile de les réunir sans exciter l'attention publique et s'exposer ainsi à voir se propager la révolte. Le roi, comme toujours, avait ordonné de n'employer la force qu'à la dernière extrémité [*]. Cependant, il fallait agir avec promptitude, car la révolte de Nancy attirait tous les jours à elle une multitude de mutins disposés à se livrer à tous les excès [2]. Déjà s'étaient réunis aux insurgés 4 bataillons français, 2 suisses, et quelques régiments de cavalerie; 4,000 hommes des environs de Nancy s'étaient jetés dans la ville, et s'étaient armés en pillant les arsenaux ; on avait enlevé la caisse militaire et commis toute espèce d'excès. On avait extorqué 27,000 francs d'abord, puis 150,000, des habitants de la ville, en menaçant de mort les magistrats en cas de refus. Ces sommes, dépensées im-

[1] Bertr. de Mollev., III, 279, 280. — Toul., I, 119. — Lab., IV, 396, 397.

[*] « Sa Majesté désire que la force ne soit employée que, lorsque à l'extrémité, les départements se trouveront forcés à la requérir. » (*La Tour du Pin, ministre de la guerre, à M. de Bouillé*, 24 août 1790. Bouillé, 142.)

[2] Bouillé, 143, 144. — *Procès-verbal de la municipalité de Nancy*, 14 août 1790. — *Ibid.*, 391, 394. — Lab., IV, 396, 397.

médiatement en débauches de toutes sortes, avaient gagné la populace à la cause des révoltés.

Le premier soin de Bouillé fut de s'assurer des forteresses de Bitche, Phalsbourg et Vic, en y plaçant de petites garnisons dont il était sûr; en même temps il envoya à Nancy M. de Malseigne, porteur du décret de l'Assemblée; il le chargeait de chercher à ramener à leur devoir les soldats mutinés, et de prendre connaissance des griefs qu'ils avaient à faire valoir. Les soldats et le peuple de Nancy, enivrés de leurs succès, se moquèrent de ces représentations, foulèrent aux pieds le décret de l'Assemblée, en poussant le cri : *De l'argent! de l'argent!* Les Suisses se faisaient particulièrement remarquer par leur violence; M. de Malseigne eut besoin de tout son courage et de toute sa force personnelle pour échapper à la mort. Il y parvint cependant, et se réfugia à Lunéville, où il trouva la protection d'un régiment de carabiniers. A la nouvelle de cet événement, M. de Bouillé rassemble à la hâte le peu de troupes fidèles qu'il avait sous la main, et marche sur Nancy, à la tête de 3,000 hommes d'infanterie et de 1,400 chevaux. La ville, peu fortifiée, était occupée par 10,000 hommes de troupes régulières et de gardes nationaux, avec 18 pièces de canon. Sans se laisser intimider par cette grande supériorité de forces, il fit sommer immédiatement les rebelles de sortir de la ville, de rendre leurs armes, et de livrer quatre des principaux meneurs de chaque régiment, les menaçant d'une attaque immédiate s'ils ne se soumettaient. Cette énergie produisit une grande impression; les soldats connaissaient l'humanité, mais aussi l'invincible fermeté du général : on lui envoya une députation, qui lui communiqua les conditions des rebelles; elles parurent extravagantes, et Bouillé se prépara à l'attaque [1].

Déjà Bouillé s'approchait des portes de Nancy, quand il rencontra une nouvelle députation des insurgés, qui, cette fois, promettaient de se soumettre immédiatement. Les mutins rendirent la liberté à leurs officiers, et l'un des régiments révoltés commença à sortir de la ville. Dans cet instant une querelle s'éleva entre les mutins et l'avant-garde de Bouillé; les troupes en révolte exigeaient qu'on leur laissât leurs drapeaux et

[1] Bouillé, 149, 151. — Lab., IV, 402, 403. — Deux Amis, V, 249, 252.

qu'on leur confiât la défense de la ville ; ils tournèrent contre les troupes fidèles un canon chargé à mitraille. Ce fut alors qu'un noble jeune homme, M. Desilles, officier du régiment insurgé, et qui était resté parmi les mutins dans le but de modérer la fureur des soldats, se jeta devant la bouche du canon, et s'écria : « Arrêtez, ce sont vos amis, ce sont vos frères ; ils sont envoyés par l'Assemblée nationale : voulez-vous déshonorer le régiment du roi ? » Les forcenés restent insensibles à l'héroïsme de cette conduite ; ils écartent violemment le jeune officier, qui se précipite de nouveau sur le canon et tombe percé de coups. Les révoltés tirent : la mitraille atteint cinquante hommes environ de la troupe de Bouillé. La lutte alors s'engage. Les mutins, quoique supérieurs en nombre, ne peuvent résister au choc des troupes royales combattant pour le devoir. Les colonnes victorieuses pénètrent dans la ville ; le régiment du roi, démoralisé, se retire en avant de ses quartiers, et là il capitule. Le reste des rebelles, poursuivis de rue en rue, furent forcés de se rendre, après une résistance qui leur avait coûté 500 hommes, tant tués que blessés. Le général vainqueur signala son triomphe par sa clémence ; mais l'inflexible probité du gouvernement suisse condamna à mort 22 hommes du régiment de Châteauvieux ; 54 furent condamnés aux galères, et ces jugements furent rigoureusement exécutés. La conduite de l'Assemblée nationale fut toute différente. Cent quatre-vingts soldats français et 500 gardes nationaux avaient été arrêtés les armes à la main ; l'Assemblée leur fit grâce à tous, et les Jacobins les promenèrent en triomphe dans les rues de Paris ; tandis que Bouillé, dont le courage et l'humanité avaient brillé du même éclat dans cette difficile épreuve, devint l'objet de la terreur secrète, et de l'hostilité ouverte de tout le parti révolutionnaire [1].

Cette rapide et énergique répression de la révolte produisit une sensation profonde sur les Jacobins ; ce qui les épouvantait surtout, c'est qu'après cet acte de vigueur, le gouvernement devait comprendre avec quelle facilité il pouvait vaincre la plus formidable insurrection, et qu'il lui suffisait pour cela d'un général bien déterminé et d'une poignée de troupes fidèles. Aussi

[1] Bouillé, 152, 159. — *Mon.*, 1er septembre 1790, p. 1009. — Deux Amis, V, 254, 270. — Lab., VI, 404, 407. — Bertr. de Mollev., III, 282, 284.

firent-ils les derniers efforts pour exalter l'esprit public et renverser, s'ils le pouvaient, le ministère qui avait sanctionné un acte de vigueur si alarmant pour les démagogues. « Le despotisme et l'aristocratie, disait Robespierre, se sont servis de l'armée pour provoquer le massacre de soldats dont le seul crime était le patriotisme. » Le massacre de Nancy, la cruauté de Bouillé étaient dans toutes les bouches; on affichait dans les rues de brûlants appels au peuple. Marat tonnait dans son journal contre le gouvernement, et le général, vainqueur de l'anarchie, fut voué à l'exécration publique. Quarante mille hommes entourèrent la salle de l'Assemblée, demandant à grands cris le renvoi des ministres et la punition de la Tour du Pin. Cependant, la garde nationale montra beaucoup de fermeté; l'Assemblée, sentant trop bien la grandeur du danger auquel elle avait échappé par la répression de la révolte, ne se laissa point détourner de son dessein; à une grande majorité elle vota les remercîments de la législature à M. de Bouillé, aux troupes de ligne, et aux gardes nationales qui avaient coopéré à la défense de l'ordre. Mirabeau voulait aller plus loin; il proposait de licencier l'armée et de ne réadmettre dans les rangs de la force publique que ceux des soldats qui prêteraient un serment rédigé par l'Assemblée elle-même. Cette proposition, quoique vivement applaudie, fut renvoyée au comité chargé de présenter un rapport sur l'organisation de l'armée, ce qui équivalait à un ajournement indéfini [1].

L'affaire de Nancy n'était qu'une manifestation isolée de l'esprit d'insubordination qui régnait dans toute la France, aussi bien dans la marine que dans l'armée, dans les villes comme dans les campagnes. Il s'opérait une réaction dans les départements contre cette révolution qui venait d'abolir toutes les autorités locales, toutes les anciennes juridictions. La confiscation des propriétés de l'Église avait profondément indigné cette partie de la nation, considérable encore dans les districts ruraux, qui était restée attachée à la foi de ses pères. La dissolution de tous les liens de la discipline, l'absence de toute autorité répressive, avait lâché la bride à tous les ressentiments comme à toutes les passions égoïstes. Nîmes fut témoin d'une lutte terrible entre les

[1] Marat, *l'Ami du peuple*, nos 208, 209. — Ferrières, *Mém.*, II, 143. — Deux Amis, V, 273. — *Hist. parl.*, VII, 159, 163. — Prudhomme, *Rév. de Paris*, n° 60, p. 381.

protestants, soutenus par le parti révolutionnaire, et les catholiques, défendus par les partisans de l'Église; là, comme partout, les magistrats nommés par le peuple restèrent inactifs devant la multitude. Ces désordres continuèrent pendant les mois de mai et de juin; il y eut un assez grand nombre de victimes de part et d'autre; enfin, les troubles ne s'apaisèrent que devant le drapeau rouge et la proclamation de la loi martiale. A Brest, les marins de la flotte, indignés du nouveau code préparé par l'Assemblée, et qui tendait à réprimer la licence dont ils s'étaient rendus coupables depuis le commencement de la Révolution, se constituèrent en état de révolte ouverte, et l'Assemblée se vit réduite à capituler avec eux, en leur accordant tout ce qu'ils demandaient. A Toulon, une insurrection semblable conduisit aux mêmes résultats. A Toulouse, la guerre civile ne fut évitée que grâce à la fermeté des magistrats qui, là du moins, firent leur devoir. Un officier, M. de Bausset, fut assailli par la populace de Marseille, qui lui coupa la tête, le hâcha en morceaux et se partagea les lambeaux de sa chair encore palpitante. A Montauban, six hommes furent tués et quarante-cinq blessés; on porta sur des piques les têtes des morts; les blessés tout sanglants furent portés en triomphe dans la ville. Angers eut aussi ses jours de deuil; le haut prix des subsistances y provoqua une émeute dans laquelle périrent huit personnes; il y eut plus de quarante blessés. Il est toujours pénible d'avoir à signaler de pareilles atrocités; elles ne se présentent, hélas, que trop souvent dans l'histoire; mais ce qui fera la honte du gouvernement et des autorités de cette époque, c'est qu'en général les coupables ne furent ni punis, ni même inquiétés. Il n'y avait de danger que pour ceux-là seuls qui remplissaient intrépidement leur devoir [1].

Ces désordres n'étaient rien toutefois en comparaison de ceux que provoquèrent les mesures tyranniques votées par l'Assemblée à l'égard du clergé français. Un décret inique du 27 novembre 1790 ordonna que tous les ecclésiastiques prêteraient le serment qui avait été imposé à l'armée, c'est-à-dire, d'être *fidèles à la nation, à la loi et au roi*, et en outre, *de maintenir de tout leur pouvoir la constitution décrétée par l'Assemblée nationale et acceptée par le roi*. En cas de refus du serment, les prêtres étaient

[1] Lab., IV, 427, 428. — Prudhomme, *Crimes de la Rév.*, I, 207, 259.

considérés comme ayant renoncé à leurs emplois, auxquels il serait pourvu immédiatement suivant le mode prescrit par la constitution civile du clergé. On accorda huit jours aux prêtres résidents et deux mois aux absents, pour faire acte d'adhésion. A l'Assemblée, une grande partie des évêques et des curés refusèrent le serment; presque tout le clergé de France en fit autant. Ce mémorable exemple de fidélité au devoir aurait dû ouvrir les yeux de la Constituante sur l'impolitique injustice de cette persécution exercée contre un corps aussi considérable. Et cependant, telles étaient les opinions dominantes à cette époque, que la résistance des prêtres fut considérée comme factieuse, et suivie immédiatement du retrait de leurs offices. Le clergé dépossédé, se voyant réduit à la mendicité par cette cruelle mesure, remplit le royaume de ses plaintes, et parvint à exciter sur son malheureux sort la pitié des habitants restés fidèles à la foi chrétienne. Les hommes religieux voyaient avec indignation les offices de l'Église remplis par des prêtres intrus, et les cérémonies les plus saintes de la religion, accomplies par des mains indignes. Les prêtres dépossédés demeuraient cependant dans les limites de leurs paroisses ou de leurs diocèses, subsistant de la charité de leurs ouailles, et dénonçant comme impie l'administration des nouveaux ministres de la religion. L'Assemblée, irritée de cette conduite, fixa un terme au delà duquel tout prêtre non adhérent serait considéré comme coupable de forfaiture. En vain Mirabeau éleva la voix contre cette décision despotique; les clameurs menaçantes de la populace des grandes villes étouffèrent la voix de la justice, les sentiments d'humanité, et l'affection des populations rurales pour leurs pasteurs [1].

Dans cette extrémité, le haut et le bas clergé de France, quand arriva le terme fatal, firent preuve d'un désintéressement et d'une grandeur de caractère dignes de l'illustre Église à laquelle ils appartenaient, et bien propres à nous faire oublier la corruption funeste qui avait été une des causes de la Révolution. Le pape avait refusé expressément de sanctionner la constitution civile du clergé : il avait écrit dans ce sens à deux évêques de France. En outre, dans un consistoire où s'étaient réunis tous

[1] 4 janvier 1791. — *Hist. parl.*, VIII, 141, 142, 362. — Toul., I, 258, 259, 261. — Mign., I, 121, 122. — Th., I, 266.

les prélats du royaume, il avait été déclaré à l'unanimité, moins la voix d'un archevêque et de quatre évêques *, que le clergé ne prêterait point le serment à une constitution qui conférait le droit de nommer les ministres de la religion à la majorité numérique des habitants des paroisses ou des diocèses, et sans la moindre intervention de l'autorité ecclésiastique. Le serment était donc devenu pour le clergé un cas de conscience [1].

Cazalès, animé par la grandeur de la cause qu'il défendait, s'éleva dans ce débat à la plus haute éloquence; il prononça devant l'Assemblée un discours prophétique. « Le clergé croit que les principes de la religion lui défendent d'obéir à vos décrets; je dis qu'en chassant les évêques de leurs siéges et les curés de leurs presbytères pour vaincre cette résistance, vous ne l'aurez pas vaincue. Doutez-vous que les évêques chassés de leurs siéges n'excommunient ceux qui auront été mis à leur place?... Doutez-vous qu'une partie des fidèles ne demeure attachée à ses anciens pasteurs et aux principes éternels de l'Église? Alors le schisme est introduit, les querelles de religion commencent; alors les peuples douteront de la validité des sacrements; ils craindront de voir fuir devant eux cette religion sublime qui, saisissant l'homme dès le berceau et le suivant jusqu'à la mort, lui offre des consolations touchantes dans toutes les circonstances de la vie; alors les victimes de la Révolution se multiplieront, le royaume sera divisé. Vous verrez les catholiques errant sur la surface de l'empire, suivre dans les cavernes, dans les déserts, leurs ministres persécutés, afin de recevoir d'eux des sacrements valides. Alors, dans tout le royaume, les catholiques seront réduits à cet état de misère et de persécution dans lequel les protestants avaient été plongés par la révocation de l'édit de Nantes, de cet acte dont votre justice a été indignée, et dont votre humanité a gémi... Et quand il serait démontré que l'Église de France se trompe, oseriez-vous balancer à retirer un décret que l'Église réprouve, et dont l'exécution doit amener tant de malheurs? Il est des lois qui, bonnes en elles-mêmes, peuvent être funestes par la circonstance où elles sont rendues; si vos lois ne peuvent être

* Talleyrand, les évêques de Lidda, d'Orléans et de Vivier, et l'archevêque d'Aix.

[1] Flossan, *Hist. dip. de France*, VII, 489. — Abbé Georg., 39, 41. — Savines, *Exam. de la const. civ. du clergé*, 169. — Lab., V, 33.

exécutées sans violence, craignez des convulsions qui ensanglanteraient la France[1]. »

Quand arriva le jour fatal fixé pour la prestation du serment des évêques et des autres ecclésiastiques membres de l'Assemblée, un peuple furieux encombrait les abords de la salle en poussant les cris : *A la lanterne; à la lanterne, tous ceux qui refusent!* L'abbé Maury, dans ce moment suprême, voulut faire entendre sa puissante parole : les vociférations incessantes l'interrompirent. « Frappez, mais écoutez-moi! » s'écria l'intrépide champion de l'Église; ce fut en vain : *Jurez, jurez,* s'écriait-on de toutes parts; alors s'avancèrent successivement les têtes les plus vénérables de l'Église de France. L'évêque d'Agen est appelé le premier; jamais il n'avait pris la parole devant l'Assemblée, et ce ne fut qu'à grand'peine qu'il parvint à se faire entendre : « *Qu'il prête serment, ou qu'il refuse!* » vociféraient les galeries. « Je ne regrette point, dit-il, la perte de mon emploi; je ne regrette pas la perte de ma fortune; mais je regretterais la perte de votre estime : croyez-moi donc, je ne puis prêter le serment. » Après lui vint M. Fournes. « Je suis fier, dit-il, de suivre mon évêque, comme saint Laurent suivit son pasteur. » Leclerc, appelé ensuite, dit : « Je suis membre de l'Église apostolique. » — « Jurez ou refusez! » interrompt Rœderer en fureur. « C'est une tyrannie! s'écrie Foucault : les empereurs qui persécutaient les martyrs chrétiens leur permettaient du moins de prononcer le nom de Dieu, et de rendre en mourant témoignage de leur foi. » Alors se présente l'évêque de Poitiers : « J'ai soixante-dix ans, dit-il, j'en ai passé trente-cinq dans l'épiscopat : je ne déshonorerai point mes cheveux blancs; je ne puis jurer contre ma conscience. » — « *Oui ou non!* » lui répliquait-on de tous côtés. « Eh bien, je préfère vivre pauvre; j'accepterai mon sort en esprit de pénitence. » Un seul curé, du nom de Landrin, prêta le serment demandé; les cent dix-huit curés dont la réunion avait, au mois de juin 1789, donné la victoire au tiers-état, refusèrent aussi le serment[2]. Le président dit enfin : « Pour la dernière fois, j'invite les évêques et les ecclésiastiques fonctionnaires à venir prêter serment dans les termes du décret. » Un silence de mort succède

[1] *Moniteur*, 28 janvier 1791. — Lab., V, 53.

[2] *Hist. parl.*, VIII, 354, 362. — *Monit.*, 5 janvier.

à ces paroles; personne ne s'avance, et la séance est ajournée. Tel fut le dernier acte de l'Église de France; jamais elle n'avait manifesté d'une façon plus éclatante le caractère divin de sa foi.

Cette mesure impolitique de la Constituante, il faut le reconnaître, a produit la violente animosité du clergé catholique contre la Révolution; elle a été aussi la cause de l'esprit irréligieux qui a dominé en France pendant tout le cours de cette grande convulsion sociale. Les prêtres, ayant été les premiers atteints par les violences de la spoliation populaire, furent aussi les premiers à élever la voix contre les innovations du parti démocratique, et à soulever une partie de la nation contre le nouvel ordre de choses; dès ce moment les discussions en France furent à la fois civiles et religieuses : dans les villes et dans les campagnes, le peuple prenait parti d'un côté pour le clergé révolutionnaire, de l'autre pour les prêtres non assermentés. Les fidèles ne considéraient comme orthodoxes que les cérémonies religieuses accomplies par les ministres dépossédés; les démocrates regardaient les non-assermentés comme des fanatiques, inaccessibles à la raison et dangereux pour la société. La partie la plus respectable du corps était évidemment celle qui avait refusé le serment : rang et fortune, elle avait tout sacrifié à la satisfaction de la conscience. Quant à ceux qui jurèrent la constitution, la plupart étaient des démagogues; l'ambition leur avait fait oublier leurs devoirs. Les premiers exerçaient une influence considérable, surtout dans les campagnes; les autres entraînaient à leur suite la jeunesse active, ardente et ambitieuse, les hommes qui marchaient à la tête du mouvement. Ce fut ainsi que la Révolution divisa le peuple en deux grands partis, qui depuis n'ont jamais cessé d'être en lutte : le premier se composait des Français demeurés fidèles à la foi de leurs aïeux; l'autre des adversaires de l'Église. Ce dernier parti l'a emporté dans la lutte, du moins en France; aussi l'irréligion a toujours dominé depuis lors dans ce pays plus que dans aucune autre contrée de l'Europe[1].

Le décret relatif au serment fut bientôt suivi d'une autre résolution également juste en apparence, et au fond tout aussi funeste aux libertés publiques; nous voulons parler de l'abolition du droit d'aînesse. L'Assemblée décréta que les propriétés terri-

[1] Toul., 262. — Mign., I, 122.

toriales se partageraient également par succession entre les parents du degré le plus rapproché, tant dans la ligne directe que dans la ligne collatérale. Ce changement prodigieux portait la hache jusqu'à la racine de l'arbre aristocratique; il frappait toute la classe des grands propriétaires du royaume, en amenant la division indéfinie de la propriété. Ce décret était tellement dans les idées de ce temps qu'à peine rencontra-t-il de l'opposition : tout le parti révolutionnaire l'a jugé si équitable, que l'œuvre de la Constituante a survécu à tous les gouvernements qui se sont succédé en France, et qu'elle est encore aujourd'hui la loi commune de ce pays. Napoléon fut obligé de l'adopter, avec de légères modifications, dans le code qui porte son nom. Il en comprenait cependant les fâcheuses tendances; il voyait bien que cette loi détruisait la classe aristocratique, seul soutien possible du trône et de la cause de l'ordre; mais il ne se sentit jamais assez fort pour oser la rapporter. Parmi les changements introduits dans la constitution de l'État par la Révolution française, beaucoup ont produit des conséquences immédiatement désastreuses; aucun n'a été plus fatal à la cause de la liberté. Le décret de la Constituante a provoqué l'extinction, lente mais inévitable, de cette grande institution qui est de l'essence même de la civilisation de l'Europe, de ce corps héréditaire et indépendant de grands propriétaires territoriaux. Il a brisé la seule barrière, l'expérience l'a prouvé, qu'il soit possible d'opposer à l'ambition des communes, aussi bien qu'au despotisme de la couronne. Il n'a plus laissé subsister dans la nation que deux éléments pour résister aux empiétements du pouvoir centralisé dans la capitale, et armé de tous les pouvoirs de l'État par l'ambition à courte vue du parti populaire. Ces deux éléments sont : la bourgeoisie d'abord, puis les populations rurales pauvres et dépourvues de toute défense [1].

Ce fut vers la même époque que les clubs de Paris commencèrent à exercer sur la Révolution leur formidable influence. Ces associations se composaient de citoyens qui se réunissaient pour discuter sur les affaires publiques; ils acquirent bientôt de l'importance par le nombre et par le talent de leurs membres. Le plus considérable était le fameux club des Jacobins, qui, depuis

[1] *Hist. parl.*, XI, 187, 194. — *Ann. reg.*, XXXIII, 150.

la translation de l'Assemblée à Paris, avait étendu ses ramifications dans les provinces. Il admettait dans son sein tous les citoyens, sans acception de rang ni de fortune, de sorte qu'en peu de temps il était devenu le grand foyer des principes révolutionnaires. Le parti modéré, dans le but de contre-balancer l'influence des Jacobins, fonda *le club de* 1789, dirigé par Sieyès, Chapelier, la Fayette et la Rochefoucauld. Ce club dominait à l'Assemblée nationale; celui des Jacobins était le club favori du peuple. Cependant, comme la tendance de toute convulsion sociale est de pousser les choses à l'extrême, par l'effet des efforts incessants des classes inférieures pour déposséder les classes élevées, tandis que celles-ci combattent pour reconquérir leurs priviléges; le club des modérés tomba rapidement dans le discrédit, tandis que celui des Jacobins, grandissant toujours en nombre et en énergie, finit par renverser le gouvernement et par faire arriver à la tête de l'État ces despotes sanguinaires qui établirent le règne de la Terreur. En vain les royalistes tentèrent de fonder des clubs en opposition avec les assemblées démocratiques; ils avaient perdu toute influence, et n'étaient point assez nombreux pour avoir des chances de durée; leurs chefs étaient partis pour l'exil; ce qui restait de partisans du trône était découragé; ils voyaient trop bien que leur cause était perdue. Le club *monarchique* eut quelque succès à son début; mais il vit successivement diminuer le nombre de ses membres, et enfin la municipalité le fit fermer sous le prétexte de mettre un terme aux rassemblements séditieux dont on l'accusait d'être la cause [1].

L'émigration de la noblesse, en se généralisant, accrut les défiances et les soupçons de la nation. On annonça hautement aux Jacobins que le roi était sur le point de fuir de Paris. Le départ pour Rome des princesses Adélaïde et Victoire, tantes du roi, donnait lieu de croire que toute la famille royale allait sortir du royaume. L'inquiétude devint si vive que la populace s'opposa à un voyage que le roi voulait faire à Saint-Cloud, dans l'intérêt de sa santé, sérieusement compromise par le long emprisonnement qu'il subissait aux Tuileries. La Fayette, qui tenait à prouver que le roi était libre, fit de vains efforts pour obtenir qu'on le laissât sortir de Paris. Ses propres soldats lui dés-

[1] *Hist. parl.*, IX, 118, 122. — Deux Amis, IV, 271, 278. — Mign., I, 123.

obéirent, et la multitude assemblée se railla de ses exhortations. « *Taisez-vous!* lui criait-on; *le roi ne partira pas!* » On le voit, cette popularité, poussée presque jusqu'à l'adoration, n'était déjà plus qu'un souvenir. Le peuple se rappelait l'attaque vigoureuse qu'il avait dirigée le 28 février contre une bande de brigands sortis du faubourg Saint-Antoine, et qui avaient entrepris de démolir le château de Vincennes. Découragé d'avoir perdu son autorité sur ses troupes, il résigna ses fonctions de commandant de la garde nationale, qu'il reprit cependant sur les instances pressantes de tous les régiments de Paris. L'Assemblée, alarmée à la pensée que le roi pouvait s'évader, porta un décret qui déclarait la personne du monarque inviolable; que le plus proche parent du roi dans la ligne masculine serait régent de droit, et qui décidait en outre que la fuite du roi serait regardée comme sa renonciation à la couronne [1].

Cependant, la noblesse continuait à quitter le royaume; elle fuyait avec une véritable épouvante. Les chefs des plus illustres familles se réunirent à Coblentz, où se trouvait un nombre considérable d'émigrés; ils ne déguisaient pas leurs desseins; quelques jeunes gentilshommes, au sortir de l'Opéra, criaient à leur cocher : *A Coblentz!* La fièvre du départ devint si générale que la route du Rhin était couverte d'élégants équipages, emmenant tout ce qu'il était resté de noblesse dans le pays. Les grands seigneurs ne vendaient point leurs domaines, comme au temps des croisades; ils les abandonnaient au premier occupant, comptant les reconquérir bientôt à la pointe de l'épée. Vain espoir! L'Assemblée confisqua leurs propriétés; les armées républicaines défirent leurs bataillons; et les nobles de France perdirent à jamais leur riche patrimoine. Vains et frivoles, pleins de suffisance, ces aristocrates réunis à Coblentz n'avaient point modifié leur caractère; leurs vices éclatèrent dans l'exil, autant que leurs infortunes; refusant de faire usage du seul moyen qui leur restât de rétablir leurs affaires, ils repoussèrent les offres qui leur vinrent de la part de la classe moyenne [2]. Le prince de Condé, à la tête d'une petite armée de braves, prit position sur le haut Rhin. La troupe qu'il commandait, étrangère aux in-

[1] Campan, II, 117, 118. — Deux Amis, VI, 22, 24. — *Hist. parl.*, IX. 118. 411, 414.

[2] Deux Amis, VI, 3, 7. — Th., I, 270, 271. — Lac., VIII, 117.

trigues de Coblentz, était bien résolue à reconquérir ses droits par l'épée *.

La généralité de l'émigration, amplifiée encore par les récits des journaux révolutionnaires, produisit une impression si profonde que les deux princesses royales furent arrêtées dans leur voyage vers la Suisse, et que l'Assemblée ne se décida que très-difficilement à leur permettre de poursuivre leur route. La voix puissante de Mirabeau s'éleva en faveur des princesses. « Une loi

* Chateaubriand a essayé dans ses *Mémoires* de prendre la défense des émigrés. Le digne étranger, dit-il, assis tranquillement au coin de son feu, certain de se lever le lendemain dans la même sécurité avec laquelle il s'est couché la veille, possesseur tranquille de sa fortune, sa porte bien barrée, entouré d'amis au dedans et au dehors, ne verra pas de difficulté à prouver, en buvant un bon verre de vin, que les émigrés français avaient tort, et qu'un bon citoyen ne doit, dans aucune extrémité, abandonner son pays. Il n'est pas étonnant qu'il arrive à une pareille conclusion. Il est parfaitement à son aise, personne ne songe à le persécuter; il ne court pas le danger d'être insulté, assassiné ou brûlé dans sa demeure, parce que ses ancêtres étaient nobles. — Il n'appartient qu'au malheur de juger ces circonstances malheureuses; le cœur endurci de la prospérité ne saurait apprécier la délicatesse des sentiments de l'adversité. Si l'on considère avec calme ce que les émigrés avaient souffert en France, quel est l'homme aujourd'hui à son aise qui puisse, la main sur la conscience, dire : Je n'aurais pas fait comme eux? La persécution commença à la même heure dans tout le royaume, et l'on se tromperait en croyant que les opinions politiques y fussent pour quelque chose. Le plus chaud démocrate, le patriote le plus ardent, du moment où il portait un nom historique, courait le risque d'être persécuté, brûlé ou pendu; l'exemple de Lameth et de beaucoup d'autres le prouve suffisamment : leurs propriétés furent ravagées, malgré la chaleur avec laquelle ils avaient défendu la cause du peuple dans l'Assemblée constituante. (*Mém.*, *Fragments*, p. 78.)

Tout en rendant justice à la façon piquante dont ces remarques sont présentées, l'historien anglais ne peut les admettre comme fondées. L'exemple de la noblesse de son pays, dans les jours désastreux qui suivirent le vote du bill de Réforme, est pour lui la réfutation complète de l'opinion de l'écrivain français. Les flammes de Bristol et de Nottingham ont démontré que les châteaux de l'aristocratie anglaise couraient les mêmes dangers que ceux de la noblesse de France. Si les nobles d'Angleterre avaient alors quitté le pays, et qu'ils se fussent ligués avec l'étranger, peut-on douter que les mêmes excès populaires n'eussent désolé notre beau royaume? Leur conduite fut toute différente; ils restèrent, bravèrent tous les dangers, supportèrent toutes les insultes; on ne peut trop estimer ce courage moral, car il écarta évidemment les malheurs qui menaçaient leur pays.

impérieuse, s'écriaient les Jacobins, s'oppose à leur sortie du royaume. — Quelle loi? reprit Mirabeau. — Le salut du peuple, répliqua Lameth. — Le salut du peuple! riposta le tribun, comme si deux princesses, avancées en âge, agitées par les terreurs de leur conscience, pouvaient compromettre le salut du peuple par leur absence ou par leur opposition! Le salut du peuple, je m'attendais à le voir invoquer à propos de dangers sérieux : si vous vous conduisez en tyrans au nom de la liberté, qui donc après cela croira à vos assurances? — L'Europe, dit le baron de Menou, apprendra avec surprise que cette assemblée s'est occupée, deux heures durant, du voyage de deux dames qui aiment mieux entendre la messe à Rome qu'à Paris. » La crainte du ridicule l'emporta enfin sur les terreurs des démocrates, et l'on permit aux princesses de continuer paisiblement leur voyage [1].

Ces débats n'étaient que le prélude des grandes discussions à propos de la loi contre les émigrés, loi qui occupait l'attention, non-seulement de l'Assemblée, mais de tous les clubs de France. Le projet en fut proposé par Chapelier : il était d'une extrême sévérité; le dessein de l'auteur de la motion avait été, à ce qu'on prétend, d'en assurer ainsi le rejet. D'après le décret, un comité composé seulement de trois membres était autorisé à prononcer la mise hors la loi de l'émigrant, et la confiscation de ses biens. L'Assemblée fut frappée d'horreur à cette proposition barbare. Mirabeau, profitant habilement de cette première impression, parvint à la faire rejeter. Jamais sa puissante éloquence n'avait dominé plus victorieusement l'Assemblée. C'était la dernière fois que le grand orateur parlait devant la Constituante. « Le frémissement qui s'est fait entendre à la lecture du projet de loi, prouve qu'elle est digne d'être placée dans le code de Dracon, mais qu'elle ne pourra jamais entrer parmi les décrets de l'Assemblée nationale de France. Il est temps que vous soyez désabusés; si vous ou vos successeurs vous vous laissez guider par les conseils violents qui vous assiégent, la loi que vous rejetez aujourd'hui sera considérée un jour comme un acte de clémence. On trouvera le mot *mort* à chaque page de vos sanglants décrets;

[1] Deux Amis, VI, 7, 10. — *Hist. parl.*, IX, 41, 44. — Lac., VIII, 122. — Th., I, 272.

vos lèvres ne cesseront plus de prononcer ce mot terrible ; vos décrets répandront la terreur dans tout le royaume, et chasseront vers les rives étrangères tout ce qui donne du lustre au nom de la France ; et on ne trouvera plus à les exécuter que sur les pauvres, sur les vieillards et sur les malheureux. Pour ma part, je déclare que je me croirais délié de tout serment de fidélité envers ceux qui auraient l'infamie de nommer une commission dictatoriale. (*Murmures.*) Vos murmures ne m'épouvantent point. La popularité que j'ambitionne, et dont j'ai eu l'honneur de jouir comme un autre n'est pas un faible roseau ; c'est dans la terre que je veux enfoncer ses racines sur l'imperturbable base de la raison et de la liberté. Si vous faites une loi contre les émigrants, je jure de n'y obéir jamais. (*Interruption.*) Je comprends l'impatience de ces hommes, aujourd'hui si ardents ou plutôt si perfides dans leur amour de la liberté, et qui seraient fort embarrassés de dire quand ce sentiment est éclos dans leur sein. » Ces dernières paroles excitent les violents murmures de l'extrême gauche. « Silence aux trente voix ! » s'écrie Mirabeau d'une voix de tonnerre, et aussitôt le silence se rétablit dans l'Assemblée [1].

Cet homme remarquable prévoyait parfaitement les conséquences des révolutions violentes, des passions haineuses qui commençaient à caractériser la marche de la Révolution. Il sentait bien aussi que sa popularité penchait vers son déclin, non pas que son éloquence fût moins puissante, son argumentation moins serrée, son énergie moins imposante que lorsqu'il régnait en maître sur l'Assemblée ; mais parce qu'il n'était plus à la tête du parti populaire, et que son nouveau rôle était de modérer les passions révolutionnaires. Depuis l'irrésolution qu'avait montrée le duc d'Orléans, lors de l'attentat du 5 octobre, Mirabeau s'était complétement détaché de ce chef pusillanime, et il recherchait les faveurs de la cour. Déjà, comme nous l'avons dit plus haut, on avait crié dans les rues de la capitale, *la grande trahison du comte de Mirabeau ;* la populace s'était choisi des chefs moins capables sans doute, mais beaucoup plus entreprenants. Dégoûté de l'inconstance de la multitude, prévoyant les excès sanguinaires

[1] *Hist. parl.*, IX, 48, 62. — *Mon.*, 1er mars. — Lac., VIII, 122, 126. — Mign., I, 125. — Th., I, 277, 279.

de la Terreur, il avait, depuis le mois de février, fait secrètement des ouvertures au parti constitutionnel. Il était entré en correspondance avec le roi, pour s'entendre avec lui sur les moyens d'arrêter les progrès de la Révolution *. Il reçut pendant quelque temps, du comte d'Artois d'abord, puis ensuite du roi lui-même, une pension de 20,000 francs par mois ; ce subside ne lui fut cependant pas continué jusqu'à sa mort, la cour ne l'ayant point trouvé aussi complaisant qu'elle s'y était attendue. Il eut l'honneur d'une entrevue particulière avec la reine, dans les jardins de Saint-Cloud. Marie-Antoinette tenait beaucoup à s'assurer son appui pour la défense du trône **. On le vit soudainement adopter un nouveau genre de vie ; les fêtes se succédaient chez lui avec une profusion magnifique, et sa maison ressemblait bien plus à l'hôtel d'un ministre puissant qu'à la demeure du chef d'une fière démocratie. Ce n'est point à la vénalité, toutefois, qu'il faut attribuer ce changement dans la politique de Mirabeau : il se rapprocha de la cour, parce qu'il comprit que c'était le seul moyen de résister à la marche envahissante de la Révolution, et s'il accepta des pensions, ce fut parce qu'il se considérait comme le ministre chargé par la cour de gouverner l'Assemblée ; il eût repoussé avec mépris toute proposition d'entreprendre quelque chose d'indigne de son caractère. Son but était de soutenir la royauté, de consolider la constitution, en s'opposant aux empiétements du peuple. Dans ce dessein, il voulait établir une autorité royale non point seulement de nom, mais de fait, dissoudre l'Assemblée, en convoquer une nouvelle, rétablir la noblesse et donner à la France une constitution semblable à celle de l'Angleterre ; dessein sage et généreux, qui a été le rêve de tous les bons esprits en France, mais qu'il ne fut donné à

* Il se mit en rapport avec la cour, dès le mois de février 1791, en faisant passer à M. Malouet, ministre du roi, la note que voici : — « Je suis plus de votre avis que vous ne pensez ; et quelle que soit votre opinion sur mon compte, la mienne n'a jamais varié sur vous. Il est temps que les gens sensés s'approchent et s'entendent. Auriez-vous de la répugnance à vous trouver avec moi chez un de vos amis, M. de Montmorin ? Indiquez-moi le jour, pourvu que ce soit après une séance du soir. » (Bertrand de Molleville, IV, 174.)

** Mirabeau fut tellement enchanté de la reine, qu'en prenant congé d'elle, il lui dit : « Madame, la monarchie est sauvée. » (Campan, II, 127 — Weber, II, 37.)

aucun d'accomplir, à cause de la fuite du corps puissant qui seul fût capable de le défendre[1].

D'après le plan de Mirabeau, le roi devait sortir de Paris et aller s'établir à Compiègne ou à Fontainebleau, où il se serait placé sous la protection de l'habile et intrépide Bouillé; il devait y rassembler une armée royale et y convoquer tous les amis de l'ordre; il devait enfin arrêter par la force le torrent révolutionnaire. Mirabeau se faisait fort d'obtenir immédiatement l'adhésion de trente départements, et d'en gagner en peu de temps trente-six de plus à la cause royale. Il se flattait de pouvoir se poser en médiateur entre les partis et de rendre à la monarchie, en l'établissant sur la base de la liberté constitutionnelle, tout le lustre qu'elle avait perdu. « Je ne veux pas, disait-il dans une lettre au roi, n'être toujours occupé qu'à détruire; » et réellement son ambition, dès cette époque, était de réparer le mal qu'il avait fait au système social. Il se sentait fortement frappé de cette idée, probablement très-juste, que si le roi pouvait se décider à se placer à la tête du parti constitutionnel, et résister aux progrès de la démocratie, on pouvait encore compter sur le salut de l'État. « Vous ne savez pas, disait-il, combien la France est encore attachée à son roi; que les idées de la nation sont encore essentiellement monarchiques. Du jour où le roi recouvre sa liberté, l'Assemblée ne sera plus rien; elle n'est une puissance que par le roi, sans cela ce ne serait plus qu'une montagne de sable. Il y aura quelque mouvement au Palais-Royal, et tout sera dit. Que si la Fayette voulait trancher du Washington à la tête de la garde nationale, il succomberait bientôt, comme il l'aurait mérité. » Mirabeau comptait aussi sur l'influence du clergé, devenu l'adversaire déclaré de la Révolution. L'influence des ministres de l'Église, l'énergie, l'intrépidité de la reine lui paraissaient bien capables de contre-balancer les effets fâcheux de l'irrésolution du roi. La mort vint malheureusement l'enlever au milieu de la formation de ces nobles projets. Sa constitution vigoureuse s'affaissa sous le poids de l'ambition, de la surexcitation politique et d'une débauche effrénée[2].

[1] Campan, II, 127. — Weber, II, 37. — Dumont, *Souv. de Mirabeau*, 285. 312, 313. — Bouillé, 247. — Lac., VIII, 128. — Mign., I, 126.

[2] Lac., VIII, 127, 128. — Staël, I, 405, 406. — Th., I, 280. — Dumont, 207, 210, 211, 257. — Weber, II, 53.

Il y eut quelque chose de sublime dans sa mort, quoiqu'elle fût celle d'un sceptique. Il sentait sa fin approcher; mais bien loin de redouter la mort, il songeait avec orgueil au nom qu'il laisserait après lui. Entendant retentir des salves d'artillerie, à propos de quelque réjouissance publique, il s'écria : « J'entends célébrer les funérailles d'Achille; après ma mort, les factions vont s'arracher les lambeaux de la monarchie. » Ses souffrances étaient devenues intolérables; n'ayant plus la force de parler, il écrivit sur un morceau de papier ces paroles d'Hamlet : « *Mourir, c'est dormir.* » — « Quand un malade est dans un état désespéré, disait-il une autre fois, et qu'il souffre des douleurs atroces, un médecin ami peut-il refuser de lui donner de l'opium ? » — « Mes souffrances sont insupportables; j'ai pour un siècle de force, et ne puis avoir un instant de courage. » Quelques heures avant sa mort, ses douleurs lui laissèrent un peu de repos. « Écartez de mon lit tout ce triste appareil. Au lieu de ces précautions inutiles, entourez-moi de parfums et de fleurs du printemps; arrangez mes cheveux avec soin; que je puisse m'endormir aux sons d'une musique harmonieuse. » Puis il conversa, pendant près de dix minutes, avec une si vive et si touchante éloquence, que tous les assistants fondaient en larmes. « Quand je ne serai plus, dit-il, on saura ce que je vaux. Les malheurs que j'ai conjurés jusqu'ici fondront alors de tous côtés sur la France; alors la faction criminelle qui tremble devant moi sera déchaînée. Je sens en moi le pressentiment des plus affreux désastres. Je comprends à présent quelle fut notre erreur en ne nous opposant point à ce que le tiers-état usurpât le titre d'Assemblée nationale; depuis qu'il a remporté cette victoire, il n'a pas cessé de s'en montrer indigne. Il a prétendu gouverner le roi, au lieu de gouverner par lui; mais bientôt, ni le roi ni le tiers ne gouverneront plus la France, elle gémira sous une faction qui la couvrira d'horreurs. » Des spasmes accompagnés de convulsions violentes lui arrachent de nouvelles plaintes. « Quand la nature, dit-il, abandonne une malheureuse victime, quand un miracle seul pourrait la sauver, comment pouvez-vous avoir la barbarie de la laisser expirer sur la roue ? » Déjà ses pieds étaient froids, mais ses traits étaient encore animés, ses regards n'avaient rien perdu de leur feu, comme si la mort eût voulu épargner jusqu'à la fin le siége de ce puissant génie. Cependant, on feignit de consentir à ce qu'il demandait; on lui fit avaler une potion qu'on lui dit être de l'opium. Il la but tranquillement, laissa retomber sa tête sur ses coussins, et expira [1].

Telle fut la fin de Mirabeau, du plus beau génie qui apparut au milieu des troubles de la Révolution. Il avait plus de quarante ans quand il entra dans la vie publique; déjà cependant, à l'ouverture des états-généraux, sa réputation était grande, et on le regardait comme le tribun qui allait défendre la cause du peuple contre le pouvoir absolu. Doué de talents très-remarquables, mais entraîné par une insatiable ambition, il avait reçu de la nature une belle intelligence, mais il fut toute sa vie en proie à des passions désordonnées; discernant parfaitement le juste et le vrai, il était cependant peu scrupuleux dans le choix des moyens pour arriver à la gloire. Sans avoir acquis par l'étude des connaissances bien étendues, il avait l'art de tirer parti de ce qu'il savait au profit de son influence comme orateur. Audacieux dans ses desseins, mais d'une nature inconstante, il fut un exemple mémorable de la vérité de ce principe que toute la résolution, toute la puissance intellectuelle ne saurait tenir lieu de moralité et de convictions religieuses. Il était d'une impétuosité qui ne lui permettait pas de se rendre maître d'un sujet; il n'approfondissait aucune question. Aussi, la plupart de ses ouvrages et de ses discours à l'Assemblée, étaient-ils généralement préparés par ses amis Dumont et Duroverai, qui lui venaient en aide dans ses travaux d'Hercule. Ce qui le distinguait surtout, c'était une imagination forte et ardente, une élocution nerveuse, et un talent tout à fait extraordinaire qui lui faisait discerner au premier coup d'œil les dispositions de l'Assemblée, et qui lui faisait porter toute la puissance de son argumentation sur le point même d'où il sentait venir la résistance. Son influence sur l'Assemblée était grande sans doute; elle eût été irrésistible, s'il avait pu ajouter à sa parole magique l'autorité que donne une conduite honorable. A cause même du relâchement de ses principes, son alliance avec la cour fut attribuée à des causes vénales, tandis qu'elle procédait d'un véritable patriotisme. Ses passions désordonnées l'enlevèrent à l'époque la plus brillante de sa carrière,

[1] *Chronique de Paris,* 3 et 4 avril.—*Hist. parl.*, IX, 385, 389. — De Staël, I, 408. — Lac., VIII, 133. — Dumont, 267, 268.

alors que son talent était dans toute sa force, et son influence encore considérable, au moment enfin où il allait entreprendre la tâche glorieuse de guérir les plaies de la Révolution. Ce qu'il ambitionnait avant tout, c'était la gloire; s'il épousa d'abord la cause du peuple, c'est que ce parti lui offrait plus de chances de parvenir à la célébrité; il se préparait à l'abandonner, parce qu'il voyait s'éloigner de lui la faveur populaire, pour se reporter sur des chefs moins dignes que lui de ce dangereux honneur [1].

Sa mort fut ressentie partout comme une calamité publique; pour le peuple, il avait été le premier et le plus intrépide champion de la liberté; les royalistes l'avaient considéré, pendant quelque temps, comme la seule barrière qu'on pût opposer à la violence des partis. Tout Paris assista à ses funérailles, qui furent faites la nuit à la lueur des flambeaux et avec une pompe extraordinaire. Vingt mille gardes nationaux et les délégués de toutes les sections accompagnèrent le corps jusqu'au Panthéon, où il fut déposé près des restes mortels de Descartes [2]. Le cercueil fut porté par les grenadiers du bataillon de la Grange-Batelière que Mirabeau commandait. On voyait dans le cortége la Fayette à la tête des députations des soixante bataillons de la garde nationale de Paris. On avait tendu de noir l'église de Sainte-Geneviève, où le défunt fut descendu dans le caveau funèbre, à minuit, au bruit de décharges de mousqueterie. — Peu de temps après, les cendres de Voltaire et celles de Rousseau furent transportées au Panthéon. Au-dessus du noble portique de cet édifice, la Révolution avait inscrit ces mots : « *Aux grands hommes, la patrie reconnaissante.* »

Cependant, à Paris, les hommes voués à l'étude des lettres et de la philosophie, et qui avaient appelé de tous leurs vœux la Révolution, commençaient à comprendre la nature ingouvernable du pouvoir nouveau qu'ils avaient suscité. Volney, l'un des amis intimes de Mirabeau, exprimait ouvertement, avec sa parole caustique, ce qu'il pensait de l'esclavage auquel l'Assemblée s'était soumise. « Pouvez-vous, disait-il, avoir la prétention d'imposer silence aux galeries ? c'est là que siégent nos maîtres;

[1] De Staël, I, 186, 259. — Th., I, 123, 124, 125. — Dumont, 276. 277.

[2] *Hist. parl.*, X, 389, 390. — Deux Amis, VI, 49, 51. — Th., I, 282. — Lac., VIII, 135. — De Staël, I, 408.

n'est-il pas raisonnable qu'ils aient le droit de censurer ou d'applaudir les discours de leurs serviteurs.» — «Je m'étonne, disait un député à l'abbé Sabatier, qui l'un des premiers avait demandé à grands cris des états-généraux, je m'étonne que vous déclamiez avec tant de violence contre une assemblée dont vous avez si vigoureusement appuyé la convocation. » — « Ce ne sont plus mes états-généraux, répliqua l'abbé; ils me les ont changés en nourrice. » « Les états-généraux, disait Marmontel, me rappellent souvent un mot de Mme de Sévigné : J'admirerais la Provence, si je n'avais jamais vu les Provençaux [1].

Le 30 mai de la même année, Lepelletier de Saint-Fargeau proposa à l'Assemblée l'abolition de la peine de mort. Le rapport du comité auquel avait été renvoyé l'examen de la question, concluait à ce que les peines fussent humaines, graduées suivant la gravité des crimes, qu'elles fussent égales pour tous les citoyens, et que rien ne fût laissé à l'arbitraire du juge. Le caractère répressif de la peine devait consister dans sa durée et dans les privations qu'elle entraînait; on voulait qu'elle fût publique et subie dans le voisinage des lieux du crime; on voulait enfin qu'elle rendît meilleur le coupable, en le soumettant à l'habitude du travail, et que la rigueur en fût adoucie à mesure qu'approchait pour le condamné l'époque de la délivrance. Certes, voilà bien les principes les plus purs en matière de jurisprudence criminelle; toute la difficulté consiste en effet à rendre la peine utile, tout en réprimant convenablement les crimes. Mais ce qu'il y eut de plus remarquable dans ce débat, ce fut la force avec laquelle Robespierre combattit la peine de mort. Voici la partie la plus saillante de son discours : « La nouvelle ayant été portée à Athènes que des citoyens avaient été condamnés à mort dans la ville d'Argos, on courut dans les temples et on conjura les dieux de détourner des Athéniens des pensées si cruelles et si funestes. Je viens prier, non les dieux, mais les législateurs qui doivent être les organes et les interprètes des lois éternelles que la Divinité a dictées aux hommes, d'effacer du code des Français les lois de sang qui commandent des meurtres juridiques et que repoussent leurs mœurs et leur constitution nouvelle. Je veux leur prouver que la peine de mort est essentiellement in-

[1] Dumont, 250, 252. — Ségur, III, 384.

juste; qu'elle n'est pas la plus réprimante des peines, et qu'elle multiplie les crimes beaucoup plus qu'elle ne les prévient. Hors de la société civile, qu'un ennemi acharné vienne attaquer mes jours, ou que, repoussé vingt fois, il revienne encore ravager le champ que mes mains ont cultivé; puisque je ne puis opposer que mes forces individuelles aux siennes, il faut que je périsse ou que je le tue, et la loi de la défense naturelle me justifie et m'approuve. Mais dans la société, quand la force de tous est armée contre un seul, quel principe de justice peut l'autoriser à lui donner la mort? quelle nécessité peut l'en absoudre? Un vainqueur qui fait mourir ses ennemis captifs est appelé barbare. Un homme fait qui égorge un enfant, qu'il peut désarmer et punir, paraît un monstre..... Ainsi, aux yeux de la vérité et de la justice, ces scènes de mort, que la société ordonne avec tant d'appareil, ne sont autre chose que de lâches assassinats, que des crimes solennels, commis, non par des individus, mais par des nations entières avec des formes légales..... La peine de mort est nécessaire, disent les partisans de l'antique et barbare routine; sans elle il n'est point de frein assez puissant pour les crimes. Qui vous l'a dit? Avez-vous calculé tous les ressorts par lesquels les lois pénales peuvent agir sur la sensibilité humaine? Hélas! avant la mort, combien de douleurs physiques et morales l'homme ne peut-il pas endurer! Le désir de vivre cède à l'orgueil, la plus impérieuse de toutes les passions qui maîtrisent le cœur de l'homme. La plus terrible de toutes les peines pour l'homme social, c'est l'opprobre, c'est l'accablant témoignage de l'exécration publique. Quand le législateur peut frapper les citoyens par tant d'endroits sensibles, et de tant de manières, comment pourrait-il se croire réduit à employer la peine de mort? Le législateur qui préfère la mort et les peines atroces aux moyens plus doux qui sont en son pouvoir, outrage la délicatesse publique, émousse le sentiment moral chez le peuple qu'il gouverne, semblable à un précepteur malhabile qui, par le fréquent usage des châtiments cruels, abrutit et dégrade l'âme de son élève..... Écoutez la voix de la justice et de la raison; elle vous crie que les jugements humains ne sont jamais assez certains pour que la société puisse donner la mort à un homme condamné par d'autres hommes sujets à l'erreur. » La force de ces raisons ne convainquit cependant point l'Assemblée, qui, par son décret, maintint la peine de mort, mais par la guillotine et sans torture préalable [1].

Malgré la mort de Mirabeau, la cour ne cessa point de songer aux moyens de délivrer le roi, prisonnier dans sa capitale. L'état de servitude dans lequel on le tenait à Paris n'était plus même déguisé; gêné dans ses moindres mouvements par une garde hostile, privé de la liberté de visiter même ses propres châteaux; retenu chez lui par la multitude, qui méprisait jusqu'à l'autorité de la Fayette; sans argent, sans pouvoir ni considération, c'était une raillerie amère de prétendre que la royauté formât encore une des parties constitutives de l'État. Évidemment, on avait échoué dans l'expérience que l'on avait faite de la monarchie constitutionnelle; le président d'une république eût obtenu plus d'autorité réelle. Le palais de Louis XVI n'était plus qu'une splendide prison. La famille royale, dans sa détresse, comptait sur M. de Bouillé pour l'exécution de son dessein : les conseils de M. de Breteuil dirigeaient les actions de la cour. Le caractère noble et intrépide du général, la réputation qu'il s'était faite en réprimant la révolte de Nancy, sa position de chef de l'armée principale des frontières, tout semblait le désigner comme le seul homme capable de préparer la délivrance du roi. Depuis quelque temps déjà, il avait tout préparé dans ce but; sous le prétexte de mouvements de troupes à exécuter sur les frontières, il avait réuni au camp de Montmédy [2] les régiments les plus fidèles. Afin de protéger la marche du roi, il avait placé des détachements le long de la route que devait suivre le monarque fugitif; et, pour plus de précaution, il avait répandu le bruit qu'il s'agissait d'assurer le passage d'un convoi considérable d'argent attendu de Paris pour la solde des troupes.

Les habiles dispositions de M. de Bouillé avaient été soumises au roi, qui les avait approuvées; on pouvait s'en promettre un plein succès. Quarante hussards de Lauzun, sous le commandement de M. Boudet, fervent royaliste, reçurent l'ordre de s'avancer, le 19 juin, jusqu'à Sainte-Menehould, et le lendemain matin jusqu'au pont de Sommeville, sur la route de Châlons; d'y attendre le roi, puis de l'escorter jusqu'à Sainte-Menehould, et

[1] *Hist. parl.*, X, 55, 69.

[2] Bouillé, 229, 236. — Bertr. de Mollev., V, 53, 55. — Mign., I, 132. — Th., I, 287.

de retourner ensuite au pont de Sommeville, dont ils devaient interdire le passage pendant dix-huit heures. Le duc de Choiseul et M. de Gognelat, de l'état-major, qui tous deux étaient connus de Leurs Majestés, accompagnaient ce détachement; ils étaient dans le secret. M. Dandoins, capitaine du royal-dragons, devait se trouver à Sainte-Menehould le 20, et escorter la voiture jusqu'à Clermont, où cent dragons du régiment de Monsieur avec 60 chevaux du royal-dragons, sous les ordres du comte Charles de Damas, devaient se trouver le 19 et accompagner la voiture royale jusqu'à Varennes. Là stationnaient soixante hussards de Lauzun. Depuis le 19, cent hussards du même régiment étaient à Dun, station importante à cause du pont sur la Meuse, auquel on arrive par une rue fort étroite. M. de Bouillé avait posté cinquante chevaux du royal-allemand à Mouza, petit village entre Dun et Stenay. C'était le corps sur lequel il comptait le plus. Enfin, le fidèle général était de sa personne à la tête du reste de ce régiment, entre ces deux villes, prêt à donner des ordres et à porter du secours où il en serait besoin. M. de Gognelat avait reçu pour instructions de reconnaître toute la route jusqu'à Paris et de se rendre en personne auprès du roi pour l'informer de tous les détails des dispositions prises; ce qu'il avait fait à l'entière satisfaction de Leurs Majestés [1].

La famille royale, de son côté, avait pris toutes les précautions imaginables pour sortir de Paris sous des noms supposés et dans le plus profond secret. On proposa d'abord de faire partir la princesse Élisabeth, le dauphin et sa sœur, dans la direction de la Flandre; la reine approuvait beaucoup ce plan; mais rien ne put décider le roi à se séparer de ses enfants, auxquels il était tendrement attaché. L'événement prouva que la reine avait raison. Monsieur, frère du roi, arriva sain et sauf à Bruxelles avec Madame. On obtint des passe-ports pour la famille royale; Mme de Tournel, gouvernante des enfants de France, allait voyager sous le nom de baronne de Korff; la reine devait passer pour sa gouvernante, et le roi pour son valet de chambre; la princesse Élisabeth passerait pour une jeune dame de la compagnie de la baronne; enfin le dauphin et sa sœur, sous les noms d'Amélie et d'Aglaé, seraient ses deux filles. Trois gardes du corps, sous

[1] Weber, II, 78, 79.— Bouillé, 255.

des noms d'emprunt, devaient accompagner la voiture, deux montés sur le siége à l'extérieur, et le troisième en avant pour commander les chevaux de poste. La bonne du dauphin s'étant trouvée malade, le départ, arrêté pour le 19 à minuit, dut être retardé jusqu'au 20; mais on eut le temps de prévenir M. de Bouillé, et les détachements postés sur la route reçurent des ordres en conséquence [1].

Le secret du départ, connu d'un très-petit nombre de fidèles, ne fut point trahi; rien dans les allures des nobles fugitifs n'avait annoncé la moindre préoccupation. Enfin, le 20 juin, à onze heures du soir, le roi, le dauphin et la princesse royale avec Mme Élisabeth et Mme de Tournel, après avoir soupé tranquillement, parvinrent sous leur déguisement jusqu'à une voiture qui les attendait sur les boulevards. Le dauphin, sous les habits d'une petite fille, était d'une gaieté folle; il se figurait aller jouer la comédie, frappé qu'il était de la singularité des costumes. Bientôt il s'endormit dans la voiture. La reine, sortie du palais, suivie d'une seule personne, faillit faire tout manquer. Ni Marie-Antoinette ni sa compagne ne connaissaient les rues de Paris; elles se perdirent et rencontrèrent la voiture de la Fayette qu'elles n'évitèrent qu'en s'abritant sous la colonnade du Louvre. Enfin, elles rejoignirent dans les faubourgs la famille royale alarmée. On monta dans une autre voiture à la barrière Saint-Martin, sur la route de Châlons et de Montmédy. On franchit heureusement la barrière; mais on perdit une heure non loin de Paris, à cause d'un accident à l'une des roues du carrosse; malgré ces fâcheux incidents, la famille royale s'éloignait rapidement de la capitale, et le succès de l'entreprise paraissait certain. Cependant l'idée qu'on était loin de Paris, et que l'on se rapprochait des troupes royales et de Bouillé, fut cause d'une fatale négligence. Le roi fit des haltes trop longues; il eut même l'imprudence de se montrer publiquement à Châlons : il y fut reconnu par quelques personnes qui eurent l'humanité de ne point divulguer le secret. Bien loin de là, elles prièrent pour le succès de son voyage. Cependant, on ne trouva point au pont de Sommeville le détachement attendu, et la voiture marcha sans

[1] Bouillé, 255, 257. — Weber, II, 57, 59, 80, 84. — *Relation de la duchesse d'Angoulême*, p. 34.

escorte jusqu'à Sainte-Menehould. Le maître de poste, Drouet, fut frappé de la ressemblance du prétendu valet de chambre avec le portrait du roi gravé sur les assignats. L'âge des voyageurs, leur nombre, vinrent le confirmer dans ses soupçons; après le départ de la voiture, il répandit l'alarme et envoya un de ses amis, sur un cheval rapide et par un chemin de traverse, pour faire arrêter le roi à Varennes, où était le relai de poste le plus voisin [1].

On éprouve un serrement de cœur en songeant aux nombreux accidents qui, par une étrange fatalité, contribuèrent à faire manquer l'entreprise, au moment même où le succès en paraissait certain. L'officier qui commandait à Sainte-Menehould, et qui avait quitté Sommeville une heure avant le roi, observant les mouvements de Drouet, fit sonner le boute-selle; mais la garde nationale, cernant les écuries, empêcha les dragons de monter à cheval. Un intrépide sergent fut envoyé à la poursuite du messager de Drouet; il l'aperçut en avant sur la route, puis il le perdit de vue dans un bois; il était décidé à le tuer s'il l'atteignait. A peine l'officier qui commandait à Clermont eut-il appris l'arrivée de la voiture royale, qu'il monta à cheval et ordonna à ses cavaliers de le suivre; déjà des bruits s'étaient répandus sur la qualité des fugitifs, et les dragons refusèrent de marcher. Cependant, la famille royale arrivait à Varennes à onze heures du soir; mais là, par une fatalité plus déplorable encore, les chevaux de poste attendaient le roi à l'autre extrémité de la ville; la voiture dut s'arrêter. Il y avait aussi à l'autre extrémité de Varennes un jeune officier royaliste avec un détachement de 60 hussards. La consternation s'empara de la famille royale, quand elle n'aperçut ni chevaux de poste, ni escorte. L'anxiété de la reine était si grande, qu'elle-même allait de porte en porte, demandant les chevaux; en vain on pressa les postillons d'avancer encore. Ces obstinés retinrent la voiture pendant plusieurs heures. Enfin, Drouet lui-même arriva, fit assembler la garde nationale et barricader un pont à l'extrémité de la ville et sur lequel passait la route vers l'est. Quand enfin le roi eut obtenu des chevaux et qu'il arriva devant le pont, les deux gardes du corps assis

[1] *Relation de la duchesse d'Angoulême*, p. 34. — Campan, II, 139, 143. — Weber, II, 535. — Lac., VIII, 248, 256. — Bouillé, 239, 244. — Mign., I, 132. — Th., I, 289.

sur le siége préparèrent leurs armes dans le dessein de forcer le passage; mais le roi, voyant une force considérable s'opposer à son passage, les fusils de la garde nationale déjà dirigés sur sa voiture, ordonna à ses serviteurs de se soumettre. On s'empara des fugitifs et on les ramena à la poste, d'où l'on fit partir immédiatement un courrier pour annoncer à Paris l'importante nouvelle.

Cependant, les dragons de Sainte-Menehould arrivèrent, suivis bientôt par ceux de Lauzun, lesquels se rangèrent autour de la famille royale. Le maire de Varennes, nommé Sausse, s'approcha de la voiture et demanda à voir les passe-ports. On les produisit aussitôt; ils étaient en règle. Mais Drouet était là, soutenant que c'était la famille royale. « Si, disait-il, vous êtes étrangers, comme vous le prétendez, comment avez-vous assez d'autorité pour donner des ordres aux dragons qui vous attendaient à Sainte-Menehould ? Pourquoi êtes-vous entourés du régiment de Lauzun ? » Alors Sausse, s'approchant du roi, lui dit à voix basse : « Le bruit est répandu partout que nous avons le bonheur de posséder le roi et sa famille. On sonne le tocsin ; une foule immense va se réunir ici de tout le pays. Afin d'éviter le danger d'une émeute, j'ai l'honneur d'offrir ma maison comme un lieu de sûreté. » Le roi, qui savait que Bouillé n'était pas loin, jugea prudent d'accepter cette offre, et prenant les enfants par la main, il entra dans la maison du maire, suivi de la reine et de Mme Élisabeth. Leur anxiété était extrême : muets de stupeur, ils cherchaient à saisir dans le lointain le son des trompettes des dragons de Bouillé, qui les eussent délivrés sur-le-champ. Mais ils n'entendirent d'autre bruit que les murmures confus de la multitude qui s'amassait dans les rues. Pendant ces moments d'angoisse, le perfide Sausse faisait cerner par la garde nationale le quartier où se trouvaient la famille royale et les hussards; il écrivait aux municipalités de Clermont et de Verdun que les fugitifs étaient arrêtés, et il les priait de lui envoyer leur garde nationale pour l'aider à retenir ses prisonniers. D'un autre côté, l'officier des hussards de Lauzun parvenait à quitter Varennes et courait annoncer à M. de Bouillé ce qui venait d'arriver. La famille royale passa toute cette nuit à Varennes dans les plus poignantes inquiétudes. Voyant, à la pointe du jour, que M. de Bouillé n'arrivait pas, le roi avoua sa qualité au maire, de même que Marie-Antoinette l'avait fait à sa femme. « Je suis votre roi, dit-il; exposé dans ma capitale aux poignards et aux baïonnettes, je vais chercher pour mes sujets fidèles la liberté et la paix. Oui, mon ami, c'est votre roi qui est en votre pouvoir; c'est votre roi qui vous conjure de ne point le livrer à ses plus cruels ennemis. Ah! sauvez ma femme, mes enfants; fuyez avec nous; je ferai votre fortune; je ferai de votre ville la première du royaume. » Toutes ces supplications furent inutiles; le fier républicain refusa de laisser continuer le voyage [1].

Enfin, arrivèrent les détachements de Sommeville sous MM. de Choiseul et Gognelat, et celui de Clermont sous M. de Damas. Ils pénétrèrent dans la ville, malgré les menaces de la garde nationale, et allèrent se poster en face de la maison du maire. M. de Damas y entra, il supplia le roi de prendre une résolution énergique; Louis, jetant un regard sur sa femme et ses enfants : « S'ils n'étaient point avec moi! » dit-il, et il refusa de rien décider. M. de Gognelat, désespéré, ouvrit une fenêtre et essaya d'engager les dragons à se déclarer pour le roi; mais les bourgeois avaient enivré ces cavaliers, qui ne répondirent à l'appel de leur chef que par les cris de *Vive la nation!* M. de Gognelat descendit dans la rue, où il voulut s'élancer seul contre la foule qui entourait la maison : dans une lutte avec le major de la garde nationale, il tomba de cheval, percé de deux balles. En même temps, les dragons arrivaient de Dun; mais il était trop tard; les rues avaient été barricadées; le chef du détachement obtint avec beaucoup de difficulté de pénétrer jusqu'auprès de la personne du roi [2]. Cependant, quelques heures plus tard, on annonça deux aides de camp de la Fayette, arrivant de Paris avec l'ordre d'arrêter et de ramener les fugitifs. « Ainsi donc, dit le roi, M. de la Fayette m'arrête pour la seconde fois. — Il n'a que les États-Unis dans la tête, ajouta la reine; bientôt il saura ce que c'est qu'une république française. » Puis elle demanda à voir le décret de l'Assemblée, le lut et le jeta avec dédain sur le lit où le dauphin et sa sœur dormaient, paisiblement entrelacés dans les bras l'un de l'autre.

[1] Fontange, *Relation du Voyage de Varennes*, 37. — Gognelat, 27. — Lab., V, 263, 265.

[2] Choiseul, 104, 110. — Bouillé, 251. — *Rapp. de Damas et Gognelat*, 32. — Lac., VIII, 266, 267.

M. de Bouillé, pendant toute cette nuit fatale, était à cheval sous les murs de Stenay, attendant avec anxiété l'arrivée du roi. Il apprit à quatre heures du matin l'événement de Varennes : aussitôt il fit monter à cheval le régiment royal-allemand ; mais cette troupe ne put se mettre en marche que trois quarts d'heure après, quoiqu'elle eût reçu la veille l'ordre de se tenir prête à partir de grand matin et au premier signal. Ce fut en vain que Bouillé leur envoya cinq fois son fils pour hâter le mouvement. Enfin, quand le régiment fut devant lui, il lui apprit ce qui venait de se passer, lut à haute voix l'ordre écrit de la main du roi, en vertu duquel le royal-allemand devait l'escorter et pourvoir au salut de la famille royale; puis il demanda à ces braves gens s'ils voulaient délivrer leur souverain. Ces cœurs honnêtes répondirent par d'unanimes acclamations. Bouillé fit distribuer un louis à chaque homme et partit pour Varennes avec toute la rapidité des chevaux. Malheureusement il était cinq heures quand il quitta Stenay, et il avait à parcourir huit lieues sur une route très-montueuse. Il n'arriva à Varennes qu'à neuf heures et un quart : il était trop tard. Il y avait une heure que la famille royale en était partie sous une forte escorte; les chevaux de la troupe royale étaient trop fatigués pour que l'on songeât à poursuivre la route. M. de Bouillé, au désespoir, se vit forcé de renoncer au plus cher désir de son cœur; il prévit dès ce moment la succession des événements qui conduisirent le monarque infortuné à la prison du Temple, et de la prison à l'échafaud. Si, dès l'arrivée de la famille royale, les officiers qui étaient à Varennes avaient fait prévenir M. de Bouillé, si le royal-allemand eût été prêt à partir au point du jour, les troupes auraient pu parcourir les huit lieues en trois heures [1]. On fût arrivé deux heures plus tôt à Varennes; on délivrait la famille royale, et on changeait le destin de l'Europe.

Divers accidents, sans doute, contribuèrent à faire échouer cette entreprise si bien combinée; cependant, il n'y avait dans tout cela aucun obstacle insurmontable sans la trahison, ou, si l'on veut, la coupable irrésolution des troupes qui étaient à Varennes, et sans l'ardeur de la garde nationale, qui s'assembla si

[1] Bouillé, 240, 245. — Lacretelle, VIII, 268. — Labaume, V, 268, 270.

rapidement pour s'opposer à la fuite du monarque. L'histoire ne saurait excuser une pareille conduite. Le patriotisme ne saurait excuser le citoyen qui livre à l'échafaud le souverain et sa famille. On rougit de honte pour ces soldats qui, devant les cris de la populace, oublient leur serment, et laissent arrêter, au milieu de leurs escadrons, l'héritier de vingt rois. L'ami le plus chaud de la liberté, s'il a dans le cœur quelque chose d'humain, le républicain le plus ardent, s'il n'a perdu tout sentiment d'honneur, doit se révolter à la pensée d'une pareille infamie. La Grande-Bretagne a le droit d'être fière de la conduite du peuple anglais dans des circonstances analogues, et d'opposer à l'arrestation de Louis XVI à Varennes, la fidélité des comtés de l'Ouest envers Charles II, après la bataille de Worcester, ainsi que le dévouement des Highlanders écossais au Prétendant, après la défaite de Culloden. Cette trahison, cependant, n'est point demeurée impunie. Vingt-quatre ans, jour pour jour, après l'arrestation du souverain légitime à Varennes, Napoléon, le chef adoré de la Révolution française, était forcé de signer son abdication à Paris, et de quitter la France vaincue, humiliée, condamnée à porter le joug de l'étranger.

La disparition du roi avait répandu à Paris la plus grande consternation. Aussi la joie publique y fut-elle extrême quand le peuple apprit son arrestation. On envoya trois commissaires : Pétion, Latour-Maubourg et Barnave pour ramener les prisonniers. Ils rencontrèrent la famille royale à Épernay et l'accompagnèrent jusqu'aux Tuileries. Barnave et Pétion restèrent pendant tout le voyage dans la voiture du roi et de la reine. La conduite des deux commissaires à l'égard de leurs illustres captifs était en tout point différente. La reine vit aux manières et à la conversation de Barnave que cet homme était doué de sentiments généreux et d'une noble intelligence; elle causa donc avec lui, et produisit sur l'esprit de ce commissaire une impression ineffaçable. Ses attentions furent si délicates pour la reine, sa conduite si pleine de convenance, que Marie-Antoinette, après son retour à Paris, assura à Mme Campan qu'elle pardonnait à Barnave tout le mal qu'il avait fait à la famille royale. Il ne lui était pas aussi facile de pardonner aux gentilshommes qui, trahissant leur souverain, avaient embrassé la cause populaire. La conduite de Pétion, au contraire, fut si grossière à l'égard des illustres captifs, ses manières si insolentes, que Barnave dut se faire violence pour contenir son indignation. Un pauvre curé s'étant approché de la voiture pour parler au roi, la foule se jeta sur lui, le renversa et allait le faire périr quand Barnave s'écria : « Tigres, n'êtes-vous plus des Français! Vous vous dites des braves; êtes-vous devenus des assassins? » Déjà il y avait une bien plus grande distance des démocrates aux constitutionnels, que de ces derniers au parti de la cour. Dès cette époque, la reine compta sur Barnave plus que sur tout autre membre de l'Assemblée, pour la défense de la cause royale[1].

Le peuple, durant le retour à Paris, commit des actes de la plus atroce cruauté. Les deux gardes du corps qui avaient exposé leur vie au service de leur roi, étaient garrottés derrière la voiture. Des paysans, armés de bâtons et de fourches, suivaient l'escorte et accablaient ces malheureux de sanglants outrages; à chaque village les autorités municipales venaient insulter au monarque déchu. Le comte de Dampierre, qui habitait un château non loin de la route, ne put supporter la vue d'une conduite aussi inhumaine; il s'approcha pour baiser la main du roi : à l'instant il tomba percé de plusieurs balles; son sang jaillit sur la voiture; la multitude furieuse déchira son cadavre palpitant sous les yeux de la famille royale[2]. Cependant, le roi s'entretenait avec Barnave et Latour-Maubourg ; il leur parlait de ses vues sur la constitution du royaume, avec un jugement droit et avec une bonté qui plus d'une fois leur arrachèrent des larmes : ils se repentaient alors de la part qu'ils avaient prise à la Révolution. « Avec quelle facilité, dit M. Thiers, les factions les plus opposées parviendraient à s'entendre, si l'on pouvait se voir et lire dans les cœurs! »

Pendant les premiers transports de la crainte et de la fureur excitées par la fuite du roi, la Fayette faillit être massacré par la populace : la famille royale, disait-on, n'avait pu fuir sans qu'il y eût eu connivence de sa part. L'aide de camp qu'il avait dépêché vers Varennes, à la première alarme, n'avait échappé qu'avec peine au même sort. Si cet officier eût été tué, M. de Bouillé eût sauvé la famille royale de tous les malheurs qui l'attendaient.

[1] Mme Campan, II, 150 et suiv. — Th. I, 289, 299. — Lac., VIII, 270, 272.
[2] Thiers, I, 289. — Campan, II, 150. 151. — Lab., V, 277, 281.

Au bruit de la disparition du roi, une foule immense inonda les abords des Tuileries, du Palais-Royal et de la place de Grève. A dix heures, la municipalité fit tirer le canon d'alarme pour annoncer l'événement; ce corps se déclara en permanence, de même que l'Assemblée et le club des Jacobins. La consternation universelle disait hautement à quelle dure servitude avaient été soumis le roi et sa famille. Tous les travaux furent interrompus. Des rassemblements tumultueux se formaient dans les rues; le public attendait des nouvelles avec une anxiété inexprimable. La multitude envahit les Tuileries, saccagea les appartements privés du roi et de la reine, et fut surprise de n'y trouver ni instruments de torture, ni les moindres préparatifs pour le massacre général du peuple. La garde nationale se réunit. Le brasseur Santerre se mit à la tête du peuple armé des faubourgs; on aurait pu croire, à la vue de toutes ces précautions guerrières, que l'Europe en armes allait fondre sur la capitale : c'était un monarque désarmé qui fuyait loin de Paris avec sa femme et ses enfants! Les meneurs de la Révolution ne s'endormaient pas, et cherchaient à tirer le meilleur parti possible de cet événement inattendu, et à profiter, dans l'intérêt de leur cause, de l'exaltation du peuple. Le club des Cordeliers adopta une résolution par laquelle il déclarait que l'Assemblée nationale avait asservi la France en votant l'hérédité de la couronne, et il demandait l'abolition immédiate de la royauté. Les Jacobins sommèrent la Fayette de comparaître à leur barre, pour répondre à l'interrogatoire de Danton : ils jurèrent de défendre Robespierre, qui avait déclaré que sa vie était en danger. On effaça de tous les monuments publics les inscriptions portant le nom du roi; Marat; dans son journal, disait qu'une insurrection générale était indispensable; qu'avant peu de jours le monarque allait reparaître à la tête d'une armée nombreuse, munie de cent canons, pour détruire la ville à boulets rouges *. Fréron, dans *l'Orateur du peuple,* tonnait

* « Une insurrection générale peut seule sauver la république. Dans quelques jours Louis XVI, reprenant le ton d'un despote, s'avancera contre vos murs, à la tête de tous les fugitifs, de tous les mécontents, et des légions autrichiennes; cent bouches à feu menaceront d'abattre votre ville à boulets rouges, si vous faites la moindre résistance; les écrivains populaires seront traînés dans les cachots. » (Marat, *l'Ami du peuple,* 21 juin 1791.)

contre cette reine infâme, débauchée comme Messaline, altérée de sang comme les Médicis [1] *.

Au milieu de l'effervescence générale, l'Assemblée prenait des mesures plus efficaces pour saisir les rênes du pouvoir exécutif, et pour empêcher, par tous les moyens possibles, que la famille royale ne sortît du royaume; on avait publié une prétendue lettre de la reine, dans laquelle elle annonçait qu'elle se dirigeait avec le roi vers la Flandre; puis une adresse au peuple français réellement écrite par Louis XVI, dans laquelle il énonçait en termes simples et touchants les motifs de son départ. Après une récapitulation des sacrifices qu'il avait faits au bien public, des violences auxquelles il avait été exposé, et du long esclavage auquel on l'avait soumis, il déclarait qu'il n'avait pas l'intention de quitter le royaume; qu'il voulait seulement reconquérir sa liberté personnelle, dans le but de pouvoir, sans obstacle, mettre à exécution le désir qu'il avait de restaurer la liberté en France, et de donner une constitution au pays. L'Assemblée, de son côté, publia une contre-adresse [2], dans laquelle elle justifiait sa conduite, et invitait la nation à se rallier autour de ses représentants. Cependant, elle assumait toute l'autorité du gouvernement de l'État. Elle commença par une mesure énergique, en ordonnant que toutes les gardes nationales du royaume fussent mises sur le pied d'activité, et spécialement, que celles des départements du Nord et de l'Est fussent immédiatement mobilisées **.

[1] Prudhomme, *Rév. de Paris*, n° 102. — Marat, *l'Ami du peuple*, n° 442. — Fréron, *l'Orateur du peuple*, n° 46. — *Journal des Jacobins*, 21 juin. — *Hist. parl.*, X, 240, 241, 247.

* Il est parti ce roi imbécile, ce roi parjure, cette reine scélérate, qui réunit la lubricité de Messaline à la soif du sang qui dévorait Médicis. Femme exécrable! furie de la France, c'est toi qui étais l'âme du complot! » (Fréron, *l'Orateur du peuple*, n° 46.)

[2] *Hist. parl.*, X, 245, 282, 313. — *Décret du 22 juin*. — Deux Amis, VI, 102, 128.

** « Toutes les machinations étaient dirigées contre le roi et la reine. C'est aux soldats des gardes françaises et à la garde nationale parisienne que la garde du roi a été confiée, sous les ordres de la municipalité de Paris, dont le commandant général relève. Le roi s'est ainsi vu prisonnier dans ses propres États... La forme du gouvernement est surtout vicieuse par deux causes. L'Assemblée excède les bornes de ses pouvoirs, en s'occupant de la justice et de l'administration de l'intérieur : elle exerce par ses comités le plus barbare de tous les despotismes. Il s'est établi des associations connues

Enfin, les prisonniers firent leur entrée à Paris. Une foule immense, avide de les voir, les reçut dans un silence solennel. La garde nationale ne présenta point les armes. La multitude, d'abord silencieuse, se mit à pousser des cris menaçants : le peuple, sans se découvrir, regardait insolemment ses victimes. La vue de la reine excitait la surprise générale; ses cheveux avaient blanchi pendant ces jours de poignantes angoisses. Latour-Maubourg et Barnave eurent toutes les peines du monde à empêcher le massacre des deux fidèles gardes du corps sur l'escalier des Tuileries. A Paris, les opinions se partageaient sur les conséquences que devait avoir l'arrestation de la famille royale : les démocrates se réjouissaient de la voir retombée en leur puissance; tous les cœurs sensibles s'épouvantaient à l'idée du destin funeste qui semblait attendre cette famille infortunée. Les gens sensés étaient fort embarrassés sur le parti qu'il convenait de prendre à son égard [1].

Les chefs du parti populaire se réjouissaient de la perspective prochaine d'une république, comme conséquence de la fuite du roi. Les constitutionnels désiraient voir le roi à Montmédy, affranchi de cet état de servitude dans lequel le tenait la populace de Paris; un bon nombre de royalistes ne voyaient point sans plaisir le timon de l'État échapper aux mains d'un prince dont les concessions avaient ruiné la monarchie. Tout ce parti était heureux de le voir échapper au despotisme de fer de la démocratie parisienne. L'Assemblée, en envoyant des commissaires à la poursuite du roi, cédait à la pression d'un peuple furieux plutôt qu'à ses propres convictions. « Jamais, dit Napoléon, l'Assemblée nationale ne commit une faute aussi grave qu'en ramenant le roi de Varennes. Fuyant et sans pouvoir, il courait à la frontière; en peu d'heures il eût été hors du territoire. Que devait faire

sous le nom des amis de la constitution (Jacobins) qui offrent des corporations infiniment plus dangereuses que les anciennes. Elles exercent une influence tellement prépondérante que tous les corps, sans en excepter l'Assemblée nationale, ne font rien que par leur ordre. Français, est-ce là ce que vous entendiez en envoyant vos représentants? Désiriez-vous que le despotisme des clubs remplaçât la monarchie, sous laquelle le royaume a prospéré pendant quatorze cents ans? » (*Louis au peuple français*, 20 juin 1791. — *Hist. parl.*, X, 272, 273.)

[1] *Moniteur*, 27 juin. — Campan, II, 151. — Dumas, *Souvenirs*, I, 492, 505. — Lac., VIII, 271, 281, 282, 283. — Lab., V, 278, 285.

l'Assemblée dans cette circonstance? Évidemment, faciliter sa fuite et déclarer le trône vacant : on eût évité ainsi l'infamie d'un gouvernement régicide, et l'on eût obtenu les institutions républicaines, le grand objet de la Révolution. Tandis qu'en ramenant le roi, l'Assemblée se trouvait embarrassée par la présence d'un prince qu'elle n'avait pas de justes raisons de faire périr, et perdait l'avantage inestimable de se défaire de la famille royale sans qu'il en coûtât un acte de cruauté. » Ce sont là les paroles d'un homme qui jamais n'éprouvait un scrupule sur les moyens de parvenir à son but; qui jamais ne se laissait aller aux élans de la sensibilité, que jamais n'épouvantaient des dangers imaginaires. C'est une preuve de plus de cette vérité de tous les âges : que la cruauté est en général aussi impolitique qu'inhumaine, et que la conduite la plus prudente est toujours aussi la plus irréprochable au point de vue de la morale [1].

Les partis, comme nous l'avons dit, se divisaient sur la question de savoir ce que l'on déciderait à l'égard du roi ramené captif à Paris. Ce fut alors pour la première fois que les républicains firent ouvertement profession de leurs principes. La populace furieuse demandait la tête du monarque; les clubs des Cordeliers et des Jacobins appelaient la république de tous leurs vœux ; Robespierre, Marat et leurs partisans enflammaient l'esprit public par des publications et des discours remplis des tendances les plus révolutionnaires. « Si la république, dit Condorcet, est établie à la suite d'une nouvelle révolution, les conséquences en seront terribles; mais si on la proclame aujourd'hui, au moment de l'omnipotence de l'Assemblée, la transition sera facile. Il est incomparablement préférable de l'établir pendant que la puissance royale est abattue, que si l'on attend le moment où elle aura regagné assez de force pour essayer de détourner le coup. » Personne à ce moment ne se hasarda à dire devant l'Assemblée que la royauté fût un besoin pour la France, ou un contre-poids nécessaire aux instincts démocratiques ; le fait même de l'impossibilité de développer devant la législature une pareille doctrine, suffirait seul à prouver que la liberté ne saurait exister si elle n'est sagement réglée. La capitale retentissait de cris séditieux ; une expression de férocité caractérisait les groupes

[1] *Mém. de Nap.*, I, 1. — Thiers, 292, 293.

nombreux réunis sur les places publiques; on vit encore une fois sortir de leurs obscures cavernes ces hideuses figures qui s'étaient montrées le 5 octobre, et qui devinrent toutes-puissantes pendant le règne de la Terreur. D'un autre côté, la partie honnête et intelligente de l'Assemblée, comprenant à ces signes menaçants l'imminence du danger, unirent leurs efforts pour résister à la multitude. Barnave, Duport et Lameth, amis ardents de la liberté, n'hésitèrent point à entrer dans une coalition avec la Fayette et les défenseurs de la monarchie constitutionnelle. Ce fut alors que, dans les débats de la Constituante, on regretta de ne plus entendre la voix puissante de Mirabeau. Toute son éloquence, cependant, n'eût point arrêté le torrent de l'énergie démocratique, au profit d'une cause désertée par les familles patriciennes[1].

Le lendemain du retour de Varennes, un décret de l'Assemblée suspendit le roi de ses fonctions; un détachement de la garde nationale fut chargé de veiller sur sa personne, ainsi que sur la reine et sur le dauphin. Une commission de trois députés leur fit subir un minutieux interrogatoire, mais ne put rien découvrir qui donnât un caractère de criminalité quelconque à la fuite du roi. Gardée à vue dans les appartements du château, la famille royale était autorisée à se promener le matin dans le jardin des Tuileries, avant que le public y fût admis : la garde nationale veillait la nuit même dans l'appartement de la reine. Cependant l'Assemblée s'occupait des mesures législatives que semblait nécessiter la circonstance. Barnave et les deux Lameth furent enfin assez généreux pour épouser la cause de l'infortuné monarque. On assure même que les réponses du roi et de la reine aux commissaires de l'Assemblée leur furent suggérées par Barnave, dont l'habileté les mit à même de prouver qu'ils n'avaient jamais eu l'intention de quitter la France, mais seulement d'échapper aux dangers dont les menaçait la capitale. En même temps, Bouillé, qui s'était retiré à Luxembourg, écrivit à l'Assemblée une lettre par laquelle il assumait toute la responsabilité du voyage de Varennes, protestant que seul il en avait été l'auteur; en même temps il déclarait, au nom des souverains alliés, que l'Assemblée

[1] Marat, *l'Ami du peuple,* n° 500, 501. — *Journal des Jacobins,* 10 juillet. — Dumont, 325. — Deux Amis, VI, 135, 211, 225. — Lac., VIII, 284, 285, 292. — De Staël, I, 361.

serait considérée par eux comme responsable de la sûreté de la famille royale [1].

Quant aux républicains, la fuite du roi leur paraissait un motif suffisant pour le détrôner et le faire périr. Les constitutionnels voulaient conserver cette royauté dont ils avaient ébranlé les fondements. Les républicains comptaient se prévaloir de l'interrogatoire subi par Louis XVI, pour en faire la base de poursuites criminelles contre sa personne. Mais cet interrogatoire fut dirigé avec tant d'adresse par les commissaires de l'Assemblée, que les Jacobins eux-mêmes se virent forcés de reconnaître que le roi n'avait jamais eu l'intention de sortir de France, et que son seul but avait été de se procurer une place de sûreté, dans l'intérieur même du royaume. Les sept comités de l'Assemblée, après un examen approfondi de la question, déclarèrent que dans le voyage du roi, ils ne voyaient point matière à accusation contre la personne du monarque. Le débat s'ouvrit sur le rapport des comités : les orateurs les plus distingués des deux partis y déployèrent toute la force de leur talent. Le parti constitutionnel appuya surtout ses arguments sur la base de l'inviolabilité de la personne royale, solennellement décrétée par l'Assemblée [2].

« L'impunité du crime, dit Robespierre, est la violation et le renversement de l'ordre public. Vous avez décrété l'inviolabilité, mais avez-vous pu vous dissimuler qu'elle est intimement liée à la responsabilité des ministres, et que le roi, fût-il coupable dans un acte de ses fonctions, c'est sur eux que doit porter la peine? Il résulte de là que le roi ne peut faire aucun mal en administration ; mais s'agit-il d'un acte personnel de l'individu, d'un assassinat, par exemple, cet acte est-il nul et sans effet? Y a-t-il un ministre qui réponde? On a dit que dans ce cas on nommerait un régent; mais le coupable serait donc encore roi? Serait-il encore investi de l'inviolabilité? Que le comité s'explique. Si un roi égorgeait votre fils ou votre frère, s'il outrageait votre femme ou votre fille, lui diriez-vous : Sire, vous usez de votre droit, nous vous avons tout permis; ou bien laisseriez-vous le citoyen se venger lui-même? Vous mettriez alors la vengeance particulière à la place de la loi, et croyez-vous ainsi éta-

[1] Weber, II, 136. — Deux Amis, VI, 186, 196. — *Hist parl.*, X, 402. — Th., I, 302, 303.
[2] *Hist. parl.*, XI, 1, 68.

blir l'ordre public, dont vous nous parlez sans cesse? Si un roi, à la tête des rebelles ou d'étrangers, voulait ravager son pays, serait-il inviolable? Vous êtes inviolables aussi, mais avez-vous étendu cet incroyable privilége à vos actes particuliers, à la faculté de commettre tous les crimes? Cependant, vous devez assurer la liberté, l'indépendance de ceux qui sont venus mettre des bornes à la puissance des rois, comme celle des rois eux-mêmes. Les rois sont inviolables, mais les peuples le sont aussi..... Je propose que l'Assemblée décrète qu'elle consultera le vœu de la nation [1]. »

Barnave prononça, dans cette discussion célèbre, un discours auquel l'Assemblée décerna l'honneur de l'impression. « Régénérateurs de la nation française, dit-il en concluant, terminez la carrière que vous avez parcourue avec courage. Vous avez montré que vous aviez, avec la force pour détruire, la sagesse pour remplacer; apprenez au monde que vous avez conservé votre force et votre sagesse pour maintenir. Tous les citoyens sont armés pour la liberté; ils ne craignent pas l'ennemi, ils ne l'appellent pas, mais s'il paraît, il apprendra ce que peut l'énergie des hommes libres et les moyens inépuisables d'un grand empire régénéré. Que nos frontières soient tenues en défense; prouvons à la fois notre puissance et notre modération. C'est là le terme de vos devoirs. Vous avez éprouvé des dangers et des obstacles divers, vous aurez montré des talents et des vertus diverses, et après avoir vivifié le gouvernement, vous retournerez dans vos foyers, vous y obtiendrez les bénédictions du peuple, ou du moins le silence respectueux de la calomnie [2]. » L'Assemblée, entraînée par l'expression de ces généreux sentiments, alarmée d'un autre côté par les principes républicains que le peuple proclamait de toutes parts, adopta le rapport de son comité, à l'unanimité moins sept voix seulement. Le décret cependant faisait une concession au parti populaire en déclarant que le roi, s'il se mettait à la tête de l'armée contre la nation, serait considéré comme ayant abdiqué la couronne, et demeurerait dans ce cas responsable de ses actes comme un simple citoyen. C'était une arme fatale que l'on mettait aux mains du peuple, et

[1] *Moniteur*, 15 juillet.—*Hist. parl.*, XI, 242, 244.—Lac., VIII, 292, 295, 296. — Mign., I, 135, 136.

[2] 17 juillet.

qui fut le prétexte de toutes les insurrections contre la royauté [1].

Les démocrates, n'ayant pu parvenir à dominer l'Assemblée et à la réduire à l'obéissance sur cette question vitale, cherchèrent alors à soulever le peuple. On fit signer au Champ-de-Mars une pétition rédigée en commun avec Marat, par Brissot, républicain distingué, éditeur du *Patriote français*, et qui demandait la déchéance immédiate du roi. Les clubs des Jacobins et des Cordeliers déclarèrent qu'ils ne reconnaissaient plus Louis XVI, et publièrent les discours les plus incendiaires qu'ils firent afficher sur tous les murs de Paris. Ils préparèrent une insurrection générale pour le lendemain. « Nous nous réunirons, disaient-ils au peuple, sur le champ de la fédération, où cent mille hommes prononceront la déchéance du roi parjure. Ce jour sera le dernier jour de tous les amis de la trahison. » On avait fixé l'insurrection au 17 juillet ; il n'y avait point de force régulière à Paris ; tout dépendait de la fermeté de la garde nationale. Dans la matinée du 17, deux rassemblements se mettent en marche, l'un, peu nombreux, composé de personnes décemment vêtues, de citoyens à l'air grave, sous la conduite de Brissot ; l'autre, formidable par le nombre, d'un aspect hideux, poussant des cris féroces, était conduit par Robespierre. Chacune de ces bandes paraissait sûre du succès, certaine de l'impunité ; jusque-là, en effet, aucune insurrection n'avait été réprimée ; à peine avait-on puni un crime populaire, à l'exception du meurtre de François. Deux malheureux invalides s'étaient placés pour observer cette scène extraordinaire, sur les marches de l'autel dressé au Champ-de-Mars. Une voix s'écria que c'étaient des assassins placés là pour faire périr par une explosion les chefs du peuple ; sans se donner la peine de s'assurer si seulement il y avait de la poudre dans ce lieu, la foule trancha la tête à ces infortunés, et promena ce sanglant trophée autour de l'autel de la patrie [2].

L'Assemblée, dans cette occurrence, adopta les mesures les plus énergiques pour maintenir son autorité. Elle se déclara en permanence, ordonna à la municipalité de convoquer la garde nationale dans toutes les sections. La Fayette se met à la tête de

[1] *Hist. parl.*, XI, 67, 68. — Deux Amis, VI, 211, 227. — Mign., I, 137. — Lac., VIII, 298, 302. — Th., I, 309, 310.

[2] Deux Amis, VI, 229, 245. — *Monit.*, 18 juillet. — Lac., VIII, 308, 312. — Th., I, 311.

l'armée citoyenne, et marche vers le Champ-de-Mars, suivi de douze cents grenadiers. Un traître lui tire dans les rangs un coup de pistolet, et heureusement le manque; le général eut la générosité de faire mettre en liberté cet assassin. Cependant, par l'ordre de Bailly, le drapeau rouge est arboré à l'hôtel de ville; les bons citoyens demandent avec instance que l'on proclame la loi martiale. La Fayette, arrivé en présence des insurgés, déploie le drapeau rouge, et au nom de la loi, somme le rassemblement de se disperser. La foule lance des pierres à la garde nationale, en criant : *A bas le drapeau rouge! à bas les baïonnettes!* La force armée fait une décharge en l'air pour intimider la multitude. La Fayette, voyant l'inutilité de cette démonstration, ordonne une décharge meurtrière qui renverse un grand nombre d'insurgés. La foule se disperse à l'instant, et le Champ-de-Mars reste désert. Robespierre, Danton, Fréron, Marat et les autres chefs de l'insurrection disparaissent : le parti était complétement découragé. Robespierre, tremblant de crainte, demande un asile à ses amis; il ne se croyait plus en sûreté dans sa demeure obscure, malgré son inviolabilité comme représentant du peuple. En effet, la fureur révolutionnaire était vaincue : si dans ce moment le gouvernement avait eu l'énergie nécessaire pour marcher en avant contre les clubs des Jacobins et des Cordeliers et fermer ces grands ateliers de trahison, on pouvait établir la monarchie constitutionnelle et éviter la Terreur. Mais on perdit tout l'effet de cet acte de vigueur, parce qu'on ne sut point persister dans cette voie; bientôt les clubs reprirent leurs débats incendiaires; Marat, Danton, Camille Desmoulins, Fréron, et les autres chefs du parti républicain, voyant que l'on ne poursuivait pas les individus arrêtés à l'occasion des derniers troubles, sortirent de leurs retraites : la Révolution reprit sa marche avec une énergie nouvelle. Toutefois, la répression sévère qu'ils avaient subie resta profondément gravée dans les souvenirs des démocrates; ils se vengèrent cruellement dans la suite, sur Bailly principalement, qui avait arboré à l'hôtel de ville le signal de la résistance à la licence populaire [1].

Cependant l'Assemblée se trouvait embarrassée de son succès.

[1] Prudhomme, *Rév. de Paris*, nº 106, p. 63. — Deux Amis, VI, 245, 251. — *Hist. parl.*, XI, 107, 112. — Bertr. de Mollev., V, 178. — Lac., VIII, 312, 315. — Th., I, 311, 312.

Il lui arrivait des adresses de félicitations de tous les points de la France; les villes et les provinces lui envoyaient à l'envi l'expression de leur satisfaction : toutes étaient heureuses qu'on eût enfin arrêté les progrès de ces factieux qui déshonoraient la Révolution. Toutes ces adresses renfermaient des principes modérés; quelques-unes étaient royalistes; cela prouve que le gouvernement, s'il eût déployé plus d'énergie, pouvait mettre un terme aux envahissements de la démocratie, en lui opposant l'union intime des classes supérieures de la société. Le danger devenait pressant pour les Jacobins; Pétion publia sur ce sujet une longue lettre qui produisit une vive impression. Malheureusement il n'était pas aisé pour l'Assemblée, arrivée à la fin de sa carrière, de se départir des principes qu'elle avait hautement proclamés dès le début : elle commençait à s'effrayer des nouveaux alliés qui venaient se presser en foule autour de son drapeau victorieux. Dès ce moment, l'irrésolution présida à tous ses actes. Les souvenirs du passé la rapprochaient du parti populaire; les appréhensions de l'avenir la faisaient pencher vers les constitutionnels. En s'efforçant de plaire à tous les partis, elle finit par n'en dominer aucun, et elle laissa la monarchie en proie aux passions furieuses qui agitaient la multitude. La fin de ses travaux approchait. Les divers comités auxquels avaient été renvoyés les différents chapitres de la constitution avaient déposé leurs rapports [1]; les députés étaient fatigués de leurs divisions; enfin, le peuple désirait exercer ses droits électoraux.

On proposa, tout en formant un corps des différents décrets constitutifs, d'en reviser quelques articles. Déjà on redoutait la tendance trop démocratique de certaines parties de l'œuvre de l'Assemblée; on tremblait à l'idée de l'agitation qui régnait dans le royaume. Toutes les questions accessoires qui n'avaient pas été décidées le furent en faveur de l'autorité royale. Mais l'Assemblée n'eut pas le courage de modifier les bases principales de la constitution; peut-être aussi recula-t-elle devant le sentiment de son impuissance. Cependant, on l'en pressa vivement avant qu'il ne fût trop tard. « Ayez le courage, disait Malouet, de reconnaître vos fautes et de les réparer. Vous voilà disposés à

[1] *Hist. parl.*, XI, 175, 177. — Bertr. de Mollev., V, 183, 210. — Lab., V, 361. — Mign., I, 139, 140. — Th., I, 316. — Lac., VIII, 317, 318.

corriger quelques défauts de détail, allez plus loin, et corrigez les vices essentiels. Pendant que l'œuvre est encore entre vos mains, ne vaut-il pas mieux lui donner de la force et de la stabilité? » Barnave, Malouet et les Lameth, frappés des dangers de la constitution qu'ils avaient faite, voulaient en revenir à l'institution de deux chambres et au *veto* absolu. Dans ce but ils convinrent que Malouet proposerait la révision de ces parties du travail, et de plusieurs autres articles encore ; que Barnave repousserait avec véhémence les propositions de Malouet, tout en cédant sur les articles dont l'expérience avait démontré le danger. Cette mesure, qui était dans la pensée de tous les membres modérés de l'Assemblée, avait des chances de succès. Mais les partis extrêmes de l'Assemblée, les républicains comme les royalistes, ne voulurent rien entendre, et firent tous leurs efforts pour amener la dissolution immédiate. Les royalistes se seraient bien gardés de corriger la constitution ; ils la voulaient impraticable. Les Jacobins, plus attentifs aux symptômes qui se manifestaient dans l'esprit public, craignaient la réaction qui s'opérait dans les hautes classes de la société, tandis qu'ils fondaient tout leur espoir sur la diffusion, dans les classes inférieures, des idées révolutionnaires. « Mes amis, dit un jour Robespierre à la foule qui environnait la salle de l'Assemblée dans le but d'intimider les députés, mes amis, il est trop tard : tout est perdu ; le roi est sauvé. » En vain, Barnave, Lameth, Chapelier et beaucoup d'autres hommes éclairés, conjurèrent l'Assemblée de garder quelque temps encore la puissance législative ; on leur répondit en leur parlant de l'impopularité qui menaçait la Constituante et de la nécessité où elle était de se dissoudre, pendant qu'il lui restait encore un peu d'autorité. La majorité, fatiguée de l'œuvre de la régénération, résolut de se séparer [1].

Avant de soumettre définitivement au roi la constitution nouvelle, l'Assemblée, sur la proposition de Robespierre, rendit un décret semblable à celui par lequel le parlement d'Angleterre prononça lui-même sa déchéance : elle décida qu'aucun de ses membres ne pourrait faire partie de la prochaine législature. Cette mesure, désastreuse dans ses conséquences, fut votée par tous les

[1] Ferrières, *Mém.*, II, 453. — *Hist. parl.*, XI, 330, 371. — Bertr. de Mollev., V, 211, 215. — Mign., I, 140, 145. — Lac., VIII, 320, 321. — Th., I, 315.

partis, guidés chacun par des motifs très-différents. L'aristocratie y voyait un moyen de regagner un peu de son influence perdue; la cour voyait exclure avec plaisir les principaux chefs du parti populaire auxquels elle avait voué une haine profonde; les démocrates comptaient sur l'anarchie, s'ils parvenaient à écarter les membres de l'Assemblée chez lesquels ils voyaient s'opérer une réaction dans le sens de l'ordre. Les amis de leur pays crurent en se sacrifiant faire preuve de patriotisme; d'autres espéraient arriver à la popularité par cette marque éclatante de désintéressement; ainsi fut adopté ce décret qui renfermait la source des dernières misères. Le roi, mal conseillé dans cette circonstance, employa toute son influence et celle de la reine pour faire passer le décret. Les royalistes se flattaient qu'un changement radical s'était opéré dans les dispositions de l'esprit public; que la nation s'était éprise d'une affection nouvelle pour le souverain, et qu'en excluant les membres de l'Assemblée actuelle, les électeurs allaient renvoyer une législature qui détruirait tout ce qu'avait fait la première. Aussi, quand la motion fut faite, les royalistes avec les Jacobins repoussèrent par les cris de : *Aux voix! aux voix!* toutes les raisons qu'on put leur opposer, et l'Assemblée adopta la fatale proposition. Tel a toujours été, tel sera toujours le système des républicains : changer à des époques déterminées les hommes chargés de gouverner; ce système accroît l'importance des électeurs et abaisse celle des gouvernants. Mais c'est ce qu'il y a de plus funeste au bien public, parce que toujours la direction des affaires passe dans des mains inexpérimentées, et que la véritable habileté se voit écartée du gouvernement dès qu'elle commence à en bien comprendre les ressorts [1].

L'Assemblée, avant de présenter la constitution à l'acceptation du roi, lui rendit, avec le droit de se choisir une garde personnelle, la liberté dont il avait été privé depuis son arrestation à Varennes. Louis XVI consacra quelques jours à l'examen des institutions nouvelles, puis il annonça en ces termes qu'il les acceptait : « J'accepte la constitution. Je prends l'engagement de la maintenir au dedans, de la défendre contre les attaques du dehors, et de la faire exécuter par tous les moyens qu'elle met en

[1] *Hist. parl.*, XI, 389, 392. — *Mon.*, 5 septembre. — Dumont, 338, 339. — Mign., I, 141. — Th., I, 314. — Lac., VIII, 323.

mon pouvoir. » La lecture du message royal fut suivie d'applaudissements enthousiastes. La Fayette, profitant des bonnes dispositions de l'Assemblée, lui proposa de décréter une amnistie générale en faveur de tous ceux qui avaient facilité la fuite du roi, ou qui se trouvaient compromis par les événements de la Révolution. Le lendemain le roi se rendit de sa personne à l'Assemblée pour y déclarer solennellement son acceptation. La reine et le dauphin assistaient à la séance dans la tribune des journalistes : leur entrée fut saluée aussi de bruyants applaudissements. Une foule immense, poussant de joyeuses acclamations, suivait le monarque ; les tribunes du peuple elles-mêmes l'applaudirent. Mais les formes de la réception que l'Assemblée fit au roi prouvaient combien l'autorité royale était déchue de sa splendeur. Le souverain ne siégeait plus sur un trône : il y avait pour lui et pour le président deux fauteuils pareils ; le monarque ne semblait pas jouir d'une autorité supérieure à celle du chef de cette assemblée, si fière de son importance [1].

Enfin, la clôture de la session eut lieu le 29 septembre. Le roi y assista en personne : il y prononça un discours rempli de sentiments généreux, exprimés avec beaucoup d'éloquence. Voici la fin de ce discours : « Pour vous, messieurs, il vous reste encore un devoir à remplir, lorsque vous serez dispersés sur la surface de cet empire : c'est d'éclairer vos concitoyens sur le véritable esprit des lois que vous avez formées pour eux, et d'être auprès d'eux les interprètes de mes sentiments. Dites-leur bien à tous que le roi sera toujours leur premier et leur plus fidèle ami, qu'il a besoin d'être aimé d'eux, qu'il ne peut être heureux qu'avec eux et par eux, et que l'espoir de contribuer à leur bonheur soutiendra mon courage, comme la satisfaction d'y avoir réussi sera ma plus douce récompense. » Des applaudissements très-vifs et très-sincères accueillirent ce discours. Puis le président Thouret dit à haute voix : « L'Assemblée nationale constituante déclare qu'elle a rempli sa mission, et que toutes ses séances sont terminées. » Le roi ordonna à cette occasion des fêtes magnifiques qui épuisèrent les faibles ressources de la liste civile. Le palais et les jardins des Tuileries furent brillamment

[1] *Moniteur*, 14 septembre, p. 1070. — *Hist. parl.*, XI, 399, 403. — Deux Amis, VI, 312, 316. — Lac., VIII, 351. — Th., I, 316.

illuminés; le roi et la reine se promenèrent en voiture dans l'avenue des Champs-Élysées au milieu des acclamations du peuple. Cependant, une vague inquiétude régnait dans tous les rangs de la société; le monarque cherchait en vain dans ces acclamations de la multitude à saisir cette expression de joie sincère qu'il avait vue briller sur tous les visages lors de la fête de la fédération : tout alors annonçait la confiance et l'espoir; maintenant on redoutait les horreurs de l'anarchie. L'Assemblée avait déclaré que la Révolution était finie; les esprits prévoyants craignaient qu'elle n'en fût qu'à son début [1].

Telle est l'histoire de l'Assemblée constituante de France. Elle a fait beaucoup de bonnes choses; mais en même temps elle a fait plus de mal qu'aucune autre assemblée politique. Appelée aux plus hautes destinées, chargée de la plus noble mission, on la regardait comme devant ouvrir une ère nouvelle dans la civilisation moderne, en régénérant un empire vieilli par la corruption féodale, mais vigoureux encore par son énergie populaire. La suite a prouvé de quelle manière elle a accompli sa tâche. Le temps, ce grand défenseur de la vérité, a montré ses erreurs et illustré ses vertus. Ses efforts firent disparaître les maux qui accablaient la France. Elle garantit complétement la liberté des cultes, qui n'avait été accordée en 1787 que comme une tolérance. Elle abolit la torture, le supplice de la roue et toutes les pénalités barbares, autres que la mort. Elle institua le jugement par jury, la publicité des procès criminels, l'audition des témoins en présence de l'accusé, auquel elle accorda un conseil pour sa défense. Elle supprima les parlements, à la jurisprudence si variée, quoique ces corps eussent fait de nobles tentatives en faveur de la liberté, et elle introduisit un système uniforme de jurisprudence criminelle. Les lettres de cachet furent abolies; le privilége de l'exemption de certaines taxes fut enlevé aux nobles et au clergé; un système équitable d'impôts fut établi dans tout le royaume : les taxes les plus oppressives, les impôts sur le sel et sur le tabac, les tailles et les dîmes furent supprimés; les priviléges de la noblesse, les droits féodaux disparurent. La France doit à la Constituante l'institution de la garde nationale;

[1] Deux Amis, VI, 312, 316. — Lab., V, 423, 426. - De Staël, I, 434, 436. — Lac., VIII, 352, 353. — Mign., I, 142.

on ne saurait dire encore si ce fut un bienfait. L'Assemblée ouvrit les rangs de l'armée au courage et aux talents militaires de toutes les classes de la société. Elle opéra la division des propriétés foncières entre un très-grand nombre de citoyens : c'est le plus grand bienfait dont il soit possible de gratifier une nation, pourvu toutefois que pour enrichir une classe de citoyens on ne dépouille pas les autres. Les conséquences des erreurs commises dans la suite par cette même assemblée démontrèrent combien la nation avait gagné à tous les changements que nous venons de signaler. En effet, le peuple français put supporter, et cela dans un état de prospérité relative, une foule de désastres dont un seul eût suffi à détruire toute la force nationale sous l'ancienne monarchie. La France supporta la banqueroute, la perte des assignats, les discordes civiles, le règne de la Terreur, l'invasion étrangère, la conscription de Napoléon, et enfin la dernière victoire de l'Europe coalisée [1].

Parmi les fautes de l'Assemblée, il en est dont les conséquences se font sentir encore aujourd'hui. En détruisant en peu de mois des institutions qui dataient de plus de mille ans, elle bouleversa les idées de la société et répandit dans tout l'empire la fièvre des innovations. En confisquant les propriétés de l'Église, elle posait un précédent funeste, un acte d'injustice qui n'eut que trop d'imitateurs; elle exaspérait un corps nombreux et influent, et elle amena la dépravation dans les mœurs en semant la discorde entre le peuple et le clergé. En instituant le suffrage universel, en confiant au peuple la nomination à tous les offices, elle habituait la nation à l'exercice de prérogatives incompatibles avec les formes du gouvernement monarchique, que cependant elle voulait conserver; elle aurait dû comprendre que les nouveaux possesseurs de ces franchises électorales étaient, pour la plupart, incapables d'en user avec avantage, soit dans leur intérêt, soit dans celui de l'État. La Constituante réduisit la puissance monarchique à un tel état de faiblesse que le roi, perdant toute autorité sur ses sujets, se vit réduit à contempler, dans son impuissance, l'anarchie du royaume, livré aux querelles sanglantes des factions qu'avaient suscitées des innovations si brusques et si radicales. En excluant les membres de

[1] De Staël, I, 276, 288.

la première assemblée du droit de représenter la nation dans la seconde, ces législateurs privaient le pays du bénéfice de leur expérience, et exposaient leurs successeurs à tomber, à leur tour, dans les erreurs dont ils n'avaient eux-mêmes compris que trop tard toute la gravité. Ils voulurent que le corps législatif ne se composât que d'une seule chambre, et donnèrent ainsi de fait la puissance politique aux classes inférieures de la société ; privilége dangereux dans tous les temps, mais dangereux surtout alors que les rangs populaires se trouvent dans un état d'exaltation violente, et que le peuple en est encore à faire l'apprentissage de l'exercice de ses droits. Une seconde assemblée délibérante est un frein salutaire : les corps politiques trop nombreux sont exposés à se laisser entraîner par la passion du moment ; cela est vrai de tous les peuples, et surtout du caractère impétueux et enthousiaste de la nation française. La Constituante, en abolissant les parlements, la hiérarchie, les corporations et les priviléges des provinces, détruisit les bases sur lesquelles on pouvait asseoir d'une manière durable la liberté constitutionnelle. Ces institutions avaient le mérite de réunir les hommes dont les intérêts étaient les mêmes ; tandis que la Constituante ne fit de la nation qu'une seule classe de citoyens, dépourvue des moyens de résister avec avantage au pouvoir exécutif, concentré dans la capitale et usant à son gré de l'armée et de toutes les ressources de l'État. En détruisant la religion nationale, et en confisquant au profit de l'autorité civile les biens qui étaient destinés au soutien et à la splendeur du culte, la Constituante portait une atteinte profonde à la moralité des peuples, et faisait un tort irréparable à la cause de la liberté. En effet, par cette mesure, elle rangeait sous deux bannières opposées les deux grandes puissances de l'esprit humain ; enfin, elle diminuait l'influence des grands et celle du clergé, et enlevait tout contrôle aux principes égoïstes de notre nature.

Un fait bien digne des plus sérieuses considérations pour tous ceux qui étudient l'action et les progrès de l'esprit humain sous l'influence de pareilles convulsions sociales, c'est que toutes ces grandes et périlleuses innovations, la Constituante les décréta, non-seulement sans l'autorisation de ses commettants, mais en opposition formelle avec les cahiers qui renfermaient l'expression des vœux des électeurs. La forme du gouvernement qu'elle adopta, la confiscation des propriétés ecclésiastiques, la suppression des parlements de province, le *veto* suspensif, l'abolition des titres, le droit de paix et de guerre enlevé à la couronne, la nomination des juges par le peuple : toutes ces mesures étaient autant d'usurpations en opposition formelle avec la grande majorité des cahiers, qui resteront comme un monument de la modération du peuple au commencement de la Révolution, alors que les progrès de l'esprit révolutionnaire ne l'avaient point encore frappé de vertige [1].

La grande erreur de l'Assemblée, qui à elle seule amena les résultats désastreux que nous venons d'énumérer, ce fut que, perdant de vue l'objet pour lequel on l'avait convoquée, c'est-à-dire le redressement des griefs, elle dirigea tous ses efforts vers l'usurpation du pouvoir. Au lieu de poursuivre le but proposé et de perfectionner les institutions de l'État, but auquel l'avait conviée le souverain et que lui imposait la volonté du pays, elle ne lutta que pour acquérir l'exercice exclusif de la puissance absolue. Dans la poursuite de ce projet, elle détruisit ces contre-poids qui donnent au pouvoir une direction énergique, en rendant impossible toute usurpation d'une classe quelconque de la société au détriment des autres ordres. La Constituante, parvenue au but de son ambition, usa perfidement de son pouvoir en portant atteinte à la foi publique et aux droits privés, par la confiscation des propriétés de l'Église. Elle rédigea cet acte étrange que M. Burke a justement appelé un digeste d'anarchie : c'était la déclaration des *droits de l'homme,* dont l'effet immédiat fut de détruire dans l'opinion des peuples toute espèce de respect pour l'autorité, tant civile que religieuse. « Le but réel de ces actes, dit M. Burke, était de passer le niveau sur toutes les institutions, de briser tous les liens des lois naturelles, religieuses et civiles, qui unissent les sociétés par une chaîne de subordination ; de soulever le soldat contre l'officier, l'homme de métier contre le propriétaire, les curés contre leurs évêques, les enfants mêmes contre leurs parents. » Le grand objet des efforts des anarchistes était de délivrer les peuples de toute contrainte civile, religieuse, morale, politique et militaire ; et la faiblesse des propriétaires leur permit d'atteindre leur but.

[1] Calonne, 216, 218, 222, 223, 290, 304.

Ce qui rend moins excusable la précipitation de l'Assemblée à adopter ces mesures impolitiques, c'est qu'elle ne peut pas même invoquer, comme beaucoup de révolutionnaires, le motif de la terreur ou de la nécessité. En effet, la marche de la Constituante fut un triomphe continuel, sa popularité lui permettait de diriger le mouvement à sa guise. Mais ces pionniers de la liberté allèrent toujours en avant, renversant à la fois dans la poussière, les boulevards de la liberté, les garanties de la propriété, les colonnes de la religion, et les lois qui protégent la vertu [1].

La faute la plus funeste de l'Assemblée constituante, celle qui rendit toutes les autres irréparables, ce fut la création d'un aussi grand nombre d'intérêts révolutionnaires. Elle transféra le pouvoir politique à des mains inexpérimentées, à des hommes d'autant plus empressés de l'exercer qu'ils y étaient moins propres. Elle créa une armée de nouveaux propriétaires dont l'existence était attachée à la perpétuité du nouveau système. En plaçant la force armée et l'autorité civile sous la dépendance immédiate du peuple, elle fonda des intérêts qui n'avaient d'autre base que l'effervescence du moment, et ainsi elle perpétua la Révolution, alors que les peuples étaient disposés à revenir au gouvernement monarchique. Tous ceux qui à ces changements avaient gagné des biens ou du pouvoir, on s'en aperçut bientôt, ne les cédaient qu'à la force; ceux qui avaient à craindre le retour au système de la légalité, s'y opposaient par tous les moyens possibles. Il est donc vrai de dire que les changements introduits par la Constituante dans la propriété et dans la puissance politique, rendaient inévitable ou une révolution ou une guerre civile sanglante; car si les passions populaires sont naturellement inconstantes, les intérêts nouveaux qu'elles ont créés ont un caractère de durée qu'on ne saurait méconnaître. Et en effet, l'histoire de la Révolution française nous montre plus d'une fois le peuple cherchant à abattre les tyrans qu'il s'est donnés; mais en même temps elle nous montre toujours aussi, comme les plus grands adversaires de tout gouvernement constitutionnel ou légal, ceux-là mêmes qui ont gagné quelque chose aux changements opérés. C'est là la cause capitale de la différence entre les suites de la Révolution française et celles de la Révolution d'Angleterre : le

[1] Burke, V, 14, 15, 89.

long parlement et Cromwell altérèrent très-peu la propriété et les droits politiques de la Grande-Bretagne; aussi, à la mort de l'usurpateur militaire, il n'y avait point là un puissant intérêt révolutionnaire s'opposant au retour à l'ancienne constitution. En France, au contraire, la Constituante n'avait pas siégé six mois, qu'elle avait rendu inévitable un changement radical dans l'ordre social, parce qu'elle avait transféré à la multitude, et l'influence politique et la propriété de la plus grande partie du royaume.

L'Assemblée constituante a du moins donné à l'humanité une importante leçon politique en se berçant du vain espoir que céder aux exigences d'un parti révolutionnaire, avide de pouvoir, fût un moyen de mettre un terme à de nouveaux empiétements. La passion du pouvoir est de sa nature insatiable; elle se nourrit de concessions et de conquêtes, et devient plus puissante et plus dangereuse à mesure qu'il lui reste moins à obtenir. L'histoire de cette assemblée mémorable démontre à l'évidence cette vérité. Les concessions s'y succédaient avec une incroyable rapidité : les droits de la couronne, la noblesse, le clergé, les parlements, les corporations, les provinces, tout cela fut abandonné sans avoir été défendu. On n'essaya pas même de la résistance; et pourtant, les exigences du parti populaire allaient toujours croissant. Jamais l'ambition démocratique ne fut aussi violente qu'au moment même où elle venait de triompher de tous les pouvoirs de l'État. La législature et le ministère firent de vains efforts pour conserver leur autorité, en accordant à leurs adversaires tout ce qu'ils demandaient. A mesure que le pouvoir reculait, ils marchaient en avant; et ce même parti qui, dès l'abord, ne demandait qu'une part raisonnable d'influence politique, s'indigna bientôt à la moindre opposition que rencontraient ses exigences.

De ce fait extraordinaire résulte une conclusion importante pour la science politique. Cette conclusion, que M. Burke énonça le premier, a été depuis vérifiée bien des fois par l'expérience. Elle consiste à dire qu'il y a une grande différence entre les convulsions des peuples qui ont leur source dans de véritables griefs, et celles qui sont simplement l'effet de l'effervescence populaire et de l'ambition démocratique. Il est possible de refréner les passions des hommes, lorsque c'est la raison, ou le ressentiment, ou leurs intérêts qui les font agir; mais si les passions

9.

n'ont pour mobile que l'ambition ou l'imagination, on ne saurait les arrêter. Faites disparaître les griefs, et vous serez bien près de calmer la commotion populaire, si le peuple n'a été guidé que par les premiers motifs que nous venons d'indiquer; tandis que la bonne ou la mauvaise conduite du gouvernement, la protection dont le peuple a joui ou l'oppression qu'il a soufferte, n'ont aucune espèce d'influence, quand une faction, guidée par des idées purement spéculatives, veut à toute force détruire la constitution de l'ordre social. C'est la combinaison de ces deux principes, si opposés de nature et de caractère, mais qui, à un moment donné, coopèrent aux mêmes résultats, c'est là ce qui rend si difficile le gouvernement d'une nation dans de pareilles circonstances. En effet, les concessions et les réformes, moyens excellents de calmer le mécontentement qui résulte de véritables griefs, sont en même temps des mesures propres à élever au plus haut degré l'effervescence des passions, quand elles n'ont leur source que dans l'imagination des hommes.

La plus grande difficulté, celle qui exige de la part des hommes d'État le jugement le plus sûr, consiste à déterminer l'instant où doivent s'arrêter les concessions, et où la résistance devient nécessaire. Il est évident que, dans toute révolution, le même cas doit se présenter tôt ou tard : à mesure qu'une révolution se développe, les résultats en deviennent palpables pour tous les hommes intelligents. Cet instant qu'il faut rechercher avec soin était arrivé, même durant la session de la Constituante. Pendant cette session, dont la durée fut de deux ans et cinq mois, on a calculé que *trois mille sept cent cinquante-trois* personnes périrent de mort violente, et que cent sept châteaux furent livrés aux flammes. En revanche, triste compensation ! l'Assemblée, durant le même laps de temps, avait fait *deux mille cinq cent cinquante* lois, dont la plus grande partie furent oubliées, ou furent rapportées par les législatures qui lui succédèrent [1]. Les esprits sages et prévoyants sans doute pourront toujours, dès le début d'une révolution, au milieu des transports et de l'exaltation d'une multitude irréfléchie, déterminer d'avance le moment d'en arrêter les excès; cependant, l'homme d'État aurait tort de se décider à agir dès l'instant où l'excès du mal a frappé son esprit,

[1] Prudhomme, *Crimes de la Rév.*, III, 312, 324.

en même temps que celui du très-petit nombre d'hommes qui ont approfondi l'étude de l'histoire. Le gouvernement a besoin du secours de la force physique pour faire exécuter ses résolutions; si la grande majorité d'une nation est imbue de principes révolutionnaires, il est généralement inutile de lever l'étendard de la résistance; il faut attendre que les détenteurs de la propriété, que l'élite des citoyens en aient senti la nécessité, qu'ils aient puisé leur conviction dans l'expérience même des résultats ruineux du système qu'il s'agit de combattre. Le philosophe et l'historien s'appuient uniquement sur la force de la vérité; il faut qu'ils la montrent clairement et avec énergie. L'homme d'État, qui a besoin d'être soutenu par d'autres auxiliaires, doit attendre avant d'agir que des dangers, que des catastrophes qui frappent les sens, lui aient assuré le concours, non-seulement de l'infime minorité qui pense, mais encore du grand nombre de citoyens honnêtes qui ne pensent pas.

Si l'œuvre des innovations ne rencontra dans ce pays aucune résistance quand le moment fut venu, il faut l'attribuer principalement au caractère personnel du roi : sa faiblesse fut cause, sans le moindre doute, que le cours paisible des améliorations sociales se convertit en un torrent révolutionnaire. Les hommes les plus sages du parti populaire en France n'ont point hésité à déclarer que l'insuffisance du monarque était à leurs yeux la véritable cause de tous les malheurs de la Révolution [1]. Si la couronne eût été portée par un prince ferme et résolu, il est douteux que la Révolution se fût faite; et certes elle n'eût point été accompagnée de pareilles horreurs. Toutes les mesures prises par Louis XVI concoururent à la provoquer : la bonté, la philanthropie qui le distinguaient, unies à une fermeté convenable, eussent fait de lui un monarque parfait ; tandis qu'avec sa faiblesse et son irrésolution, il fut le plus dangereux des rois *. Son

[1] Dumont, 343.

*
Pison a l'âme simple et l'esprit abattu ;
S'il a grande naissance il a peu de vertu ;
Non de cette vertu qui déteste le crime ;
Sa probité sévère est digne qu'on l'estime...
Il a tout ce qui fait un grand homme de bien,
Mais en un souverain c'est peu de chose ou rien.
Il faut de la prudence, il faut de la lumière,
Il faut de la vigueur adroite autant que fière.

horreur de toute mesure vigoureuse ruinait les plans les mieux conçus. Plus d'une fois, pendant la session de l'Assemblée, alors que le grand corps de la nation commençait à comprendre le danger des tendances de la Constituante, plus d'une fois s'offrit à Louis XVI l'occasion de conjurer la tempête. Il fallait à un prince intrépide, une armée fidèle et une noblesse dévouée. On pouvait alors, non pas arrêter le torrent révolutionnaire, mais du moins en régler le cours; on pouvait alors établir, conformément aux vœux de la nation, une monarchie constitutionnelle semblable à celle qui depuis plus d'un siècle faisait le bonheur et la prospérité de l'empire britannique [1].

La cause déterminante qui renversa le trône et livra la royauté à la merci de l'Assemblée fut la trahison de l'armée. Les terribles conséquences de cette catastrophe, la sanglante tyrannie de la Terreur, les guerres et les conquêtes ruineuses de la France, la défaite finale des armées françaises, ce noble empire envahi par l'étranger, on les dut à la trahison des soldats qui avaient juré de défendre l'ordre public. Sans cette défection, l'autorité royale eût été respectée, l'ambition démocratique soumise à un frein salutaire; les amis de l'ordre eussent trouvé un point de ralliement, et les modifications requises aux lois constitutives du royaume se seraient opérées dans des limites raisonnables. La révolte des gardes françaises fut le signal de la dissolution des liens sociaux; le terrible comité de salut public, et après lui, l'épée despotique de Napoléon, parvinrent à peine à rétablir l'ordre dans l'État. La désertion de la noblesse acheva ce qu'avait commencé la trahison de l'armée. La fuite de ce corps considérable, que M. Burke n'estime pas à moins de 70,000 hommes, laissa le trône dans un état de prostration complète, en le privant de ses défenseurs naturels. Les amis de l'ordre se laissèrent aller au désespoir, quand ils virent une armée rebelle, une royauté sans énergie et une noblesse en fuite : qui donc pouvait songer à résister, quand les chefs de l'État, quand les hommes les plus intéressés à la résistance, désertaient une cause qu'ils

Qui pénètre, éblouisse et sème des appas :
Il faut mille vertus enfin qu'il n'aura pas.
(CORNEILLE, *Othon*, acte II, sc. 4.)

[1] Dumont, *Ibid.*

regardaient comme perdue? De l'autre côté, l'énergie de l'ambition, la confiance que donne le nombre, le prestige de l'opinion, tout favorisait les succès des démocrates. Un parti est bientôt victorieux, quand ses adversaires reculent à la première rencontre [1]. Voici donc la grande leçon morale à tirer de la Révolution française : tous ses désastres, ses sanglantes cruautés, son avortement final, tout cela ne fut point le résultat d'une inévitable fatalité, mais doit être attribué aux fautes des uns, à la trahison des autres, aux erreurs enfin de tous ceux qui en eurent la direction.

[1] Dumont, 347.

CHAPITRE VII.

DEPUIS L'OUVERTURE DE L'ASSEMBLÉE LÉGISLATIVE, JUSQU'A LA CHUTE DE LA MONARCHIE (14 SEPTEMBRE 1791 — 10 AOUT 1792).

Grande expérience de gouvernement faite par l'Assemblée constituante. — Dangers du suffrage universel. — Causes de ces dangers. — Formation de l'Assemblée législative. — État du pays durant les élections primaires. — Absence de décence et de décorum dans la nouvelle assemblée. — L'émigration de la noblesse continue. — Ses désastreux effets. — Ouverture de l'Assemblée. — Caractère général de la Législative. — Partis : Feuillants et Girondins. — Caractère des Girondins. — Leurs principes, leurs erreurs. — Opinion erronée qu'ils avaient du caractère humain. — Caractère de Mme Roland. — Son influence sur l'Assemblée. — Caractère de Vergniaud, de Brissot, de Guadet, de Gensonné, d'Isnard, de Barbaroux et de quelques autres. — Portrait des Jacobins. — Épreuves avant l'admission dans ce club. — Secret de leurs succès. — Histoire de la jeunesse de Danton. — Son caractère. — Ses qualités. — Biographie et caractère de Marat. — Naissance et jeunesse de Saint-Just. — Son caractère. — Jeunesse et éducation de Robespierre. — Il prend part à un concours à Metz en 1784. — Son apparition sur la scène publique. — Ses contemporains ont défiguré son caractère. — Son caractère, ses principes. — Sa constitution faible. — Club des Jacobins. — Idées du roi à cette époque. — Formation de la garde constitutionnelle du roi. — Violente irritation du clergé. — Arguments de Brissot et d'autres députés contre les émigrés. — Réponse des constitutionnels. — Décret contre les émigrés. — Discours en faveur du clergé. — Décrets sévères contre le clergé. — Le roi refuse sa sanction. — Élection d'un maire de Paris. — Malheureux état de la France ; chute du ministère. — Décadence et ruine de la marine. — Commencement de l'agitation à Saint-Domingue. — Terrible insurrection. — L'Assemblée accorde aveuglément l'émancipation générale des esclaves. — Origine des troubles à Avignon. — Progrès des désordres. — Massacre. — Chute du ministère ; les Girondins arrivent au pouvoir. — Caractère de Dumouriez, de Roland. — Embarras du gouvernement ; détresse du pays. — Les malheurs de la guerre accroissent les dangers du roi. — Débat sur la dissolution de la garde royale. — Le roi est forcé de sanctionner le décret. — Résistance énergique du roi au décret contre l'Église. — Nouveau ministère. — Nouveau ministère des Feuillants. — Correspondance secrète du roi avec les alliés. — Efforts de la Fayette en faveur du trône. — Les Girondins préparent une insurrection. —

Coalition des Girondins et des Jacobins contre la couronne. — Motifs qui engagèrent les Girondins à agir immédiatement. — Honteux désordres du 20 juin. — Les Girondins soutiennent les pétitionnaires qui sont admis à l'Assemblée. — La populace force les grilles du palais. — Le palais est envahi. — Conduite héroïque de la reine et de Mme Élisabeth. — Première apparition de Napoléon. — Les événements du 20 juin indignent la France. — La Fayette arrive à Paris. — Il ne parvient pas à soulever la garde nationale. — Il repart pour l'armée sans avoir rien fait. — Les Girondins essayent ouvertement de renverser le trône. — Débats de l'Assemblée à ce sujet. — La patrie est déclarée en danger. — Fête du 14 juillet. — La France ajoute à la force du parti révolutionnaire. — Caractère de Pétion, de Santerre. — Affreuse anxiété du roi et de la reine. — Indécision de la cour. — Proclamation du duc de Brunswick. — Cette proclamation, non suivie de mesures actives, était impolitique. — Projets des chefs des Girondins et des Jacobins. — Préparatifs de l'insurrection. — Violente effervescence du 9 août. — Description du Carrousel à cette époque. — Insurrection du 10 août. — Préparatifs de la cour. — Trahison et duplicité abominable de Pétion. — Irrésolution de la garde nationale. — Vastes préparatifs des insurgés. — Le roi quitte le palais et se réfugie à l'Assemblée. — Combat désespéré sur la place du Carrousel. — Massacre des Suisses. — Pillage du palais. — Déchéance du roi. — Quels furent les chefs de l'insurrection. — Affreux massacres qui souillèrent la victoire des insurgés. — Cruauté abominable des femmes du peuple. — Quelques forces de plus sauvaient la monarchie. — Réflexions sur la chute de la monarchie. — Les classes moyennes commencent les révolutions, la populace les finit. — L'Assemblée constitutionnelle avait détruit en France les éléments de la liberté. — Erreur des alliés; cause de ces événements. — Fatal effet de l'absence de principes religieux. — Chaque période de la Révolution a ses chefs particuliers.

L'objet favori du peuple, aux époques d'exaltation démocratique, est d'obtenir le suffrage universel, ou du moins un cens électoral des plus minimes. Tous les hommes sont égaux, dit-on alors; les priviléges dont jouissent certaines classes sont le résultat de l'injustice ou de l'ignorance; en conséquence, le premier pas à faire dans la voie d'une liberté rationnelle, c'est de rendre aux hommes l'égalité première. L'Assemblée constituante avait agi en conformité de ce principe. Elle avait accordé le droit de suffrage pour la représentation nationale à toutes les classes laborieuses de France. L'Assemblée législative fut, dans l'Europe moderne, le premier exemple d'une élection vraiment populaire et sur une grande échelle.

Si l'objet du gouvernement n'était que la protection des personnes contre l'injustice et la violence; si les désordres de la société ne mettaient en danger que la sécurité des individus; si tous les hommes, dans quelque rang qu'ils se trouvent placés, étaient également aptes à juger des affaires publiques; sans le moindre doute, les classes inférieures seraient alors parfaitement fondées à partager avec les autres classes de la société l'exercice des droits politiques. En effet, tous les hommes ont le même droit à la sécurité personnelle, à la protection de leur existence, tous y doivent attacher une importance égale. Mais l'objet du gouvernement est tout autant de protéger la propriété que de défendre les personnes : de ce double devoir découle la nécessité de limiter le droit électoral aux citoyens intéressés dans l'un comme dans l'autre de ces deux objets. Les hommes, dans la vie privée, ne se trompent jamais à cet égard. Quand il s'agit de l'administration d'un fonds commun, de la disposition d'une propriété commune, jamais on ne s'avise de proposer d'accorder au possesseur d'une petite part un droit égal à celui qui possède une portion considérable du fonds commun. S'agit-il d'une faillite? le créancier pour 20 schellings obtiendra-t-il un nombre de voix égal à celui qui réclame 10,000 livres? Donnera-t-on dans une compagnie industrielle, donnera-t-on au propriétaire de dix actions une influence égale à celle de l'actionnaire qui en possède mille? L'injustice ici sauterait aux yeux de tous. Les intérêts des grands actionnaires courraient le danger d'être sacrifiés à ceux des petits. Aussi a-t-il été généralement reconnu qu'en ces matières, il convenait de proportionner l'influence de chacun dans la décision des affaires sociales à la part qu'il possède dans l'association.

Dans la société politique, les intérêts supposés ou immédiats de la grande masse du peuple, sont non-seulement distincts des intérêts des propriétaires, mais, de plus, ils leur sont tout à fait opposés. L'intérêt des uns est d'acquérir, celui des autres est de conserver. Aussi, dans tous les temps, la multitude irréfléchie, qui croit n'avoir rien à perdre mais tout à gagner aux convulsions sociales, a-t-elle toujours désiré des lois agraires, le partage égal des propriétés, ou enfin l'adoption de mesures qui tendent à ce résultat. Ses intérêts véritables finiraient cependant toujours par en souffrir, plus même que ceux des possesseurs du sol; la multitude en effet, ne pouvant subsister que du prix de son travail, souffrira la première de l'interruption de l'activité générale, résultat inévitable de toute convulsion sociale.

Cette conséquence toutefois est un effet éloigné qui, en général, ne frappe point les esprits du commun des hommes. Dans l'état normal des sociétés, la supériorité intellectuelle, l'énergie morale des classes élevées agissent efficacement sur la multitude et suffisent à mettre un frein aux dangereuses tendances que nous venons de signaler. Le suffrage universel, ou, ce qui est tout un, l'avilissement du cens, renverse toutes les barrières et réduit les dissensions civiles à de simples questions de chiffre. Dans un pareil système, le vote d'un Napoléon, d'un Newton, d'un Bacon, ou d'un Burke n'a pas plus de valeur que celui d'un ouvrier de manufacture. Des représentants élus sous l'empire d'un pareil système sont les délégués de la partie la plus nombreuse, il est vrai, mais en même temps la plus ignorante et la plus dangereuse de la société. Le gouvernement établi sur de semblables bases n'est qu'une marotte entre les mains de la majorité, c'est la tyrannie de la médiocrité sur le talent; car la majorité se compose de médiocrités. Les luttes de partis ne sont alors que des luttes d'intérêts matériels, dans lesquelles les vœux du plus grand nombre sont des lois irrésistibles. Pendant les périodes de tranquillité, ce sont des luttes mesquines qui ne produisent qu'un système égoïste de législation; tandis que dans les temps d'agitation, c'est l'insurrection générale des classes inférieures contre les classes élevées.

L'histoire de l'Assemblée législative est un éclatant témoignage de la vérité des observations qui précèdent. Les décrets de la Constituante avaient investi le peuple de la souveraineté. La démocratie avait obtenu le suffrage universel et des élections bisannuelles; le peuple nommait ses magistrats, ses juges, ses évêques; il disposait de la force publique: des hommes de son choix commandaient la garde nationale et l'armée. Que pouvait-il désirer de plus? Quelles raisons pouvait-il lui rester de s'insurger encore contre le gouvernement? Cependant, la Législative qu'il venait d'élire devint dès le principe de son existence l'objet de la haine et de la jalousie : l'histoire de cette assemblée n'est autre chose que le récit des préparatifs faits pour renverser la monarchie. « Telle est, dit M. Thiers, la marche naturelle des troubles révolutionnaires : le réveil est successif, l'ambition l'est aussi, gagne jusqu'aux dernières classes, et la masse entière se trouve ainsi en mouvement. Bientôt, satisfaites de ce qu'elles ont obtenu, les classes éclairées veulent s'arrêter, mais elles ne le peuvent plus et sont incessamment refoulées par celles qui les suivent. Celles qui s'arrêtent, fussent-elles les avant-dernières, sont pour les dernières une aristocratie, et, dans cette lutte des classes se roulant les unes sur les autres, le simple bourgeois finit par être appelé aristocrate par le manouvrier, et poursuivi comme tel[1]. »

Deux circonstances malheureuses contribuèrent à altérer la composition de l'Assemblée législative : la fuite de Varennes et l'émigration générale de la noblesse avaient lieu juste à l'époque où se faisaient les élections dans les assemblées primaires. Ce fut au moment où le peuple allait s'occuper du choix des délégués chargés d'élire les députés de la nation qu'on apprit, dans tout le royaume, la fuite de la famille royale. La terreur, la défiance, l'anxiété s'emparent des esprits ; on s'attend à un mouvement général de tous les partisans de la couronne. L'invasion étrangère, la guerre civile, toutes les calamités vont fondre sur le pays ! Ce fut sous l'influence de ces alarmes que se firent les élections au premier degré, c'est-à-dire la nomination des colléges électoraux ; mais, avant que ces colléges procédassent au choix des représentants du peuple, la panique avait cessé. L'arrestation du roi avait dissipé les causes immédiates d'alarmes, et l'affaire des Jacobins au Champ-de-Mars avait donné lieu à de nouvelles inquiétudes. Il en résulta que, dans beaucoup de districts, le choix des députés fut loin d'être d'accord avec les désirs des premiers électeurs. Les colléges choisirent pour la plupart des hommes énergiques, passionnés, actifs, en un mot des caractères en harmonie avec les temps orageux qu'on allait traverser. Les électeurs primaires avaient cherché à choisir des personnes qui eussent un intérêt à maintenir les institutions qu'on venait de se donner. Ainsi les uns avaient voulu conserver, les autres détruire. La majorité des représentants élus n'était pas disposée à défendre la constitution nouvelle. La majorité des électeurs primaires voulait des institutions plus républicaines.

Un des caractères les plus remarquables de la Législative, c'est que cette assemblée ne représentait nullement la propriété. Elle offrait, à ce point de vue, un contraste frappant avec la Consti-

[1] Lac., *Pr. hist.*, I, 178. — Th., II, 7.

tuante. Ce corps politique, en effet, bien que dirigé, depuis la réunion des ordres, par la volonté souveraine du tiers-état, renfermait cependant dans son sein quelques-uns des plus grands propriétaires et des plus grands noms du pays. Tandis que la Législative ne comptait pas cinquante députés jouissant d'un revenu de 2,500 francs. Il n'y avait donc point là de représentation de la propriété : les possesseurs de la terre n'avaient exercé aucune influence sur les élections; et les représentants élus n'étaient rattachés par aucun lien d'intérêt ou de sympathie aux propriétaires. La Législative se composait, pour la plus grande partie, d'hommes jeunes et présomptueux, de gens mal élevés, de commis, d'avocats de province, qui, pour s'élever, avaient profité de l'absence des propriétaires, et s'étaient recommandés à l'attention publique, par la véhémence avec laquelle, dans les clubs, ils avaient défendu les principes démocratiques. En général, ils avaient ce qu'il faut de talent pour être à la fois suffisants et dangereux, mais pas assez de connaissances approfondies pour être capables de modération dans les idées, pas assez de biens pour refréner leur ambition. La forme des débats dans l'Assemblée nouvelle montra bientôt la prépondérance de cette classe d'hommes dont nous parlons ici. On n'y retrouve plus cette dignité, ces formes polies qui distinguaient la Constituante, malgré ses erreurs, malgré tant de décrets coupables. La rudesse, la vulgarité des manières y étaient à l'ordre du jour : ces façons grossières étaient affectées par ceux-là mêmes qui avaient été élevés dans des habitudes plus polies. Telle était la confusion, le chaos de cette législature, qu'on y voyait souvent vingt députés se précipiter à la fois vers la tribune, chacun avec une motion différente. En vain, le président suppliait l'Assemblée de maintenir son autorité; en vain, il agitait sa sonnette et se couvrait avec tous les signes du désespoir : rien ne pouvait dominer cette majorité turbulente et vulgaire. Si un malin esprit avait fait choix d'une assemblée dans le dessein arrêté de perdre la France, il n'eût pas mieux réussi dans son objet [1*].

[1] Bertr. de Mollev., VI, 40, 41. — Burke, *Réflexions sur les affaires de France*, VII, 51. — Prudhomme, IV, 118.

* L'Assemblée législative fut nommée par une foule de gens sans aveu, courant les villes et les champs, vendant leurs suffrages pour un dîner ou un broc de vin. Le corps législatif était plein de gens de cette trempe,

La fuite de la noblesse fut en grande partie la cause de ce déplorable résultat : la noblesse fut, à toutes les époques de la Révolution française, coupable d'une partie des désastres qui affligèrent ce pays. L'émigration, continuant et croissant sans cesse, contribua singulièrement à jeter le désordre et la panique dans tous les esprits ; ce fut peut-être la cause la plus réelle de tous les malheurs de la Révolution. Le nombre des émigrés avec leurs familles s'élevait, à cette époque, à près de cent mille personnes, formant la portion la plus riche et la plus influente de la nation française [1]. Toutes les routes aboutissant au Rhin étaient couvertes de nobles fugitifs, dont l'incapacité dans l'action n'était égalée que par la présomption du langage. Ils ne voulaient, dans le principe, d'aucune espèce d'amélioration ; ils ne prétendaient traiter en quoi que ce fût avec le parti populaire ; ils menaçaient leurs adversaires de tout le poids de la vengeance de l'Europe, s'ils persistaient dans la voie des innovations. Coblentz devint le centre du parti anti-révolutionnaire ; pour des hommes accoutumés à juger de la force d'un parti par le nombre et par l'éclat des titres qu'il réunit, c'était bien la puissance la plus formidable que l'on pût imaginer. Cependant, ce qui manquait à cette force aristocratique, c'était le nombre et la vigueur de leurs adhérents. Cette jeune et présomptueuse noblesse, qui n'avait d'autre qualité que sa bravoure, était tout à fait impropre à lutter contre l'énergie morale, contre les talents supérieurs qui s'étaient développés en France parmi les classes moyennes. Les émigrés, toujours braves, n'avaient ni organisation, ni discipline ; ils ne pouvaient, comme corps d'armée, être d'une grande valeur dans les guerres qui allaient s'engager ; leurs projets impétueux et leurs résolutions imprudentes jetèrent souvent les alliés dans les plus grands embarras. Depuis le commencement jusqu'à la fin de la Révolution, si l'on en excepte les luttes de la Vendée, le parti royaliste en France ne montra qu'irrésolution et vaine témérité.

En désertant ainsi leur pays au moment le plus critique de son histoire, les nobles français firent preuve à la fois d'imprudence

royalistes ou républicains, selon le vent de la fortune ; et il faut le dire, quoique à la honte de la Révolution, ce furent là les éléments de la journée du 10 août. (Prudhomme, *Crimes de la Rév.*, IV, 116, 118.)

[1] Burke, VIII, 72. — Lac., I, 191.

et de lâcheté : c'était une lâcheté, parce que le devoir leur commandait à tout risque de se ranger autour du souverain, au lieu de le livrer à un peuple rebelle; c'était de l'imprudence, car en suivant la bannière de l'étranger pour combattre contre leur patrie, ils séparaient leur cause de celle de la France, et ils s'exposaient au reproche éternel d'avoir livré leur pays aux plus grands dangers, en vue seulement de leurs intérêts propres et exclusifs. Si quelque chose favorisa les succès des Jacobins, c'est que toujours ils eurent, pour faire appel au patriotisme de la nation, la raison des guerres étrangères, et qu'ainsi ils ouvraient du moins au peuple français la carrière de la gloire. Jamais les royalistes n'ont pu se laver de la honte d'avoir combattu sous les drapeaux des ennemis de la France, et d'avoir reconquis le trône des Bourbons par le sacrifice de l'indépendance nationale. Qu'on songe à l'issue toute contraire des événements, si la noblesse française, au lieu de provoquer ces inutiles invasions des armées de l'Allemagne, s'était mise à la tête des généreux efforts que tentèrent quelques provinces! Si elle avait combattu dans la Vendée ou sous les murs de Lyon! Elle eût été vaincue honorablement, ou elle pouvait vaincre sans honte; tandis que sa défaite fut un désastre, et sa dernière victoire une humiliation [1].

L'ouverture de l'Assemblée législative se fit le 1er octobre 1791. L'occasion se présenta bientôt de faire voir combien la couronne avait perdu de son lustre, et de montrer en même temps le peu d'harmonie qui allait exister entre le roi et cette assemblée. Une députation de soixante membres fut chargée d'aller annoncer à Louis que la Législative s'était constituée. Le roi, qui n'avait pas été prévenu, refusa de recevoir les députés, et fit dire à la chambre, par l'entremise du ministre de la justice, qu'il recevrait la députation le lendemain à midi. L'entrevue fut froide, et l'on se sépara mécontent de part et d'autre. Peu de jours après, le roi alla à l'Assemblée. Il y fut reçu avec beaucoup d'enthousiasme. Dans son discours, il faisait un appel à la conciliation des partis ; il exprimait le désir de voir régner l'harmonie entre les différentes branches du gouvernement. A cette occasion, cependant, le roi éprouva les premiers effets des principes républicains, qui, sous l'empire de la Constituante, avaient fait

[1] Mme de Staël, II, 1. 9.

de si grands progrès dans le pays. L'Assemblée décida qu'à l'avenir elle ne se servirait plus des titres de *Sire* et de *Majesté;* elle décréta ensuite que le roi, quand il viendrait au milieu des représentants de la nation, aurait un fauteuil absolument pareil à celui du président. Le monarque ayant refusé de se rendre à l'Assemblée à de pareilles conditions, on céda sur ce point, mais on insista sur le droit pour les députés de s'asseoir quand le roi serait assis, ce qui eut lieu, en effet, dès la première séance royale. Le roi en fut extrêmement affecté; quand, à son retour de l'Assemblée, il entra chez la reine, il se laissa tomber sur un siége et fondit en larmes. Il était d'une pâleur mortelle ; ses traits portaient l'empreinte de la plus profonde douleur; la reine ne put dissimuler son inquiétude. « Tout est perdu, lui dit le malheureux prince. Ah ! Madame, et vous avez été témoin de cette humiliation ! Quoi, venir en France pour voir..... [1]. »

La nouvelle Assemblée, sans être anarchique, était décidément dirigée par les principes de la démocratie. Ni la cour, ni la noblesse n'avaient exercé la moindre influence sur les élections : l'une était sans autorité, l'autre était absente. Les partis dans la Législative ne représentaient plus les diverses fractions de la Constituante. Les intérêts de la royauté et ceux de l'aristocratie n'y comptaient pas de défenseurs; la lutte s'y établit entre les ennemis et les partisans du trône constitutionnel. « Et nous aussi, nous voulons faire une révolution, » disait, peu de jours après son élection, un député républicain. Telle était en effet la pensée d'un grand nombre d'électeurs et d'une partie considérable de la Législative. La passion de la nouveauté, l'ambition du pouvoir, s'étaient emparées des esprits de presque tous ceux qui avaient pris une part quelconque à la formation de la première constitution. Cependant, le but des premiers promoteurs de la Révolution n'était déjà plus de détruire, mais de conserver leur propre ouvrage. Conformément à la marche naturelle du progrès révolutionnaire, les démocrates de la première assemblée étaient devenus les aristocrates de la seconde. Cette division se manifesta jusque sur les bancs qu'occupèrent les partis dans la nouvelle assemblée. Le *côté droit*, c'est-à-dire les amis de la consti-

[1] *Hist. parl.*, XII, 52, 74, 77. — Deux Amis, VI, 337, 341. — Mme Campan, II, 169. — Mign., I, 147. — Th., II, 18, 19. — *Mon.*, 7 octobre 1791.

tution, se composait des hommes qui eussent formé le côté gauche dans la Constituante. Le nouveau *côté gauche* ne comptait que des républicains pour la plupart inconnus [1].

Les membres du côté droit furent appelés les *Feuillants*, du nom d'un club qui était leur centre d'activité. Les chefs de ce parti, quoique pour la plupart exclus de la Législative, en vertu de la fatale résolution de la Constituante, étaient Lameth, Barnave, Duport, Dumas et Vaublanc. Leur influence dans les clubs et dans les salons leur donnait la direction réelle de cette fraction de l'Assemblée [2]. Ils pouvaient compter sur l'appui de la garde nationale, de l'armée, des magistrats des départements, et en général de toutes les autorités constituées; mais ils n'avaient point à la tribune ces brillants orateurs qui faisaient la force de leurs adversaires, et bientôt le peuple se rangea du parti des démolisseurs ultra-démocrates.

Les *Girondins*, ainsi appelés du nom du département qui avait élu les députés les plus distingués de ce parti, étaient les républicains de l'Assemblée. Ils représentaient ce corps nombreux d'enthousiastes qui désiraient donner à la France des institutions sur le modèle des républiques de l'antiquité. Vergniaud, Guadet, Gensonné, Isnard et Brissot en étaient les illustres chefs. L'éloquence entraînante, quoiqu'un peu déclamatoire des Girondins, leur acquit bientôt une grande célébrité. Brissot fut d'abord le plus populaire, et cette popularité, il la devait à l'influence du *Patriote*, journal qu'il rédigeait et dans lequel l'activité prodigieuse de son esprit développait pour toute la France les idées qu'il avait émises, soit à la municipalité dont il était membre, soit à l'Assemblée, soit enfin au club des Jacobins. Condorcet exerçait sur la Législative l'ascendant d'un esprit philosophique; il y remplissait à peu près le rôle de Sieyès à la Constituante. Pétion, esprit calme et résolu, peu scrupuleux dans le choix des moyens, était l'homme d'action du parti. Il acquit en peu de temps sur la municipalité de Paris l'immense influence dont avait joui Bailly sur les classes moyennes au commencement de la Révolution. Ces hommes se flattaient de posséder les vertus républicaines, parce qu'ils n'aimaient ni les frivolités, ni les vices dis-

[1] Deux Amis, VI, 341, 343. — Toul., II, 89. — Lac., I, 192. — Th., I. 10, 11.

[2] Mignet, I, 150, 151. — Th., II, 11, 12, 13.

pendieux de la cour. Ils oubliaient que l'esprit de parti, l'amour du pouvoir et l'ambition de la popularité peuvent produire des conséquences aussi désastreuses, une corruption aussi funeste que l'amour du plaisir, la soif de l'or et du pouvoir absolu. Jamais ils ne purent se défendre du reproche que leur opposa toujours le parti populaire, d'avoir abandonné leurs principes, d'avoir cédé aux séductions de la cour, et d'y occuper les charges qu'avaient remplies autrefois leurs adversaires. Ils finirent par tomber sous les attaques d'un parti plus révolutionnaire et moins humain qu'ils ne l'étaient, d'un parti qui, négligeant les grâces du langage et dédaignant les principes de la philosophie, ne recherchait que la popularité, n'étudiait que l'art infernal de soulever la multitude [1].

Une passion sincère pour l'égalité, une répugnance marquée pour les gouvernements violents, distinguaient tous les discours des Girondins. Leurs idées, grandes et généreuses, empruntées aux héros de la Grèce et de Rome, tenaient aussi de la plus noble philanthropie des temps modernes. Leur langage séduisant savait flatter les fibres populaires; ce furent leurs principes qui firent la grande popularité et l'immense célébrité de la Révolution. Et cependant, les changements qu'ils firent subir aux institutions de leur pays amenèrent la tyrannie la plus oppressive des temps modernes. L'histoire leur reprochera aussi d'avoir pris part à des mesures de la plus flagrante iniquité. Leurs déclamations provoquèrent la guerre terrible qui ravagea l'Europe pendant vingt ans : la mort du roi, la chute du trône, le règne de la Terreur, furent les conséquences des principes qu'ils proclamèrent et qu'ils firent passer dans les faits. Les suites désastreuses de leur conduite imprudente, quelle que fût du reste la pureté de leurs motifs, prouvent la vérité de ce proverbe vulgaire, que *l'enfer est pavé de bonnes intentions*. Les Girondins, dans le cours de leur carrière politique, furent trop souvent inconsidérés : trop souvent l'ambition fut leur guide unique. L'éloquence et le génie de ces hommes célèbres étaient d'autant plus dangereux, que la multitude était plus facilement entraînée par le charme tout-puissant de leur parole. Ils ne furent point tou-

[1] Deux Amis, VI, 342. 343. — Th., II, 11. 12. 13. — *Hist. parl.*, XII. 34. 36. — Mign., I, 151. — Dum., 381.

jours insensibles cependant à l'intérêt matériel ; et si l'on s'en rapporte à l'assertion de Bertrand de Molleville, Vergniaud, Brissot, Isnard, Guadet et l'abbé Fauchet auraient consenti à se vendre à la cour, à raison de 6,000 francs par mois pour chacun d'eux. Si le marché ne fut point conclu, c'est que la cour, ou ne put ou ne voulut pas acheter aussi cher leurs services *.

Les Girondins, frustrés dans leur espoir de s'élever par les faveurs de la cour, se jetèrent sans réserve dans les bras du peuple, sur lequel ils conquirent bientôt une immense influence, qui leur devint fatale autant qu'au roi lui-même. Ils surent provoquer le désordre des éléments, mais demeurèrent impuissants quand ils voulurent conjurer la tempête. Ils supportèrent avec une invincible fermeté une mort héroïque ; mais ils manquaient de cette énergie, et surtout de cette expérience pratique nécessaire à détourner la ruine. Aussi longtemps qu'ils poussèrent en avant le char révolutionnaire, ils obtinrent l'appui des démocrates, qui devinrent leurs plus cruels ennemis du jour où la Gironde prétendit mettre un frein aux fureurs de ce redoutable parti. Leur erreur constante fut de croire les masses capables d'intelligence, tandis qu'à chaque pas ils constataient avec douleur que la passion ou l'intérêt étaient les seuls mobiles de leurs partisans d'un jour ; erreur trop commune des caractères élevés et généreux, cause première de leur inaptitude dans l'administration des affaires publiques. En vertu même de leurs doctrines, ils auraient dû se montrer les défenseurs du trône constitutionnel, et ils ne surent point faire au devoir le sacrifice de leur ambition ! Incapables d'arrêter la violence du torrent démocratique dont eux-mêmes avaient grossi les flots, ils se virent obligés, pour éviter de plus grands désastres, de tremper dans des actes cruels, également opposés à leurs vœux et à leurs principes. Les chefs de ce parti étaient Vergniaud, Brissot et

* Ce même sieur Durant avait été chargé par M. de Lessart, vers la fin de novembre 1791, de faire des propositions pécuniaires aux députés Brissot, Isnard, Vergniaud, Guadet et l'abbé Fauchet, et ils avaient tous consenti à vendre au ministère leur influence à raison de 6,000 livres par mois pour chacun d'eux. Mais M. de Lessart trouva que c'était les payer bien cher ; et comme ils ne voulurent rien rabattre de leur demande, cette négociation n'eut aucune suite, et ne produisit d'autre effet que d'aigrir davantage ces cinq députés contre le ministère. (Bertr. de Mollev., *Mém.*, II, 355, 356.)

Roland, hommes d'une éloquence puissante, d'une philanthropie généreuse et d'une fermeté toute romaine. Ils savaient comment on meurt, et ne savaient pas comme on doit vivre; ils périrent, parce qu'avec les passions et l'ambition qui entreprennent une révolution, ils ne possédaient point l'audace et la méchanceté qu'il faut pour la mener à fin [1].

Les Girondins n'avaient point de centre de réunion, comme les forces si bien disciplinées de leurs adversaires; toutefois les chefs se rencontraient souvent chez Mme Roland, où se trouvaient rassemblés tous les talents du nouveau régime, et les restes de l'élégance française qui avaient survécu à la tourmente révolutionnaire. D'une nature ardente, séduisante par les charmes de sa personne et par une conversation pleine d'attraits, joignant à une mâle ambition quelques-unes des faiblesses de son sexe, cette femme remarquable avait les grâces d'une Française et le caractère élevé d'une Romaine. Sortie de la classe moyenne de la société, elle n'avait pas précisément cette aisance de manières que donne la naissance, et cependant il y avait dans toute sa personne une véritable distinction. Entourée chaque jour de tout ce qu'il y avait en France d'hommes distingués, son intérieur respirait le parfum le plus pur des vertus domestiques. Aussi vertueuse que fière, elle unissait à une grande ambition politique, l'intégrité d'une vie exemplaire. Elle sentait avec la vivacité passionnée de son sexe, et manquait de ce jugement froid et calme indispensable à la direction des affaires publiques. Sa nature sensible ne pouvait supporter les attaques violentes dont son mari était l'objet à la tribune. Elle se mêlait trop de l'administration, et trop souvent, dans des articles ou dans des pamphlets qui portaient le nom du ministre, elle écrivait avec une chaleur et une virulence imprudentes. Elle admirait passionnément l'antiquité; on assure qu'enfant encore, elle versait des larmes que lui arrachait le regret de n'être pas née citoyenne de Rome. Elle vécut assez pour être témoin de misères inconnues aux républiques anciennes, et pour les supporter avec une constance plus que romaine [2] *.

[1] Mignet, I, 213, 214. — Buzot, 84.

[2] Roland, *Mém.*, I, 32. — Mign., I, 165. — Th., II, 63, 64. — Lac., I, 225. — *Hist. de la Conv.*, I, 38.

* Manon-Jeanne Phlipon (Mme Roland) naquit à Paris en 1754; elle était fille

Cette femme extraordinaire, au témoignage de tous ses contemporains, exerça une grande influence sur les destinées de son pays. Plus que son mari, même quand il fut ministre de l'intérieur, elle dirigeait les conseils du roi, de même que le groupe d'hommes intelligents qui se réunissaient dans ses salons. Le feu de son génie, l'ardeur de ses sentiments, l'éloquence de son langage, lui donnèrent longtemps un ascendant incontesté sur les hommes les plus distingués de son temps. Mme Roland n'était cependant pas un caractère parfait : avec la conscience de ses talents, elle ne résistait pas assez à la tentation de les mettre en évidence; se sentant supérieure à son mari, elle prit

d'un graveur peu connu. Cependant, de même que beaucoup de femmes de son rang à cette époque, elle reçut une éducation très-distinguée; à quatre ans elle savait lire; elle fit ensuite des progrès rapides dans le dessin, la musique et l'histoire. Dès sa tendre jeunesse, elle annonça un caractère très-décidé et plein d'énergie; elle refusait d'embrasser des dogmes qui ne s'accordaient point avec sa raison, de sorte qu'elle demeura sceptique sur plusieurs articles de la foi catholique. Cependant elle ne fut jamais irréligieuse, et jusqu'à la fin de sa vie, elle garda la croyance à un Créateur tout-puissant et aux principes fondamentaux du christianisme. Son esprit ardent, profondément imbu des principes libéraux, lisait avec enthousiasme les brillants tableaux des écrivains de l'antiquité. Elle pleurait de n'être pas née dans la Grèce ou à Rome, et les *Vies de Plutarque* lui tenaient lieu de livre de messe. Cependant, une ardeur religieuse extraordinaire s'empara d'elle tout à coup; elle supplia sa mère de lui permettre de prendre le voile dans un couvent du faubourg Saint-Marceau. Ses parents n'y consentirent point; mais elle entra au couvent comme pensionnaire, et elle en sortit plus instruite et le cœur meilleur. L'élévation des idées de Bossuet frappèrent d'abord son attention et grandirent sa raison; bientôt après son imagination se passionnait pour l'éloquence de la *Nouvelle Héloïse*. Infatigable à l'étude, ardente à s'instruire, elle dévorait alternativement des ouvrages de théologie, de philosophie, d'éloquence et de poésie, des romans; elle fut successivement cartésienne, janséniste et stoïque. Elle écrivit même un *Essai* sur une question proposée par l'académie de Besançon. En 1780, à l'âge de 26 ans, elle épousa M. Roland, inspecteur des arts et manufactures à Rouen, et qui devint ministre de l'intérieur. Il était inspecteur à Lyon quand éclata la Révolution, dont tous les deux embrassèrent les principes. Ils vinrent à Paris en 1791, où Mme Roland assista assidûment aux séances de l'Assemblée et du club des Jacobins. Quatre fois la semaine, un petit cercle de députés libéraux, Brissot, Pétion, Buzot, Barbaroux et d'autres se réunissaient chez Roland. Là se concertaient toutes les mesures du parti. Roland devint ministre de l'intérieur par suite de l'influence que sa femme avait acquise sur le parti de la Gironde. (*Biogr. univ.*, XXXVIII, 460, 463.)

trop ouvertement en main la direction des affaires politiques. Violente, passionnée, souvent opiniâtre, la contradiction suffisait pour la faire persister dans l'erreur. Aussi, de même que les femmes supérieures, en général, elle paraissait plutôt faite pour supporter l'adversité que la bonne fortune : elle doit surtout sa célébrité à l'héroïsme de ses derniers moments. Elle vécut pour déplorer les crimes commis au nom de la liberté, et périt victime de sa fidélité conjugale. Elle fit preuve à sa dernière heure d'une intrépidité dont on trouve peu d'exemples dans les annales de l'héroïsme de son sexe. Si la même fermeté d'âme eût été le partage des hommes considérables de son parti, le règne de la Terreur pouvait être étouffé à sa naissance [1].

Vergniaud* fut l'orateur le plus éloquent de la Gironde; malheureusement il n'était point doué de cette vigueur de résolution nécessaire à un chef de parti dans des temps d'agitation politique. Rarement il se laissait emporter par la passion ; d'un caractère doux, humain et bienveillant, difficile à émouvoir, il ne pouvait soupçonner les mauvais desseins de ses adversaires; il croyait trop facilement à la probité de ses ennemis, comme à celle de la plupart de ses partisans. Son grand défaut était une indolence naturelle. Ce qui lui manquait surtout comme homme public, c'était de bien connaître la nature humaine. Mais dans les grandes occasions, quand se réveillait l'énergie secrète de son âme, il répandait ses pensées généreuses en torrents d'éloquence, supérieurs à tout ce que l'Assemblée française entendit jamais de plus élevé. Cette éloquence n'était point brisée et emphatique comme celle de Mirabeau, ni toujours adaptée aux dis-

[1] Lac., II, 14, 15. — Roland, I, 18, 19.

* Pierre-Victorin Vergniaud naquit à Limoges en 1759; il n'avait que 32 ans quand il arriva à la Législative. Son père, avocat, destinait son fils à la même profession, et lui réservait son cabinet à Limoges. Mais le jeune Vergniaud, désireux de paraître sur un plus grand théâtre, se rendit à Bordeaux où son talent comme orateur lui acquit bientôt une brillante réputation; sa paresse naturelle ne lui permit pas cependant de s'occuper de la partie la plus épineuse, mais aussi la plus lucrative de sa profession. Comme tous les jeunes avocats de sa province, il embrassa avec ardeur les principes de la Révolution; il se fit remarquer parmi les plus enthousiastes, par la véhémence de son langage, par l'éloquence passionnée de son style. La ville de Bordeaux l'envoya en 1791 à l'Assemblée législative. (*Biogr. univ.*, XLVIII, 192, 193.)

positions si variables de son auditoire; mais elle était élégante, sonore, harmonieuse, et s'élevait parfois au beau idéal du talent oratoire. Et cet homme ne gouverna point à son gré la Convention nationale! Pourquoi? parce que toute assemblée élue d'après les mêmes principes est inhabile à régler les destinées d'une grande nation, parce que l'orateur le plus accompli ne saurait lutter longtemps contre une turbulente démocratie[1].

Brissot* fut, de tous les Girondins, celui qui exerça sur la Législative l'influence la moins contestée. Bien différent de Vergniaud, Brissot était l'activité même; il développait les conceptions d'un esprit ardent mais déréglé, avec une profusion qui étonnait le monde, même dans ces jours d'exaltation universelle et d'activité presque surhumaine. Comme écrivain et comme orateur, il ne possédait point de qualités extraordinaires. Le style de ses discours, comme celui de ses écrits politiques, était verbeux et monotone; souvent peu au fait des sujets qu'il traitait, il manquait absolument d'esprit philosophique, et avait peu d'élévation dans les sentiments. Sa grande réputation, son influence plus grande encore, il les devait à un travail infatigable, au nombre prodigieux de discours et de pamphlets au moyen desquels il posait continuellement en face du public; il les devait à son zèle ultra-révolutionnaire, qui le portait à défendre toujours des premiers tout projet d'innovation, toute mesure de spoliation; il les devait à ses dénonciations incessantes de com-

[1] Thiers, III, 137, 138.

* Jean-Pierre Brissot naquit à Duarville, près de Chartres, le 14 janvier 1754. Son père, quoique pâtissier, envoya son fils au collége; déjà avant sa sortie de cette maison le jeune Brissot avait exercé sa plume; il avait publié en 1775 un pamphlet sur l'inégalité des rangs, qui lui valut d'être envoyé à la Bastille, d'où il fut tiré par l'influence de Mme de Genlis, dont il épousa une des femmes. La police française lui confia ensuite une mission secrète en Angleterre; après quoi il passa en Amérique, cherchant en vain un emploi fixe. Mais à peine la Révolution eut-elle éclaté en 1788, qu'il revint en France, et se mit à prendre une part active à la propagation des principes républicains. Après avoir publié plusieurs brochures, il commença la publication d'un journal intitulé *le Patriote français,* qu'il continua pendant deux ans, et qui obtint une grande réputation. Au 14 juillet 1789, il fut élu membre de la municipalité de Paris. Il prit part à la rédaction de la fameuse pétition du Champ-de-Mars. Il arriva enfin à l'Assemblée législative où il fut l'adversaire déclaré de la Fayette et du parti constitutionnel. (Brissot, *Mém.*, I, 9-213. — *Biogr. univ.*, V, 624, 625.)

plots contre-révolutionnaires, qui donnaient un vif intérêt à son journal et à tous ses écrits. Comme les autres membres du même parti, Brissot était irréligieux, mais il avait tout le fanatisme politique qui, dans ce temps-là, tenait lieu de religion. Toujours calme et froid en apparence, il avait le cœur plein de haine et de fiel. Cependant, en proie aux passions révolutionnaires, il était insensible aux séductions de l'or : plus d'une occasion s'offrit à lui de faire sa fortune, et il laissa sa femme et ses enfants dans le besoin quand Robespierre le fit monter à l'échafaud. D'une constitution délicate, d'une physionomie peu agréable, d'une pâleur excessive, il affectait la mise simple et la rudesse de manières des Jacobins. Brissot fut un de ces hommes qui restent toujours au-dessous de leur réputation. Il dut en grande partie la sienne au talent de son secrétaire, Girey-Dupry, auteur des meilleurs articles du *Patriote*, et qui périt avec lui sous le fer de la guillotine[1].

Guadet, plus actif que Vergniaud, saisissait mieux que lui le caractère des circonstances, et savait conserver toute sa présence d'esprit, au milieu des orageuses discussions de l'Assemblée. Gensonné, doué d'une parole moins éloquente, était considéré néanmoins comme un des chefs du parti, par la fermeté et la résolution de son caractère. Barbaroux, né dans le midi de la France, apportait dans la lutte des factions toute l'ardeur de son tempérament méridional ; ferme, adroit, audacieux, il devina de bonne heure les projets sanguinaires des Jacobins ; malheureusement il ne put convaincre ses amis de la nécessité d'adopter les mesures désespérées qu'il leur proposait, dans le but de donner au moins à son parti la chance de combattre à armes égales. Isnard, Buzot et Lanjuinais brillèrent encore au milieu de cette illustre faction ; tous trois se distinguèrent aussi par leurs talents à la tribune, et surtout par la constance qu'ils déployèrent à supporter la mauvaise fortune. Ces orateurs distingués, ces chefs brillants de la Gironde furent presque tous dépourvus de plusieurs des qualités essentielles pour diriger la Révolution ou pour en arrêter les débordements : il leur manquait, d'un côté, la droiture et le sentiment du devoir ; de l'autre,

[1] *Biogr. univ.*, V, 624, 625. — *Mém. de Brissot*, I, 121, 232. — *Mém. de Condorcet*, I, 179.

la connaissance de la nature humaine. Poussés par une ambition égoïste, ils trahirent la cause du trône et le renversèrent; après leur victoire, ils se trouvèrent inhabiles à combattre le parti qu'ils s'étaient associé dans leur criminelle entreprise, ce parti qui les fit monter à l'échafaud et finit par détruire la liberté [1].

Bien différent était le caractère des Jacobins, de cette terrible faction dont les crimes ont souillé les annales de la France d'abominables atrocités. Leur origine remonte aux luttes de 1789, à l'époque où quelques députés de la Bretagne se réunirent sous le nom de *club Breton*, au couvent des Jacobins, qui avait été autrefois le siége des assemblées de la Ligue. La popularité de ce club y attira bientôt ce qu'il y avait de plus habile et de plus audacieux dans le parti démocratique : ils transformèrent en salle de réunion la grande nef de l'église du couvent. Un monument en marbre noir et de forme gothique, élevé contre un des murs de la salle, devint le siége du président. La tribune, d'où les orateurs s'adressaient à l'assemblée, consistait en deux solives placées en forme de croix de Saint-André, et formant une espèce d'échafaud inachevé. Derrière la tribune on avait suspendu les anciens instruments de la torture, hideux emblèmes des scènes dont ces murs devaient être les témoins. La nuit venue, de nombreuses chauves-souris volaient sous les sombres voûtes de l'édifice, troublant de leurs cris lugubres le vacarme de l'assemblée. Telle était, dans ce lieu, la confusion de voix discordantes, qu'il fallait quelquefois y décharger des armes à feu pour obtenir un moment de silence. Ce club devait l'étendue de son influence au grand nombre de sociétés affiliées avec lesquelles il correspondait dans presque toutes les villes de France. La voix éloquente de Mirabeau tonna dans ce lieu redoutable; toutes les insurrections de ces temps malheureux furent organisées par les chefs de ce club. On y discuta longtemps, avant qu'elles n'éclatassent, les révoltes du 14 juillet, du 20 juin et du 10 août; là se firent les répétitions de toutes les grandes scènes du drame qui allait être représenté à l'Assemblée nationale. Il paraît toutefois que les massacres du 2 septembre ne furent point organisés par les Jacobins; l'infamie en retombe tout entière sur Danton et sur la municipalité de Paris [2].

[1] Thiers, III, 138, 139. — [2] Toul., II, 232; V, 137. — Chateaub., *Mém.*, 76.

Comme dans toutes les assemblées démagogiques en général, les orateurs les plus violents, et par leurs principes, et par le cynisme du langage, acquirent aux Jacobins une autorité considérable; la foule y applaudissait à outrance ceux qui proclamaient le plus haut le dogme de la souveraineté populaire. Quelques lampes seulement éclairaient cette vaste salle ; près de 1,500 membres assistaient généralement aux séances où ils venaient dans un incroyable négligé; les tribunes y étaient remplies de la classe la plus infime du peuple. C'était dans cette sombre caverne qu'on dressait les listes de proscription et de massacre; les séances s'ouvraient par des chants révolutionnaires; des applaudissements bruyants y accueillaient toute addition nouvelle à la liste des assassinats, tous les rapports des sociétés affiliées qui annonçaient des exécutions. Jamais un homme d'honneur, un citoyen vertueux ne fut admis dans ce club; on y éprouvait une horreur d'instinct pour tout ce qui ne s'était point attaché à la fortune de cette horrible association par les liens du vice ou du crime. Le voleur, l'assassin étaient certains de leur admission, autant que les victimes de leurs violences étaient sûres d'en être rejetées. Pour donner une idée exacte de l'espèce de lien qui unissait les membres de cette société fameuse, il suffit de rappeler l'une des questions qu'on ne manquait pas d'adresser aux candidats présentés : « Qu'as-tu fait pour être pendu, si l'ancien régime venait à être rétabli ? » Cette alliance impie était basée sur la conscience secrète d'un châtiment mérité. La salle des réunions était décorée d'emblèmes anarchiques, de drapeaux tricolores, et des bustes des grands révolutionnaires des premiers siècles. Longtemps avant la mort de Louis XVI, on y avait suspendu et orné de guirlandes les portraits de Jacques Clément et de Ravaillac. Au bas de chaque portrait, on lisait la date de l'assassinat commis par chacun de ces grands criminels, et en dessous cette inscription : « Il fut heureux; il a tué un roi. »

Les Jacobins n'avaient ni l'instruction, ni l'éloquence, ni la distinction de leurs adversaires, mais ils leur étaient infiniment supérieurs dans l'art d'acquérir de la popularité; au reste, ils devaient plaire à la populace; sortis des rangs infimes de la société, ils savaient comment on remue les masses. La raison, la justice, l'humanité n'avaient rien de commun avec leurs actes; tandis que la flatterie, l'agitation, la terreur constituaient leur méthode toujours sûre de séduction. Imaginer et dénoncer incessamment des complots contre-révolutionnaires, peindre en traits effrayants les dangers qui menaçaient tous les démocrates, tels étaient leurs moyens favoris d'enflammer les esprits populaires. Comme Napoléon lui-même, et guidés par des motifs analogues, ils sentaient que la conquête était essentielle à leur existence ; ils comprenaient parfaitement, et toujours ils soutinrent que la Révolution devait marcher en avant et écraser ses ennemis, sans quoi elle devait les abîmer eux-mêmes dans sa ruine. La forme de gouvernement qu'ils prônaient était l'extrême démocratie, par la raison qu'elle était la plus agréable à la classe indigente sur laquelle ils s'appuyaient ; mais rien n'était plus éloigné de leurs intentions que de partager avec d'autres un pouvoir qu'ils n'avaient conquis que pour eux seuls. Grands niveleurs en théorie, ils furent dans la pratique les plus absolus des tyrans ; n'ayant rien à perdre, tous les moyens leur étaient bons pour accroître incessamment leur puissance ; gens sans conscience, ils recueillirent pendant quelque temps les fruits de leur criminelle audace. Les chefs de ce parti furent Danton, Marat, Robespierre, Billaud-Varennes, Saint-Just et Collot-d'Herbois : ces noms étaient destinés à une exécrable célébrité dans les annales de la France. Jamais la conscience humaine n'oubliera leurs crimes : ils ont fait plus de mal à la cause de la liberté que tous les tyrans qui les ont précédés [1].

Danton, né à Arcis-sur-Aube le 28 octobre 1759, semblait avoir été créé par la nature pour le terrible rôle qu'il joua dans la Révolution. D'une taille colossale, d'une constitution vigoureuse, d'une force musculaire redoutable, il avait la figure fortement marquée de la petite vérole, les yeux petits, les lèvres épaisses, le regard libertin, avec un front imposant qui portait dans les âmes la fascination et la terreur. Un air de commandement, une indomptable audace, une voix de tonnerre lui assuraient dans toutes les assemblées où il portait la parole un ascendant incontesté. Il avait été élevé pour le barreau, mais n'avait point réussi dans cette carrière. Déjà il était accablé de dettes lorsque la Ré-

[1] Toul., V. 139. — Lac., II. 10. — Mign., I, 214. — Buzot, 72, 84. — *Hist. de la Conv.*, I, 110, 112. — Chateaub., *Mém.*, 76.

volution de 89 l'attira à Paris, centre des ambitions ardentes et des fortunes en désordre. Mirabeau ne tarda point à le distinguer et à l'employer, suivant sa propre expression, comme un soufflet puissant pour enflammer les passions populaires. Déjà au mois de juillet 1789, Danton régnait en souverain sur les marchés : dès l'institution du club des Cordeliers, il en fut élu président, et dut à cette position une bonne part de son influence. Il s'était lié avec Marat, et ce fut en commun avec Brissot et le rédacteur de *l'Ami du peuple,* qu'il rédigea la fameuse pétition du Champ-de-Mars, par laquelle on demandait la déchéance du roi.

Danton fut le premier des Jacobins qui s'éleva à une haute position pendant la tourmente révolutionnaire. Né pauvre, comme il le dit lui-même, il tenait de la nature son seul héritage : « une forme athlétique, et la rude physionomie de la liberté. » Il ne manquait ni de talents ni d'éloquence ; cependant il dut surtout ses succès à cette indomptable énergie, à ce courage invincible qui l'élevait au-dessus des plus grandes difficultés, et lui faisait saisir hardiment la direction des affaires, lorsque d'autres, avec des talents supérieurs, commençaient à faiblir sous l'effet de la crainte. L'ambition fut la source première de ses actions ; satisfaire à ses penchants naturels, tel était l'objet de tous ses désirs ; il s'était fait un culte de son égoïsme ; il comprit dès l'abord que le vrai moyen de parvenir à son but était de se jeter sans restrictions dans les bras du parti populaire ; voilà pourquoi Danton fut un révolutionnaire ardent. Il était ambitieux et non philanthrope, voluptueux et non fanatique ; la Révolution, il la considérait comme un moyen d'arriver à la fortune, mais non comme un moyen d'améliorer la race humaine. Aussi était-il tout disposé à se vendre à la cour, si la cour lui eût garanti de plus grands avantages que ne pouvait lui en offrir la cause démocratique. Il reçut jusqu'à 100,000 couronnes sur le trésor royal pour appuyer des mesures favorables à l'autorité royale et il fut fidèle à son engagement*. Mais quand il vit la cause de la royauté décidément perdue, quand il vit que l'échafaud et non

* « Par les mains du sieur Durand, Danton avait reçu plus de cent mille écus pour proposer ou appuyer différentes motions au club des Jacobins ; il remplissait assez fidèlement les engagements qu'il prenait à cet égard, en se réservant toujours la liberté d'employer les moyens qu'il jugeait les plus propres à faire passer ses motions ; et son moyen ordinaire était de les

plus la fortune serait la récompense de la fidélité au roi, il se jeta sans réserve dans les bras de la démocratie, et se fit l'avocat des mesures les plus violentes et les plus sanguinaires [1].

Et cependant, Danton ne fut point uniquement un monstre altéré de sang. Homme sans principes, doué d'une audace extrême, il croyait qu'en toute chose la fin justifiait les moyens; qu'aucune action n'était blâmable si elle conduisait à un résultat désirable; qu'enfin rien n'était impossible à un homme de courage et de résolution. Avocat sans causes en 1789, les troubles publics l'élevèrent à la plus haute situation politique; prodigue dans ses dépenses, couvert de dettes, il ne pouvait compter, même sur sa liberté personnelle, qu'en marchant toujours en avant avec la fortune de la Révolution. De même que Mirabeau, il fut l'esclave des passions sensuelles; comme lui, il fut, durant sa puissance, le chef redouté du parti qui gouvernait l'État; toutefois il n'eut rien de commun avec les patriciens qui commencèrent la Révolution; il appartenait tout entier aux plébéiens qui la consommèrent. Mais Danton n'était point un fanatique; il n'était pas de ces hommes que la recherche du bien conduit fatalement au mal. L'objet unique de ses désirs, c'était son élévation personnelle; ce but une fois atteint, il n'était pas inaccessible à de bons sentiments. Inexorable quand il s'agissait de mesures générales, il devenait indulgent, humain, généreux même pour les individus : auteur des massacres du 2 septembre, il sauva tous ceux qui se réfugièrent sous sa protection; spontanément même, il fit sortir de prison jusqu'à ses ennemis déclarés. S'élever avec son parti, telle fut sa règle de conduite; la Révolution lui semblait un jeu de hasard, dans lequel la vie était l'enjeu des partis. Défenseur intrépide des mesures de sanglante extermination après le 10 août, il fut le premier à recommander le retour à des sentiments humains, quand le danger fut passé [2].

Marat fut le pire des hommes de ce parti [3]. La nature avait

assaisonner des déclamations les plus violentes contre la cour et contre les ministres, pour qu'on ne le soupçonnât pas de leur être vendu. » (Bertr. de Mollev., *Mém.*, I, 354.)

[1] Bertr. de Mollev., *Mém.*, I, 354. — Barbaroux, 57. — Garat, 175, 180.

[2] Mign., I, 201, 202. — Roland, II, 14, 17.

[3] Jean-Paul Marat naquit en 1744, à Boudry, dans la principauté de Neufchâtel. Sa famille était calviniste : il avait étudié la médecine à l'uni-

imprimé sur ses traits toute l'atrocité de son caractère : sa figure hideuse portait une expression diabolique, qui avait quelque chose de repoussant pour tous ceux qui l'approchaient. Il possédait des talents remarquables et avait lu énormément; son activité infatigable l'avait fait connaître, avant la Révolution, par la publication d'un grand nombre d'écrits sur différents sujets. L'explosion du mouvement populaire réveilla les sombres et mauvaises passions de sa nature; elles s'emparèrent de lui et le dominèrent exclusivement; du reste, il les regardait lui-même comme l'unique et le plus sûr moyen d'arriver au succès; et il était tellement pénétré de cette idée, qu'il avait coutume, dans ses écrits, de se représenter comme pire encore qu'il ne l'était en réalité. Pen-

versité d'Édimbourg, où il publia en anglais (1774) une brochure sous ce titre : *les Chaînes de l'esclavage.* Plus tard il se rendit à Paris, et s'y établit comme médecin : jamais il ne réussit dans cette profession; la Révolution le trouva pauvre et habitant une triste mansarde. Cependant son savoir était considérable, et déjà il avait publié un grand nombre d'ouvrages sur des branches très-diverses des connaissances humaines. Sa plume s'était exercée sur la littérature, les sciences, la philosophie, la critique. Mais du jour où les passions populaires se furent emparées de l'esprit public, il employa toute la force de son intelligence à les attiser, et il devint rapidement l'un des plus puissants comme des plus dangereux artisans de la Révolution. Le premier numéro de son célèbre journal, *l'Ami du peuple,* parut au mois de juillet 1789; il en continua la publication jusqu'à sa mort. Il forme une collection de 19 volumes qui sont l'un des plus curieux monuments de cette époque. Il se fit remarquer dans les assemblées primaires qui s'ouvrirent à Paris après l'insurrection du 14 juillet, par la violence de son langage, et par les proscriptions sanglantes qu'il osa le premier demander. Dès 1789, au mois d'août, il déclarait dans un club que la Révolution allait rétrograder, si l'on ne pendait huit cents membres de l'Assemblée à huit cents arbres du jardin des Tuileries; et Mirabeau se trouvait en tête de sa liste. Le ministre Malouet proposa de le poursuivre de ce chef, mais Mirabeau répondit que de pareilles sorties ne méritaient que du mépris, et l'Assemblée passa à l'ordre du jour. Quelque temps après, la municipalité de Paris ordonna son arrestation; la Fayette investit sa demeure, mais Danton le fit s'échapper. Sans s'effrayer de ces périls, Marat continua sans relâche dans son journal son système infernal d'agitation, devançant toujours les idées populaires, et faisant commettre au peuple des atrocités, en l'accoutumant à en entendre parler. Dès le principe, on le huait, on le sifflait dans les clubs et dans les assemblées primaires, après ses sanguinaires harangues : mais il n'en persistait pas moins dans son système, sachant bien que la Révolution suivrait son cours : en effet, il vint un jour où ses demandes de proscriptions furent couvertes d'applaudissements. (*Biogr. univ.*, XXVI, 556, 560, art. MARAT.)

dant plus de trois ans, sa plume excita le peuple à la cruauté. Du fond de son obscure retraite, il recherchait les moyens d'augmenter le nombre des victimes de la rage populaire. En vain, mille accusations étaient dirigées contre lui; portant alternativement ses pénates d'un souterrain dans un autre, il continuait son système infernal d'agitation. Son grand moyen d'action, c'était la terreur. Son principe à lui était qu'il n'y avait de salut que dans la destruction de tous les ennemis de la Révolution. Cent fois on l'entendit répéter qu'il n'y aurait de sécurité dans l'État qu'à la condition de faire tomber en France 280,000 têtes. Marat n'était point capable de se vendre; la passion du pouvoir, la soif du sang, tels étaient les mobiles de ses actions. La Révolution produisit beaucoup d'hommes qui trempèrent dans les actes les plus sanguinaires; aucun ne les conseilla avec une plus grande autorité. La mort l'arrêta au milieu de sa carrière; il dut à la main héroïque d'une femme de ne point tomber victime de la sauvage exaspération qu'il avait tant contribué à produire[1].

Saint-Just, fils d'un chevalier de Saint-Louis, naquit à Décize dans le Nivernais. Son père n'était point noble, quoique chevalier. Il fit ses premières études à Soissons, où il se distingua de bonne heure par son application et par son ardeur extrême dans tout ce qu'il entreprenait. Avide de distinctions, il adopta, quoique bien jeune encore, les principes révolutionnaires, dès leur apparition. Il désirait entrer dans la vie publique, et avec une telle ardeur, qu'il s'introduisit frauduleusement, avant l'âge requis par la loi, dans l'Assemblée électorale de Chauni, d'où il fut exclu aussitôt que l'imposture eut été découverte. Plus tard, la violence de ses opinions lui fit obtenir les fonctions d'adjudant-major dans une légion de la garde nationale. Enfin, en 1792, le département de l'Aisne l'envoya comme député à la Convention. Dès cette époque il fut l'ami intime de Robespierre, et plus que tout autre membre de l'Assemblée, il adopta les principes de cet homme remarquable.

A la fois fanatique ardent et despote sanguinaire, Saint-Just, de même que son ami, dirigea tous ses efforts vers deux grands objets, la destruction de tous les ennemis de la démocratie, et la centralisation de tous les pouvoirs dans les mains d'un petit

[1] Barbaroux, 57. — Garat, 174, 187. — Lac., I, 281. — Mignet, I, 220.

nombre de chefs. Il ne comptait ni sur la raison des peuples, ni sur la vertu des hommes publics: ce qu'il demandait sans cesse, c'était la mort de tous les adversaires de la Révolution. Son instrument fut la terreur; la terreur seule lui semblait pouvoir garantir sa sûreté personnelle, ainsi que la régénération nationale. La mort devait produire la terreur. Il soutenait que jamais on ne supprimerait les abus aussi longtemps que le roi vivrait, aussi longtemps qu'il existerait un seul membre de la noblesse. « Je tiens, disait-il, à ce que tous les Bourbons soient bannis, à l'exception du roi que l'on doit garder, *vous savez pourquoi.....* Que la haine des rois se mêle au sang des peuples! » Dans le but d'exciter la rage populaire, il inventait les plus audacieux mensonges; il disait, entre autres choses, que Louis XVI, en 1788, avait fait périr, à Paris seulement, 8,000 victimes, qu'il avait fait pendre 15,000 contrebandiers, qu'enfin les cadavres trouvés chaque jour dans la Seine étaient ceux des prisonniers que le roi faisait étrangler chaque nuit en prison. Ses deux armes favorites étaient donc le mensonge pour exciter ses partisans, et la mort pour épouvanter ses adversaires : ce sont ordinairement les armes du fanatisme religieux ou politique. Saint-Just, dévoré d'ambition, n'était point tourmenté par la cupidité; mais il était loin de se montrer insensible à d'autres passions. Il aimait les femmes, et doué par la nature d'une physionomie fort agréable, il affectait dans ses manières la politesse de l'ancien régime; mais ses traits accusaient une sombre mélancolie; une chevelure noire et abondante, tombant en boucles sur ses épaules, révélait le fanatique ardent du XVIIIe siècle [1].

Cependant, tous ces membres illustres du parti des Jacobins s'effaçaient devant leur chef, devant leur despote, François-Maximilien Robespierre. Cet homme extraordinaire, dont l'histoire n'oubliera jamais le nom, était né à Arras en 1759. Il était fils d'un procureur obscur de cette ville qui, ruiné par ses dissipations, s'était enfui à Cologne pour éviter la poursuite de ses créanciers; il y avait établi une école française. De là il avait passé en Amérique, et l'on n'avait plus entendu parler de lui. Sa mère, Marie-Joséphine Caneau, fille d'un brasseur, mourut, laissant sa jeune famille absolument sans ressource; Maximilien

[1] *Biogr univ.*, XXXIX, 604, 609, art. SAINT-JUST.

n'avait alors que neuf ans. Il fut secouru dans cette extrémité par l'évêque d'Arras, qui lui fit obtenir une bourse au collége Louis-le-Grand à Paris, où il paya sa pension. Le jeune Robespierre y fut parfaitement accueilli par l'abbé Proyart, principal de ce collége. Il fit des progrès assez remarquables dans les humanités, et de 1772 à 1775, on le voit noté comme un des écoliers qui donnent les plus belles espérances. Au sortir de cet établissement, il se livra à l'étude du droit, puis alla se fixer comme avocat dans sa ville natale ; il eut peu de succès au barreau, la tournure de son esprit le portant plutôt vers les matières spéculatives que vers les détails arides de la procédure. Dans son ardeur philosophique, il fit à pied et tout jeune encore une excursion de trente milles pour aller voir à Ermenonville Rousseau, pour qui il professait une admiration enthousiaste [1].

Le début de Robespierre est surtout digne de remarque, si l'on considère quel devait être un jour le but de ses travaux. L'académie de Metz avait proposé en 1784 un prix pour le meilleur essai sur une loi française d'alors, en vertu de laquelle l'arrêt de mort prononcé contre un criminel condamnait en même temps toute sa famille à l'infamie. Robespierre prit part au concours et remporta le prix de 400 francs. Un jeune homme de ses amis, destiné aussi à une grande célébrité, et qui devint son collègue au Comité de salut public, Carnot, l'avait fortement engagé à courir les chances de la lutte [2]. Entraîné par les sentiments philanthropiques qui dominaient à cette époque, et qu'on peut regarder comme la première aurore de la Révolution, Robespierre avait osé aller plus loin que la question proposée, et il avait hardiment conclu à l'abolition complète de la peine de mort. Ainsi donc, le despote le plus sanguinaire des temps modernes devait son éducation à deux prêtres généreux qui l'avaient arraché à la misère ; tout jeune encore, son premier pèlerinage le conduisait vers Rousseau, le célèbre philanthrope ; enfin, sa première apparition sur la scène du monde nous le

[1] Robespierre, *Mém.*, I, 204, 206. — *Biogr. univ.*, XXXVIII, 232, 233.

[2] « Écris, me dit-il (Carnot), avec toute l'ardeur de ton âme patriotique ; grave en lettres de sang les vérités que tu vas dire à tes concitoyens, et arrache au moins une victime à cet affreux préjugé, tu seras bien payé. » (*Mém. de Robespierre*, I, 239.)

montre réclamant avec une éloquence persuasive l'abolition de la peine capitale [1] *.

La première cause dans laquelle Robespierre se fit remarquer comme avocat était un procès contre les magistrats de Saint-Omer ; à cette occasion, le jeune orateur fit un pompeux éloge des vertus et du patriotisme de Louis XVI, dont il devait être bientôt le plus cruel ennemi. Un mémoire plein de violence contre le conseil supérieur de l'Artois lui acquit ensuite une grande réputation dans le parti populaire. Ce travail lui mérita l'honneur d'être envoyé aux états-généraux, en 1789. Depuis cette époque, l'histoire de cet homme est écrite dans les annales de la France. Nous l'avons vu à la Constituante témoigner de son horreur pour l'effusion du sang, et soutenir avec éloquence la

[1] Robespierre, *Mém.*, I, 239. — *Biogr. univ.*, XXXVIII, 233.

* Robespierre avait choisi pour épigraphe ce vers de Virgile :

Quid genus hoc hominum? quæve hunc tam barbara morem
Permittit patria?

Lacretelle écrivit dans le *Mercure de France* un article dans lequel il louait beaucoup cet essai de Robespierre. « Son ouvrage, disait-il, sera lu avec intérêt, et obtiendra une attention honorable. Il est rempli de vues saines et de traits d'une éloquence simple, d'un talent heureux et vrai. On en concevra encore plus d'espérances quand on saura que l'auteur, voué à la profession d'avocat, plaidait sa première cause dans le temps où il écrivait ce discours. » (*Mercure de France*, 29 septembre 1784. — *Mém. de Robesp.*, I. — *Pièces justif.*, B., p. 229.) — L'auteur disait, en parlant de la famille du criminel condamné : « Avec l'innocence ils ont encore les droits les plus touchants à la commisération de leurs concitoyens. C'est, par exemple, une famille désolée à qui l'on arrache son chef et son appui pour le traîner à l'échafaud ; on juge qu'elle serait trop heureuse si elle n'avait que ce malheur à pleurer ; on la dévoue elle-même à un opprobre éternel. Les infortunés ! avec toute la sensibilité d'une âme honnête, ils sont réduits à soutenir tout le poids de cette peine horrible, que le scélérat peut seul soutenir. Ils n'osent plus lever les yeux, de peur de lire le mépris sur le visage de tous ceux qui les environnent ; tous les dédaignent : tous les corps les repoussent ; toutes les familles craignent de se souiller de leur alliance ; la société entière les abandonne, et les laisse dans une solitude affreuse. L'amitié même ne peut exister pour eux. Enfin, leur situation est si terrible, qu'elle fait pitié à ceux mêmes qui en sont les auteurs ; on les plaint du mépris qu'on sent pour eux, et on continue de les flétrir ; on plonge le couteau dans le cœur de ces victimes innocentes, mais ce n'est pas sans être un peu ému de leurs cris. Le cri maternel, les prières de l'innocence, les supplications de la beauté, l'intéressante voix de l'amitié, les services, les vertus, les talents, tout ce qui peut émouvoir le cœur de

nécessité de l'abolition de la peine de mort *. Il ne fit point partie de la Législative, d'après l'exclusion des anciens constituants que lui-même avait fait prononcer; mais pendant toute la session de cette assemblée, il fut un des membres les plus actifs du club des Jacobins; il exerça ainsi une influence moins ostensible sans doute, mais beaucoup plus réelle sur les résolutions des représentants du peuple, et sur la fatale catastrophe qui renversa le trône dans la journée du 10 août [1].

De tous les hommes sortis de la Révolution, Robespierre fut sans contredit le plus extraordinaire. Sa carrière politique serait inexplicable, si l'on ne connaissait les détails que nous venons de donner sur les premières années de sa vie. Il n'est pas un caractère de cette époque mémorable qui ait été défiguré par les écrivains contemporains comme celui de cet illustre démocrate. Cette circonstance s'explique du reste sans difficulté : Robespierre avait tout abattu autour de lui; il avait réussi, avant sa chute, à faire guillotiner les hommes les plus éminents de tous les partis : pouvait-il, dès lors, être jugé sans passion? Mais si l'on repasse avec calme les circonstances de sa carrière, on verra quelles furent les causes qui lui assurèrent une aussi longue jouissance du pouvoir le plus extraordinaire, et l'on se rendra compte, dans l'étude de ce caractère, de contradictions qui sans cela paraîtraient inexplicables.

Robespierre fut un grand homme, nous oserions presque dire qu'il fut bon; mais il fut un bigot sanguinaire, un fanatique inexorable. Il possédait des talents du premier ordre : éloquence serrée, argumentation puissante, esprit froid et sagace, constance invincible. Il avait ces qualités toutes particulières, qui seules peuvent établir une popularité durable. Il était d'une fidélité inébranlable aux principes qu'il avait adoptés et il en faisait la base de tous ses raisonnements. Chez lui, jamais rien d'ambigu, pas de tergiversations; il était toujours le même. Ses doctrines, par leur simplicité, flattaient la multitude, allaient à toutes les intel-

l'homme est employé contre le cours de la justice. On est plus consterné de la vengeance que du crime. D'où viennent de si grands désordres? c'est que la punition est plus à craindre que le crime. (*Mém. de Robespierre*. II, 320, 331.)

* *Voir* t. III, chap. VI, page 5.

[1] *Biogr. univ.*, XXXVIII, 232, 233.

ligences. Il soutenait que la nation ne peut mal faire, *que le peuple est toujours bon, le magistrat toujours corruptible* *, que le peuple est la source de toute puissance, que le pouvoir ne peut s'exercer que par ses délégués. Pour arriver à ce but, il voulait détruire les classes supérieures de la société; dans sa conviction, il n'y avait pas d'autre moyen d'y parvenir; mais son but final était l'égalité et la félicité sociale. Les philosophes et les hommes d'État contesteront sans doute la vérité de ces principes, et trouveront, dans la carrière de Robespierre, des arguments pour les combattre; mais personne ne lui contestera le mérite d'y être toujours resté fidèle et d'en avoir poursuivi l'application avec une constance inébranlable. Adoptant la doctrine dominante à cette époque, que la fin justifie les moyens, il marcha avec fermeté en avant, détruisant sur son passage tout ce qui s'opposait à la volonté populaire, dont il se considérait à bon droit comme la véritable incarnation, jusqu'à ce qu'enfin il fût parvenu à annihiler en France presque tout ce qu'il y avait d'hommes intelligents et vertueux. Napoléon, pour la gloire de la république, ne poursuivit pas la guerre étrangère avec plus de vigueur et de persévérance, que Robespierre ne poursuivit la guerre intérieure dans le but d'exterminer tous les ennemis de la Révolution. Les succès de ces deux despotes, la durée de leur pouvoir prouvent que l'un et l'autre avaient parfaitement jugé l'esprit de leur époque : l'un et l'autre, suivant l'expression même de Napoléon, *marchaient avec l'opinion de cinq millions d'hommes.* Dans des temps de troubles politiques, jamais homme ne s'élève à une grandeur durable, qu'en s'attachant à un principe et en y demeurant fermement fidèle. A ce point de vue l'étude du caractère et de la vie de Robespierre offre un intérêt et une importance qui n'appartiennent à aucune autre figure historique. Il fut l'incarnation d'un principe, la pierre angulaire d'un système. Son principe, c'était l'innocence naturelle de l'homme; son système consistait à faire le mal quand il en pouvait résulter le bien.

La vie publique de Robespierre fut donc l'assertion énergique d'un principe, les résultats de cette vie une *réduction à l'absurde* de ses doctrines. Mais si l'on examine avec attention les dé-

* Paroles de Robespierre, rapportées par Buonarotti. (*Conspiration de Babœuf*, I, 273.)

tails de la vie de cet homme, on y découvre, outre son inflexible cruauté, un grand nombre des faiblesses et même des petitesses de l'humanité. Bien différent de Danton et de Mirabeau, il n'avait rien d'imposant dans les manières ou dans sa constitution physique. Son abord n'avait rien de séduisant; avec un organe faible, il avait un accent vulgaire. Il dut son élévation à une obstination inflexible, au courage indomptable avec lequel il soutint ses opinions, au moment même où la cause populaire avait perdu un grand nombre de ses défenseurs. Cependant, sous le masque du patriotisme, le tribun poursuivait aussi la satisfaction de passions moins estimables. La vanité, la crainte, le ressentiment exerçaient sur son âme un irrésistible empire. Implacable dans sa haine, il l'appesantissait même sur ses parents les plus proches *. Cauteleux dans sa conduite, sa vengeance était lente, mais inévitable : il sut échapper à tous les périls dans lesquels il avait l'art d'envelopper ses adversaires, et finit par fonder sa puissance sur leur ruine. Insatiable dans sa soif de sang, il dédaigna la passion vulgaire de l'or; jamais les présents de la cour ne souillèrent ses mains : à l'époque où il disposait à son gré de la vie de tous les citoyens, il habitait une chambre modeste dont le seul luxe consistait en portraits de sa personne, et en un grand nombre de glaces qui réfléchissaient son image dans toutes les directions. Tandis que les autres chefs du peuple affectaient dans leur toilette un négligé plus que vulgaire, lui seul était toujours mis avec une certaine élégance. Il y avait dans la figure de ce tribun quelque chose de repoussant; d'une pâleur livide, il était profondément marqué de la petite vérole. Son sourire forcé était parfois satanique; lorsqu'il était fortement impressionné, ses lèvres s'agitaient convulsivement et donnaient à ses traits une expression terrible. Sa vie austère, sa réputation bien établie d'incorruptibilité, une indifférence complète pour les souffrances des hommes maintenaient son ascendant sur les autres défenseurs fanatiques de la liberté, avec lesquels cependant il n'avait presque rien de commun; car il y

* « Que cette passion de la haine doit être affreuse, puisqu'elle vous aveugle au point de me calomnier auprès de mes amis! Votre haine pour moi est trop aveugle pour ne pas se porter sur tout ce qui me témoignera quelque intérêt. » (*La citoyenne Robespierre à son frère*, 18 messidor an II. — *Papiers inédits trouvés chez Robespierre*, II, 114.)

avait une certaine grandeur dans le but que poursuivait sa cruauté, grandeur à laquelle la plupart de ses partisans étaient entièrement étrangers. Il avait de grands desseins, et voulait reconstruire l'édifice social après avoir fait tomber trois cent mille têtes. Il avait vu en rêve sortir de cette mer de sang une république fondée sur la double base de l'innocence et de l'égalité des biens. Mais sa philanthropie était purement spéculative : humain envers le corps social tout entier, il était pour les individus inflexible dans sa cruauté. Il avait plus de consistance que Danton, mais n'avait point son humanité ; jamais il ne fit l'abandon d'un principe, mais jamais non plus il ne sauva un ami. La faux de son ambition tranchait indifféremment les jours de ses ennemis et ceux de ses partisans. Sa terrible carrière prouve que dans les commotions des peuples, il faut compter bien peu même sur les vices qui dominent avec le plus d'empire ; elle prouve qu'une indomptable persévérance, qu'une fidélité constante aux principes populaires peuvent tenir lieu de toutes les autres qualités. Cependant, l'approche de la mort révéla sa véritable faiblesse ; il était la perfection du courage moral, mais il manquait absolument de fermeté personnelle. Quand il eut perdu l'espoir du succès, son audace l'abandonna ; et celui qui avait assassiné des milliers de ses concitoyens, subit la mort avec moins de courage que la plus obscure de ses victimes[1].

Le parti jacobin avait pour chefs à l'Assemblée Chabot, Bazire et Merlin ; mais là n'était pas le siége de la véritable influence de cette faction. Les clubs des Jacobins et des Cordeliers formaient les colonnes de sa puissance. Dans le premier de ces clubs, Robespierre, Billaud-Varennes et Collot-d'Herbois régnaient en maîtres absolus ; le second était dirigé par Danton, Carrier, Desmoulins et Fabre-d'Églantine. Robespierre, qui lui-même s'était exclu de la Législative, avait acquis aux Jacobins une omnipotence incontestée, par l'extravagance de ses opinions, l'énergie serrée de sa parole et par sa réputation d'intégrité, qui déjà lui avait valu le surnom d'*incorruptible*. Les vastes galeries qui régnaient autour de la salle des séances de l'Assemblée nationale permettaient aux plus violents des Jacobins d'assister aux déli-

[1] Roland, I, 298. — Barbaroux, 63, 64. — Mign., I, 217. — *Hist. de la Conv.*, I, 74. — Barère, *Mém.*, I, 116.

bérations de la Législative; là ils applaudissaient à grand bruit les discours de leurs partisans, et couvraient de huées, de vociférations menaçantes le petit nombre des amis de l'ordre et d'un gouvernement régulier. Le brasseur Santerre, connu dans les scènes les plus sanglantes de la Révolution, avait acquis sur le faubourg Saint-Antoine un ascendant que personne ne lui disputait. D'un autre côté, la municipalité de Paris, élue en conséquence du nouveau système, par le suffrage universel des habitants, était tombée, comme on devait s'y attendre, dans les mains des plus violents et des plus méprisables des démagogues. L'importance de ce corps ne fut pas comprise dès le principe; mais, comme il possédait les moyens de soulever à son gré toutes les forces de la capitale, il acquit bientôt une influence prépondérante, et la municipalité tint asservie à ses volontés un gouvernement que ne purent subjuguer les armées de l'Europe [1].

D'après le témoignage même de quelques auteurs républicains, le roi et la reine, à cette époque, voulaient sincèrement le maintien de la constitution [2]. Louis, en effet, espérait la voir réussir : sans doute il en connaissait les vices, et il désirait y apporter des modifications; mais il s'en rapportait à cet égard au temps, au bon sens de la nation : il voulait pour le moment une épreuve loyale. La reine partageait ces sentiments : le calme relatif dont avait joui la famille royale dans les derniers temps, lui donnait l'espoir de voir s'apaiser l'agitation anarchique du royaume. Depuis que le roi avait accepté la constitution, on avait créé pour le château une garde constitutionnelle forte de 1,800 hommes. de sorte que Louis jouissait au moins d'une ombre d'indépendance. Les ministres cependant étaient loin de se livrer aux mêmes espérances : Bertrand de Molleville surtout ne manquait pas de répéter au monarque dans ses entretiens particuliers, que la prérogative royale lui paraissait trop limitée, pour qu'il fût possible de gouverner longtemps dans de pareilles conditions. « Monsieur Bertrand, lui dit ce prince honnête homme, je crois qu'il y a de très-grands défauts dans cette constitution, et que si j'avais eu la liberté d'adresser des observations à l'Assemblée, il en serait résulté des réformes très-avantageuses; mais aujour-

[1] *Hist. parl.*, XII, 72, 74. — Mign., I, 152. — Th., II, 13, 15. — Toul., II, 93.
[2] Th., II, 365.

d'hui il n'est plus temps; et je l'ai acceptée telle qu'elle est; j'ai juré de la faire exécuter, je dois être strictement fidèle à mon serment, d'autant plus que je crois que l'exécution la plus exacte de la constitution est le moyen le plus sûr de la faire connaître à la nation, et de lui faire apercevoir les changements qu'il convient d'y faire..... Allons, monsieur Bertrand, du courage, j'espère qu'avec de la patience, de la fermeté et de la suite, tout n'est pas encore perdu [1]. »

La constitution ayant accordé au roi le droit de se former une garde pour la protection de sa personne et de sa famille, il s'occupa de cet objet peu de temps après l'ouverture de la Législative. Cette matière était fort délicate : la garde nationale et le peuple de Paris, jaloux de l'influence qu'ils avaient exercée aussi longtemps qu'ils avaient disposé en quelque sorte de la personne du roi, ne déguisaient point l'irritation qu'exciterait parmi eux toute mesure tendante à soustraire le monarque à leur surveillance inquiète. Louis XVI, dans l'espoir de concilier toutes les difficultés, voulant profiter de l'amélioration qui s'était manifestée dans les sentiments des populations rurales, principalement dans les provinces du Sud et de l'Ouest, décida que la garde nationale et la garde constitutionnelle fourniraient chaque jour un nombre d'hommes égal pour le service du palais : quant à sa garde constitutionnelle, il résolut, pour la former, de demander quelques hommes à chaque département. Ce plan paraissait bien conçu, et fondé sur des idées de stricte justice; mais comme toutes les mesures de conciliation dans des temps agités, elle mécontenta les deux partis. On découvrit bientôt que la garde constitutionnelle, quoiqu'elle comptât quelques violents démocrates envoyés par les départements, se composait cependant en grande majorité d'hommes attachés au roi; tel était surtout le commandant de cette garde, le vieux maréchal de Brissac. La garde nationale de Paris s'en montra excessivement irritée; la révolte eût éclaté dans ses rangs, si le roi n'avait eu soin d'appeler toujours la garde nationale au service intérieur du palais, et s'il n'avait constamment employé toute son influence sur les officiers pour les engager à maintenir la bonne entente entre les deux gardes. Mais la conciliation ne fut jamais qu'apparente, et

[1] Campan, II, 261. — Bertr. de Mollev., VI, 22, 23.

bientôt éclata dans le service du château une discorde fatale au roi et à la famille royale[1].

Les premières luttes sérieuses à l'Assemblée législative s'engagèrent à propos des émigrés et du clergé. La Constituante, par un acte de flagrante injustice, avait légué à la France les germes d'une éternelle discorde entre l'Église et le parti de la Révolution. Les victimes de la spoliation faisaient naturellement les plus grands efforts pour soulever le peuple en faveur de leur cause. Les évêques et les curés usaient de toute leur influence pour stimuler le zèle des populations rurales; ils avaient réussi, principalement dans les provinces de l'Ouest, à produire une immense agitation. On avait adressé des mandements aux curés, avec des instructions spéciales pour les fidèles. On y représentait le clergé constitutionnel comme indigne et sacrilége, les sacrements administrés par ces prêtres comme impies et de nul effet; le mariage béni par eux comme un concubinage; on y menaçait de la vengeance divine tous ceux qui assistaient à leurs offices. Les populations rurales du Calvados, du Gévaudan et de la Vendée, émues par les représentations de leurs anciens pasteurs, se constituèrent en état de révolte ouverte[2].

Brissot proposa des mesures promptes et vigoureuses contre le clergé dissident et les émigrés réfractaires. Isnard soutint que tout système de conciliation était inutile avec ces classes de citoyens; que toute l'indulgence dont on avait usé à leur égard n'avait produit aucun effet; leur audace au contraire s'en était accrue; ils ne cesseraient de faire le mal que quand on leur en aurait ôté les moyens. Il faut, ajouta-t-il, que ces gens-là soient vainqueurs ou vaincus; et il faut être aveugle pour ne pas voir qu'il en est ainsi. « Le droit de se transporter d'une contrée dans une autre, dit Brissot, est un des droits naturels de l'homme; mais il cesse d'être un droit dès que l'usage en devient criminel. Peut-on se rendre coupable d'un plus grand crime envers le pays, qu'en se rendant à l'étranger pour rapporter chez nous les horreurs de la guerre civile? Les bandes nombreuses d'émigrés qui chaque jour quittent la France, peuvent-elles avoir un autre but? Entendez leurs menaces, examinez leur conduite,

[1] Bertr. de Mollev., *Mém.*, I, 153, 154. — Deux Amis, VI, 341, 350.
[2] *Hist. parl.*, XII, 77, 93. — Deux Amis, VI, 357, 359. — Ferrières, *Mém.*, I, 32.

lisez leurs libelles, et vous verrez que ce qu'ils appellent honneur, c'est ce que la voix de l'humanité tout entière a proclamé la plus grande des infamies. Pouvons-nous ignorer qu'en ce moment ils assiégent de leurs importunités les cabinets de l'Europe, qui peut-être se préparent à seconder leurs desseins? La confiance diminue tous les jours; la chute rapide des assignats fait échouer les plans financiers les mieux conçus. Comment est-il possible de vaincre les factions à l'intérieur, quand on laisse sortir impunément des émigrés, qui vont diriger contre nos foyers la guerre étrangère [1]? »

Le parti constitutionnel devait reconnaître que ces alarmes étaient fondées; il chercha seulement à adoucir la sévérité des mesures proposées contre les émigrés. « Nous allons, dit Condorcet, mettre à une trop cruelle épreuve la sincérité du roi, si nous lui demandons d'adopter des mesures de rigueur contre ses parents les plus proches. Déjà les puissances étrangères ont peine à se persuader qu'il jouisse de toute sa liberté; sa sanction accordée à un acte pareil est-elle de nature à guérir leur incrédulité? Quel sera l'effet des mesures extrêmes qu'on vous propose? Sont-elles propres à calmer les passions? à fléchir l'orgueil ou à guérir des blessures encore brûlantes? Elles ramèneront peu d'absents, et irriteront un grand nombre de ceux qui sont restés. Le temps, le besoin, la froide hospitalité de l'étranger, les douceurs du toit paternel, le sentiment de notre justice, sont les moyens de réveiller dans leur sein l'amour de la patrie, que vous vous exposez à y éteindre par le décret proposé. L'Assemblée constituante, plus sage que nous, a méprisé ces rassemblements des mécontents sur la frontière, qui seraient bien plus redoutables s'ils manifestaient leur opposition à l'intérieur. En sonnant ainsi l'alarme, nous allons exciter contre nous les puissances de l'Europe et nous attirer ces dangers extérieurs que n'eussent point fait naître toutes les supplications de la noblesse auprès des cours étrangères. La confiscation est odieuse dans les États les plus despotiques; que serait-ce chez une nation qui jouit pour la première fois des droits de la liberté? Tous les émigrés sont-ils coupables au même degré? Combien la

[1] *Hist. parl.*, XII, 163, 174. — Lac., *Pr. hist.*, I, 266. — Ferrière, I, 32. — Mign., II, 155. — Th., II, 274.

crainte en a-t-elle fait sortir du pays? Allez-vous proclamer à la face de l'univers que ces craintes étaient fondées? vous justifieriez les émigrés, et vous prouveriez au monde que le tableau qu'ils ont fait à l'étranger du gouvernement de leur pays n'était point chargé. Prouvons au contraire que leurs calomnies n'avaient point de fondements, et faisons taire leurs plaintes en adoptant une conduite diamétralement opposée à ce qu'ils attendent de nous [1].

L'Assemblée, sous l'influence des dangers pressants qu'elle redoutait de la part des émigrés, n'écouta point ces considérations. Elle adopta deux décrets, dont le premier ordonnait au frère du roi, c'est-à-dire au régent présumé pendant la minorité du dauphin, de rentrer en France, sous peine de perdre son droit éventuel à la régence. Le second décret déclarait tous les Français absents du royaume en état de conspiration contre la constitution, et menaçait de la peine de mort et de la confiscation de leurs biens tous ceux qui ne seraient pas rentrés avant le 1er janvier suivant [2], sous réserve toutefois des droits des femmes, des enfants et des créanciers. Cette décision de l'Assemblée française ne saurait être mieux caractérisée qu'elle ne l'a été par l'auteur des *Vindiciæ gallicæ*, que personne ne suspectera de préjugés injustes contre la Révolution. « Des exemples de cette nature, dit sir James Mackintosh, donnent une idée de cette tyrannie ombrageuse qui punit les innocents pour être plus sûre d'atteindre les coupables : ils donnent la mesure de cette cruauté raffinée, qui, après avoir rendu la patrie odieuse, insupportable, poursuit avec une rage inflexible celles de ses victimes qui ont fui sur la terre étrangère [3]. »

L'Assemblée s'occupa ensuite de la question du clergé et des mesures à prendre à l'égard des prêtres non assermentés : les débats furent bien plus orageux que sur la question des émigrés, d'autant que les haines religieuses sont plus cruelles que les dissensions civiles. Qu'allez-vous faire? s'écriaient les défenseurs du clergé, vous qui avez consacré la liberté des cultes, serez-vous les premiers à la violer? La déclaration des droits de

[1] *Hist. parl.*, XII, 173, 218. — Lac., I, 207.

[2] 2 novembre 1791.

[3] Mackintosh, *Angleterre*, III, 162. — Mign., I, 156. — Lac., I, 208. — Th., II, 24. — *Hist. parl.*, XII, 207, 208, 218.

l'homme a élevé cette liberté au-dessus de la constitution elle-même; et vous proposez sérieusement de la détruire! L'Assemblée constituante, qui a fait tant de bien à la France, a légué ce seul sujet de dissentiment à ses successeurs; mettez fin à ce conflit, pour l'amour du ciel; n'élargissez point la brèche. On ne saurait être blâmable de refuser un serment par devoir; il n'y a de honte que pour celui qui le prête en vue d'un gain à en retirer. Priverons-nous de leur modeste subsistance ceux qui, par des scrupules religieux, se refuseront à le prêter? Nous, les destructeurs de l'inégalité politique, rétablirons-nous la distinction la plus odieuse, en persécutant une classe d'hommes respectables? Qui donc nous garantira contre une spoliation semblable, si nous réduisons à la mendicité les premiers soutiens de la Révolution, ceux qui les premiers se rangèrent sous l'étendard de la liberté, après le serment immortel du Jeu de paume? Prenez garde de réduire au désespoir des hommes qui possèdent encore une influence considérable sur les populations rurales. Si vous êtes sourds à tout sentiment de justice, arrêtez-vous cependant, avant d'adopter une mesure propre à allumer au milieu de nous les flammes de la guerre civile[1]. »

Mais la raison et la justice avaient vu leur règne s'éclipser. Tous les chefs du parti populaire se déclarèrent contre le clergé. Condorcet lui-même, le défenseur de la liberté de conscience, fut le premier à soutenir les mesures violentes proposées contre les prêtres. Le décret portait que tous les ecclésiastiques seraient tenus de prêter immédiatement serment de fidélité à la constitution, sous peine d'être privés de leurs pensions, et d'être déclarés suspects de trahison envers l'État. On leur ordonnait de changer de résidence, afin de les empêcher d'acquérir trop d'influence sur leur troupeau, et on les emprisonnait en cas de désobéissance. Il leur fut défendu de célébrer, même en particulier, les cérémonies du culte. Telle était la liberté dont la Révolution avait doté la France; telle était la gratitude du pays envers les premiers champions de la démocratie. Les débats sur cette mesure oppressive et cruelle donnèrent lieu dans l'Assemblée à la première profession des principes de l'athéisme. « La loi est mon dieu, je n'en reconnais pas d'autre! » Telle fut l'expression dont se servit

[1] *Hist. parl.*, XII, 129, 134.

l'un des adversaires de l'Église[1]. Les remontrances des évêques constitutionnels demeurèrent sans effet. On applaudit aux orateurs les plus anti-religieux, et le décret passa au milieu de tumultueuses acclamations[2].

Lorsque ces actes, conformément à la constitution, furent soumis à la sanction royale, Louis sanctionna le décret contre son frère, mais opposa son *veto* aux décrets contre les émigrés et contre les prêtres. Déjà il avait censuré publiquement le départ de Monsieur; et, de plus, tous les partis savaient qu'il avait désapprouvé également l'émigration de la noblesse. En effet, il avait publié le 14 octobre une proclamation* dans laquelle il les engageait, dans les termes les plus pressants, à rentrer en France. Mais il lui répugnait de souscrire au décret sévère qui venait d'être rendu contre eux. On savait que l'exercice de la prérogative royale en cette occasion allait exaspérer le peuple au plus haut degré; afin de le calmer, on proposa au roi, en conseil des ministres, de renvoyer les ecclésiastiques du château, à l'exception de ceux qui avaient prêté le serment constitutionnel. Le roi, généralement si flexible, opposa à cette demande une invincible résistance; il fit observer qu'il serait vraiment incroyable que le roi seul ne pût jouir de la liberté de conscience, lorsque tout le monde en jouissait dans le royaume. Une grande fraction du parti constitutionnel, ainsi que le directoire du département de Paris, appuyait la résistance énergique de Louis. Le roi avait grand besoin d'un pareil appui, au moment où il se constituait en rupture ouverte avec le peuple et la Législative. Les partis à l'Assemblée apprirent le refus de sanction avec des sentiments très-divers. Les républicains ne déguisaient point la joie qu'ils éprou-

[1] Isnard, *Note de l'Éditeur*.

[2] *Hist. parl.*, XII, 129, 157. — *Mon.*, 7 novembre. — Lac., II, 209. — Mign., II, 156.

* « Français qui avez abandonné votre patrie, revenez dans son sein: c'est là qu'est le poste de l'honneur, parce qu'il n'y a de véritable honneur qu'à servir son pays et à défendre les lois. Venez leur donner l'appui que tous les bons citoyens leur doivent; elles vous rendront à leur tour ce calme et ce bonheur que vous chercheriez en vain sur une terre étrangère. Revenez donc et que mon cœur cesse d'être déchiré entre ses sentiments qui sont les mêmes pour tous, et les devoirs de la royauté qui l'attachent principalement à ceux qui suivent la loi. » (*Proclamation de Louis XVI aux émigrés,* 14 octobre 1791. — *Hist. parl.*, XII, 160, 162.)

vaient à voir le monarque se brouiller de plus en plus avec la nation ; ils sentaient tout ce qu'ils allaient y gagner d'influence auprès du peuple dont ils avaient besoin. Ils félicitaient ironiquement les ministres, qui venaient, disaient-ils, de prouver d'une manière décisive que le roi était vraiment libre. Le lendemain parut une proclamation sévère du roi contre les émigrés. Les Feuillants la blâmèrent comme un usage inconstitutionnel de la prérogative , les Jacobins comme trop modérée dans ses termes [1].

L'attention de la capitale fut un moment détournée de ces grandes questions par l'élection d'un maire de Paris, en remplacement de Bailly, dont la magistrature venait d'expirer. La Fayette, qui avait résigné le commandement de la garde nationale, se portait candidat à cette dignité; il avait l'appui des constitutionnels. Le candidat favori du peuple était Pétion, porté à la fois par la Gironde et les Jacobins réunis. La cour et la reine surtout, mécontentes de la Fayette, qui depuis la journée du 5 octobre ne leur avait inspiré que de la défiance, commirent l'imprudence de jeter dans la balance le poids du crédit de la couronne en faveur de Pétion; on dépensa d'énormes sommes d'argent pour emporter cette élection. « M. de la Fayette, disait la reine, aspire à la mairie, dans l'espoir de devenir *maire du palais;* Pétion est Jacobin et républicain , mais c'est un sot incapable de jamais diriger un parti. » Pétion fut donc élu, et usa de toute son autorité dans l'intérêt des révolutionnaires. La majorité qu'il obtint par suite de la coalition des démocrates de toutes les nuances fut considérable , et prouva combien avait décliné l'autorité du parti constitutionnel. En effet, Pétion fut élu par 3,708 voix, tandis que la Fayette n'en obtint que 3,125.

Cependant, les ministres du roi perdaient tous les jours de leur popularité. C'était la conséquence du refus de sanction que Louis opposait aux violentes mesures de l'Assemblée. Les orateurs des Jacobins et des Cordeliers tonnaient tous les soirs contre le ministère, dans les termes de la plus violente indignation. La misère du pays, qui n'avait d'autre cause que la Révolution, on l'attribuait audacieusement à la résistance factieuse des minis-

[1] *Hist. parl.*, XII, 221, 223. — *Monit.*, 13 novembre. — Deux Amis, VI, 360, 372. — Lac., I, 211. — Mign., II, 157. — Th., II, 30, 31. — *Mon.*, 12. nov.

tres aux volontés de la Législative *. Un auteur contemporain nous a laissé le tableau suivant de la France à cette époque : « En vérité, les maux de la France étaient alors si grands, que l'ambition la plus coupable pouvait à peine les exagérer. Deux partis également acharnés, également rancuniers, divisaient le pays d'une extrémité à l'autre. Les Jacobins reprochaient aux Feuillants de travailler en secret à la restauration de l'ancien régime. Les Feuillants rétorquaient que les Jacobins, au moyen des clubs affiliés, avaient organisé le despotisme le plus infernal qui eût jamais pesé sur l'humanité. La constitution, que la nation avait réclamée avec tant d'ardeur, et qu'on s'était plu à regarder comme un remède certain à tous les maux, la constitution était en vigueur, et cependant la misère publique était plus grande. Chaque jour voyait des crimes nouveaux contre les personnes et contre les propriétés, commis impunément. La paix publique n'était nullement rétablie ; les lois étaient sans force, les magistrats impuissants. On avait espéré que les juges de paix rétabliraient l'ordre, puisque, élus par le peuple, ils devaient posséder sa confiance ; mais ils avaient complétement échoué. Le crédit public et privé avait péri au milieu de la convulsion générale ; l'argent avait disparu de la circulation ; l'assignat était tombé au tiers de sa valeur, et avait ruiné tant de familles, que beaucoup désiraient déjà le retour à l'ancien régime, et faisaient tous leurs efforts pour y revenir. La famine, compagne accoutumée des calamités publiques, avait apparu ; on en ressentait d'autant plus les angoisses qu'elle régnait au sein de l'abondance. Les paysans refusaient partout les assignats, dont on ne pouvait prévoir la dépréciation, et dans les villes, les acheteurs n'avaient point d'autres valeurs à offrir. Ainsi, pas de transactions possibles ; l'acheteur et le vendeur étaient réduits au désespoir, et la pauvreté se faisait sentir dans un pays abondamment pourvu de tout. Dans cette extrémité, des bandes affamées se jetaient sur les granges et enlevaient le blé par force ; les populations sonnaient le tocsin dans les villages, forçaient les officiers municipaux à se mettre à leur tête pour résister à la violence, ou pour se venger en pil-

* *Celsus et Paullinus, cum prudentia eorum nemo uteretur, inani nomine ducum, alienæ culpæ prætendebantur. Tribuni, centurionesque ambigui, quod spretis melioribus deterrimi valebant ; miles alacer, qui tamen jussa ducum interpretari quam exsequi mallet.* (Tacite, *Hist.*, II, 39.)

lant les bourgs ; et la loi, foulée aux pieds également par les deux partis, était impuissante à réprimer ou à punir la violence [1]. » Tel est le tableau tracé par deux amis ardents de la Révolution.

Dans cette confusion universelle, l'une des branches principales du service public était tombée dans un état de désordre plus affligeant que tout le reste ; il faut que nous en disions un mot, à cause même de l'importance de ce service pendant les guerres qui ne tardèrent point à éclater. En peu d'années, la marine était arrivée à un état de désorganisation telle, qu'il restait à peine quelques vestiges de cette flotte puissante que Louis XVI avait entretenue avec tant de soins, pour contre-balancer l'influence de l'Angleterre. Les vaisseaux étaient bien là, dans les ports, les arsenaux étaient remplis, mais il n'y avait plus ni discipline ni subordination. La source des richesses nationales avait tari, par suite de la perte du crédit et du capital, pendant la Révolution : Saint-Domingue, la plus riche des colonies françaises, était en proie à l'insurrection, ou du moins à des discordes alarmantes ; la marine était mécontente ; les ports, les vaisseaux, les arsenaux offraient l'affligeant tableau de l'incurie, de la licence et de l'insubordination. La cause du mal, disait Bertrand de Molleville à l'Assemblée, est évidente. Partout ceux qui devraient obéir ont pris le commandement ; ceux qui devraient commander ont été privés de toute autorité, accablés impunément des plus sanglants outrages. En effet, dans les ports comme à bord des navires, aucun acte de mutinerie n'avait été réprimé ; les actes d'autorité les plus nécessaires, les plus légitimes étaient considérés comme des insultes par ces marins qui avaient passé tout à coup d'un état d'obéissance passive à une indépendance absolue. Des clubs de toute espèce, des associations mille fois plus dangereuses que celles que la constitution avait abolies, avaient été établies dans chaque port. On s'y moquait de l'autorité des chefs que l'on outrageait, que l'on proscrivait et qu'enfin on obligeait à fuir. Tous ces faits étaient notoires ; le ministre ne pouvait les exagérer [2].

Pendant que la marine royale se trouvait dans cet état de

[1] Deux Amis, VI, 345, 350.

[2] Bertr. de Mollev., *Compte rendu à l'Assemblée nationale*, 28 mars 1792. *Mém.*, I, 299, 302.

désorganisation et de mutinerie, la plus belle colonie de la France, celle qui à elle seule soutenait le colosse de sa puissance maritime, était tombée par l'effet de la Révolution dans une série de désastres les plus épouvantables dont l'histoire fasse mention. Les esclaves, agités par les nouvelles venues de France, par les idées d'égalité universelle proclamées par la Constituante, aspiraient ouvertement à la liberté. L'Assemblée, partagée entre le désir d'affranchir un nombre aussi considérable d'êtres humains, et la crainte des dangers d'une pareille mesure, avait hésité longtemps sur la marche à suivre, mais paraissait incliner à maintenir les droits des planteurs. Les débats qui eurent lieu à l'Assemblée donnèrent la mesure de l'extension que les Jacobins prétendaient donner à leurs principes, et du peu de compte qu'ils faisaient des souffrances de l'humanité, quand il s'agissait de faire passer leurs idées dans la pratique. « Périssent les colonies ! s'écriait Moreau de Saint-Méry, plutôt qu'un principe. » — « Périssent les colonies, ajoutait Robespierre, plutôt que de souiller de cette tache, votre bonheur, votre gloire, votre liberté ! Oui, je le répète : périssent les colonies, plutôt que de nous voir forcés à faire, sous le coup de la menace, même ce que réclament hautement leurs plus chers intérêts. » Sous l'impression des dangers dont on lui faisait d'un côté le tableau trop réel, poussée par les bruyantes clameurs des démocrates, l'Assemblée adopta un terme moyen, en décrétant que tout homme de couleur, né de parents libres, aurait le droit de faire partie des assemblées coloniales ; mais elle ajouta que la Constituante n'irait pas plus loin, à moins que la colonie elle-même ne prît l'initiative [1].

Cependant, cette manière de procéder parut beaucoup trop lente aux révolutionnaires. Les passions des nègres étaient excitées par une société connue sous le nom de *Société des amis des noirs*, et dont Brissot était le chef ; sur les avis de cette espèce de club, les mulâtres se décidèrent à organiser une insurrection. Ils se flattaient pouvoir, pendant la chaleur de l'action, mettre un frein à la férocité des esclaves ; ils connaissaient bien mal la cruauté et la dissimulation de ces sau-

[1] 15 mai. — *Hist. parl.*, XII, 96, 97. — Toul., II, 98. — Lac., I. 214. — Deux Amis, VI. 402, 403.

vages. La révolte s'organisa dans toute la colonie, sans éveiller le plus léger soupçon chez les planteurs; elle devait éclater partout le même jour et à la même heure. Ce fut le 30 septembre, à minuit; en cet instant douze cents plantations de café et deux cents plantations de sucre sont livrées aux flammes; constructions, machines, fermes, tout est réduit en cendres : les malheureux propriétaires, chassés, assassinés, ou jetés dans les flammes par les nègres furieux. Bientôt cent mille rebelles sont en armes, et commettent partout d'épouvantables atrocités. On vit éclater la guerre servile avec toutes ses horreurs. L'Africain déchaîné signale son affreux génie par de nouveaux genres de torture. Un malheureux planteur fut scié vivant entre deux planches; les horreurs commises sur les femmes dépassèrent toute imagination. Le maître humain et généreux fut traité comme le planteur sévère et cruel; la race opprimée se vengeait sur tous, sans distinction d'âge ni de condition. Des bandes d'esclaves parcouraient le pays, portant sur des piques les têtes des enfants des blancs, affreux étendards de ces cannibales. Il y eut un petit nombre d'actes d'humanité de la part des nègres : quelques esclaves fidèles, au risque de leur propre existence, nourrirent dans des cavernes leurs maîtres ou les enfants de leurs maîtres, après les avoir sauvés de la mort [1].

La nouvelle de ce désastre donna lieu dans l'Assemblée à des débats irritants. Brissot, l'adversaire le plus violent de l'esclavage, attribua l'insurrection au refus qu'on avait fait aux nègres du bienfait de la liberté; les membres modérés accusaient les adresses incendiaires de la Société des amis des noirs. Enfin, on convint d'accorder aux hommes de couleur les droits politiques pour lesquels ils combattaient; en conséquence de cette résolution, tous les noirs furent émancipés, et Saint-Domingue obtint ce que, par une dérision cruelle, on osait appeler les bienfaits de la liberté. Mais ce n'est pas ainsi que procède la nature; l'enfant n'acquiert point en un jour la force de l'âge mûr; l'arbre n'acquiert point en une année la vigueur des vieux habitants de la forêt. Ces philanthropes imprudents, en accordant à une population d'esclaves ignorants le don de la liberté, firent plus de mal

[1] *Hist. parl.*, XII. 295. 305. — Deux Amis, VI, 403, 404. — Lac., I, 214. — Toul., II, 98.

à cette race infortunée que ses plus cruels ennemis. La population noire de Saint-Domingue offre encore aujourd'hui un mémorable exemple des effets désastreux d'une émancipation trop précipitée. N'ayant rien des habitudes fixes de la société civilisée, ignorant les besoins qui réconcilient l'homme avec une vie laborieuse, privés des ressources que procure un gouvernement régulier, ils ont apporté dans leur condition nouvelle les habitudes et les mœurs de la vie sauvage. A l'indolence naturelle aux noirs ils ont joint les vices de la corruption européenne. Prodigues, paresseux et débauchés, ils ont vu diminuer leur nombre en même temps que leur bonheur : Saint-Domingue, après avoir été la plus belle et la plus riche colonie du monde, s'est vue forcée d'importer du sucre chez elle. Les habitants, nus et voluptueux, reviennent rapidement à cet état de nature, dont l'avarice chrétienne les avait tirés quelques siècles auparavant [1] *.

Des scènes d'une égale atrocité affligeaient la France à la même époque, et ensanglantaient la malheureuse ville d'Avignon. Cette cité, propriété du pape, était depuis 1790 le théâtre de luttes acharnées, c'est-à-dire depuis que les démocrates y avaient formé le dessein de se séparer des États de l'Église et de se réunir à la France révolutionnaire. La Constituante avait repoussé leurs avances au mois de mai 1790, dans la crainte de mécontenter les puissances de l'Europe, en dépouillant ouvertement un État voisin et ami. Mais les démocrates d'Avignon, voulant à toute force provoquer la réunion, s'insurgèrent dans la nuit du 11 juin, chassèrent de leur ville le légat du pape, qui se retira à Chambéry, et ils arborèrent sur le palais le drapeau de la France. Cette révolte mit fin à la domination papale sur cette possession éloignée et de peu d'importance. Il s'ensuivit une longue période de discorde, pendant laquelle les démocrates, maîtres du gouvernement, brisèrent tous les liens qui les attachaient au saint-siége, et firent les derniers efforts pour arriver à leur but. Enfin, le 14 septembre 1791, la veille même de sa dissolution, la Constituante décréta, au bruit des applaudissements, l'annexion de ce petit État à la France, posant ainsi

[1] Bertr. de Mollev., *Mém.*, I, 193, 201. — Lac., I, 215. — Toul., II, 98. — Deux Amis, VI, 403, 405.

* Voir plus bas, au chapitre XXXVII, pour les détails de cette horrible insurrection, et pour la suite de l'histoire de cette île.

le premier acte de ce système de propagande et d'agression, cours naturel des passions révolutionnaires, et qui devait entraîner les soldats de la France jusqu'aux murailles du Kremlin, et amener les Tartares et les Baskirs au milieu des monuments de la civilisation parisienne [1] *.

Les révolutionnaires de Paris et d'Avignon avaient annoncé, et ils espéraient sans doute que cette incorporation si longtemps attendue allait calmer les passions violentes qui déchiraient cette malheureuse cité : ils s'étaient trompés. L'annexion fut bientôt suivie d'un massacre plus épouvantable que tous les crimes qui jusque-là avaient souillé la Révolution. La municipalité d'Avignon avait rendu un décret en vertu duquel toutes les cloches et toute l'argenterie de la cathédrale et des autres églises devaient être saisies et vendues au profit du trésor de la ville. La population des campagnes voisines, soulevée par les prêtres, indignée de cet acte sacrilége, se rassembla en bandes menaçantes pour demander compte à la municipalité de cette spoliation. Les campagnards s'étant emparés de Lescuyer, secrétaire de la municipalité, le massacrèrent ; une femme armée de ses ciseaux lui arracha les yeux [2].

Le parti populaire différa sa vengeance, mais elle n'en fut que plus atroce. Les démocrates rassemblèrent leurs forces en silence ; enfin, quand ils furent certains que leurs ennemis ne pouvaient plus être secourus, ils cernent la ville, en ferment les portes, arment les remparts, de façon à rendre toute fuite impossible ; une bande d'assassins court arracher à leurs demeures les victimes destinées à la mort. Plus de soixante malheureux, au nombre desquels se trouvaient trente femmes, sont saisis et jetés en prison, où, durant l'obscurité de la nuit, les assassins se livrent impunément à toutes les horreurs de la plus atroce ven-

[1] Prudhomme, *Crimes de la Révolution*, IV, 587. — *Moniteur*, 15 septembre.

* « L'Assemblée nationale, considérant qu'en vertu des droits de la France sur les États réunis d'Avignon et du comtat Venaissin, et conformément au vœu librement et solennellement émis par la majorité des communes et des citoyens de ces deux pays pour être incorporés à la France, lesdits deux États d'Avignon et du comtat Venaissin sont, dès ce moment, partie intégrale de l'empire français. » (Décret du 14 septembre 1791 ; *Monit.*, 15 septembre 1791, p. 1073.)

[2] Prudhomme, IV, 16, 20. — Deux Amis, VI, 374.

geance. Un jeune homme tua de sa main quatorze prisonniers, et ne s'arrêta qu'épuisé de fatigue. Le père était amené de force pour être témoin du massacre de ses enfants : les enfants étaient forcés de contempler le supplice de leur père. Douze femmes périrent après avoir subi des tortures mille fois plus cruelles que la mort. Un prêtre vénérable, dont la longue vie avait été une suite d'actes de bienfaisance, se crut un moment hors de danger, mais il fut poursuivi, et sacrifié par ceux qui avaient été les objets de sa charité. Une femme enceinte fut précipitée vivante dans une fosse remplie de cadavres et de chaux vive. Un fils s'était jeté, pour sauver sa vie, entre les bras de son père ; on les jeta tous deux dans la fosse, où on les trouva morts le lendemain. Telle fut la fureur du peuple, qu'il alla jusqu'à dévorer des cœurs humains, et à s'assouvir de mets préparés avec la chair de ses victimes *. Le récit de ces horreurs excita la commisération de l'Assemblée. Des cris d'indignation s'élevèrent de toute part ; le président s'évanouit après avoir lu la lettre qui renfermait les détails de ces massacres. Cependant, ce crime, comme tous les autres, demeura impuni. La législature, après quelques délais, jugea nécessaire de proclamer une amnistie ; et le 31 mai, quelques-uns des auteurs de ces massacres tombèrent victimes des passions sanguinaires dont ils avaient donné un si cruel exemple. Dans toute révolution, le gouvernement qui s'appuie sur la populace est rarement assez fort pour en punir les excès ; il faut attendre la période de réaction ; et le triomphe du vice est d'autant plus rapide qu'il a commis des crimes moins pardonnables [1].

Les Jacobins de Paris attribuèrent toutes ces horreurs, tous ces désastres, fruits de la Révolution, à la résistance opposée par les ministres du roi aux progrès des principes démocratiques. Le fanatisme des ministres, disaient-ils, avait soulevé les populations rurales ; leur or avait payé ces cruautés dans le but de discréditer la Révolution ; c'étaient les ministres qui affamaient le peuple, qui empêchaient la vente du blé, qui étaient cause de

* « Comment oublier ces repas barbares de cœurs palpitants, et ces festins inouïs où les entrailles fumantes servirent de mets? » (Prudhomme, IV, 21.)

[1] Lac., I, 213. — Toul., II, 97. — Prudhomme, IV, 21. — *Hist. parl.*, XII, 421.

la dépréciation des assignats et de la ruine de Saint-Domingue. Les clameurs devinrent universelles, irrésistibles. Le peuple croyait tout ce qu'on lui disait : d'un autre côté, les ministres, ainsi qu'il arrive souvent, se divisèrent en présence du danger. Une partie du ministère, de Lessart avec Bertrand de Molleville, penchait pour l'aristocratie et pour les mesures énergiques; Narbonne et Cahier de Gerville inclinaient vers la démocratie et demandaient des concessions. Les chefs populaires de l'Assemblée, sentant bien les avantages de leur position, marchèrent en avant et proposèrent la mise en accusation de Cahier et de Bertrand. L'habileté et la présence d'esprit de Bertrand de Molleville firent échouer la proposition; mais le roi fut obligé de céder et de changer complétement son ministère. Il suivit, dans la formation du nouveau cabinet, les principes qu'avait adoptés Charles Ier dans de semblables extrémités : afin de diviser l'opposition, il choisit ses ministres parmi les membres les plus modérés du parti populaire. Roland fut fait ministre de l'intérieur; Dumouriez reçut le portefeuille des affaires étrangères; Lacoste, Clavière, Duranthon et Servan, furent nommés respectivement à la marine, aux finances, à la justice et à la guerre[1].

Dumouriez avait quarante-sept ans quand il parvint à ce poste éminent. Il avait beaucoup des qualités d'un grand homme; esprit adroit, caractère entreprenant, activité infatigable, impétuosité dans l'action, confiance en sa fortune, coup d'œil juste et rapide. Fertile en ressources, sachant se plier aux événements, d'un abord séduisant, d'une ambition sans bornes, il possédait tout ce qu'il faut pour s'élever dans des temps de commotions civiles. Ces qualités étaient malheureusement ternies par des défauts peu honorables pour son caractère. Courtisan avant 1789, constitutionnel sous la première Assemblée, Girondin sous la Législative, il semblait propre à tourner à tout vent, toujours ambitieux de marcher à la tête des affaires. Léger, inconstant, inconsidéré, il se décidait avec trop de hâte pour s'assurer le succès. Changeant avec les vicissitudes du temps, il lui manqua l'ascendant d'un grand caractère et l'autorité que donne la vertu. Si, avec son génie, il eût été doué de la fermeté de Bouillé, des passions de Mirabeau, ou du dogmatisme de Robespierre, cet homme

[1] Mign., I, 164. — Lac., I. 218. 224. — Th., II, 57, 58.

eût dirigé la Révolution. Admirable comme homme de parti, il n'était que médiocre comme chef de faction ; bien fait pour jouer le rôle d'un Antoine ou d'un Alcibiade, il était incapable de suivre les traces de César ou de Cromwell[1].

Esprit austère, simple de mœurs, ferme dans ses principes, Roland était, sous tous les rapports, l'opposé de Dumouriez. Ses idées n'avaient rien de commun avec celles de son temps ; il voulait, au XVIIIe siècle, donner au gouvernement de la France l'intégrité et la simplicité de la forme romaine. Républicain sincère, il eût convenu à un État jouissant depuis longtemps de la liberté ; il ne pouvait convenir à la France, où elle venait de naître. Rigoureux sur les principes, sans ostentation, sans ambitieux désirs, jamais sans doute cet homme ne fût sorti de l'obscurité de la vie privée, sans les qualités extraordinaires qui distinguaient sa femme. Mais sentencieux et pédant, ne connaissant ni le peuple ni la cour, il croyait à la vertu populaire et à la perfectibilité humaine, et était ainsi parfaitement impropre à soutenir la lutte contre la criminelle audace des révolutionnaires. Les dames de la cour avaient baptisé la nouvelle administration du nom de *ministère sans culottes*. La première fois que Roland s'était présenté au palais, il portait un chapeau rond, et des souliers noués avec des cordons. Le maître des cérémonies, qui ne le connaissait pas, refusa de le recevoir dans ce costume si étrange à la cour ; puis, ayant su que c'était Roland, il le reçut, mais se tournant vers Dumouriez, il lui dit en soupirant : « Ah ! monsieur, pas de boucles à ses souliers ! — Tout est perdu ! repartit le ministre des affaires étrangères, avec un sourire sarcastique. » Il y avait dans ce fait plus de gravité que ne le supposent des observateurs superficiels. Les boucles n'étaient rien en elles-mêmes, mais la mise est une conséquence des mœurs, et les mœurs sont le miroir des idées. On pourrait écrire un livre fort curieux sur la relation qui existe entre les changements dans la toilette et les révolutions des empires[2].

Cependant, les nouveaux ministres échouèrent, comme leurs prédécesseurs, dans leurs efforts pour guérir, et même pour adoucir les misères publiques. Le pouvoir exécutif n'existait

[1] Mign., I, 164. — Lac., I, 224. — Th., II, 59.

[2] Roland, *Mém.*, I, 32. — Lac., I, 225. — *Hist. de la Conv.*, I, 38. — Mign., I, 165.

plus que de nom, le gouvernement était comme suspendu, et l'arrivée du parti libéral aux affaires n'était pas de nature à lui rendre sa force, mais bien plutôt à le discréditer davantage. Les Girondins étaient heureux sans doute, et Mme Roland donnait aux ministres des dîners charmants; mais tout cela ne relevait pas les assignats et ne remplissait pas le trésor; cela n'apaisait point les Jacobins et ne procurait pas de pain au peuple. Le roi, fermement attaché à sa détermination de s'en tenir à la constitution, en donna en mainte occasion les preuves les plus fortes et les plus touchantes *. Mais la détresse publique allait toujours croissant; et le peuple, enflammé par les discours des Jacobins, attribuait ses souffrances à la résistance du monarque aux lois sévères portées contre le clergé, qui, disait-on, tenait la nation dans de continuelles alarmes et s'opposait seul au succès de la glorieuse Révolution. Les embarras du trésor étaient extrêmes; toute tentative pour rétablir les finances, par d'autres moyens que l'émission constante de nouveaux assignats, avait été sans résultat : il était impossible de percevoir le revenu au milieu de l'anarchie qui désolait le pays. Le trésor royal était si pauvre qu'il se trouva entièrement épuisé par les frais de l'équipement de la garde constitutionnelle, qui ne comptait cependant que 1,800 hommes; le roi fut obligé d'emprunter 500,000 francs à l'ordre de Malte, pour fournir aux dépenses ordinaires de sa maison [1].

* Dans une question délicate soumise au conseil (janvier 1792), le roi avait à opter entre deux systèmes dont l'un eût étendu l'autorité royale sans heurter l'opinion publique, tandis que l'autre était plus conforme à l'esprit et aux termes de la constitution. Louis adopta le second sans hésiter : « Nous ne devons pas songer, dit-il, à étendre le pouvoir royal, mais à exécuter fidèlement la constitution : » On présentait une autre fois à sa signature une proclamation contre les désordres qui affligeaient le pays, et dans laquelle se trouvait cette phrase : « Ces désordres troublent bien amèrement le bonheur dont nous jouissons. » — « Effacez cela, dit le roi, ne me faites pas parler de mon bonheur. Comment voulez-vous que je sois heureux quand personne ne l'est en France? Non, monsieur, les Français ne sont pas heureux; je le sais : ils le seront un jour, j'espère; alors je le serai aussi et je pourrai parler de mon bonheur. » — « Pendant cinq mois et demi, ajoute Bertrand de Molleville, que je fus dans le ministère à cette époque, jamais je ne vis le roi s'écarter de son attachement à la constitution. » (Bertr. de Molleville, *Mémoires*, I, 219, 311, 312.)

[1] Bertr. de Mollev., *Mém.*, I, 394, 395. — Deux Amis, VI, 390, 395.

A peine les Girondins furent-ils au pouvoir qu'ils firent tout au monde pour décider le roi à la guerre étrangère ; à force de clameurs et de pression populaires, ils obligèrent Louis XVI à la déclarer, et contre ses vœux et contre ses intérêts. Les détails de l'agitation au moyen de laquelle ils obtinrent de lui cette décision, ainsi que les négociations qui la précédèrent, seront complétement exposés dans un chapitre suivant, qui traite des causes de la guerre révolutionnaire[1]. Quand les hostilités commencèrent, la réaction en fut terrible à l'intérieur ; et la situation du roi devint pire que jamais. Toutes les entreprises de la France furent d'abord malheureuses ; toutes ses armées furent défaites. Ces désastres, effets naturels d'une paix continentale de plus de trente ans, et surtout de l'indiscipline et de la licence des régiments français, produisirent à Paris une véritable consternation. La puissance des Jacobins augmentait rapidement ; les clubs affiliés étendaient chaque jour leurs ramifications dans toute la France ; et les débats de la société mère ébranlaient le royaume d'une extrémité à l'autre. Ils accusèrent les royalistes d'être cause de la défaite, et d'avoir poussé traîtreusement le cri de *sauve qui peut;* les aristocrates, de leur côté, ne dissimulaient pas leur joie ; ces événements leur promettaient l'arrivée prochaine des armées alliées à Paris, et la restauration de l'ancien régime. Les généraux accusaient Dumouriez, auteur du plan de campagne. Le ministre prétendait que son plan avait été mal exécuté. Tout était défiance et récriminations. Dans cette extrémité, l'Assemblée prit les mesures les plus énergiques pour garantir à la fois sa sécurité et le salut public ; mais toutes ces mesures n'avaient d'autre effet que d'affaiblir encore l'autorité royale ; tous les coups étaient dirigés contre le roi. L'Assemblée se déclara en permanence, prononça la dissolution de la garde constitutionnelle, dont la formation avait tant irrité les démocrates ; enfin, elle rendit un décret qui condamnait à l'exil tous les prêtres réfractaires. Afin de garantir la capitale contre toute attaque, et pour dominer efficacement la cour, elle ordonna la formation d'un camp de 20,000 hommes près de Paris, et chercha, par des fêtes révolutionnaires, à entretenir l'enthousiasme du peuple[2].

[1] Chap. IX.

[2] 29 mai. — Toul., II, 121. — Lac., I, 234. — Th., II, 80. — *Hist. parl.*, XIV, 297, 342. — Bertr. de Mollev., *Mém.*, II, 7, 9.

La plus grave de toutes ces mesures était, sans contredit, la dissolution de la garde royale; elle enlevait au monarque et à sa famille jusqu'à l'ombre de protection, et cela au milieu d'une cité rebelle; elle les livrait à la merci d'une législature révolutionnaire. La discussion sur cet objet fut ouverte par Pétion, maire de Paris; il fit le tableau le plus sombre de l'agitation de la capitale. « D'heure en heure, dit-il, Paris est de plus en plus l'objet de l'anxiété générale de toute la France; Paris est le rendez-vous de tous les hommes sans emploi et sans pain, de tous les ennemis du bien public. La fermentation prend tous les jours un caractère plus alarmant. Partout les faits le démontrent. Il est évident qu'une crise approche, et qu'elle sera d'une violence extrême; longtemps vous avez fermé les yeux à l'évidence; mais vous ne le pouvez plus. » Après ce discours, on introduisit une députation de la section des Gobelins; elle se composait de 1,500 piquiers précédés du régiment de grenadiers de la section, qui défilèrent tambour battant devant l'Assemblée et allèrent prendre position autour de l'édifice, afin de peser sur les délibérations. Cependant, quelques députés eurent le courage de s'opposer énergiquement à la dissolution de la dernière force qui protégeait le souverain. « Le masque est enfin arraché, s'écria le député Girardin, l'insurrection contre le trône est patente. On nous demande, dans un moment de danger public avoué, d'ôter à la couronne sa dernière protection constitutionnelle. Pourquoi nous parle-t-on sans cesse des périls dont nous menace la faction royaliste; de ce parti si faible, dont l'influence est si nulle, et qu'il serait si facile de soumettre ? Pour moi, je ne vois que deux factions et une double cause de périls; l'une d'elles marche à grands pas vers le gouvernement régicide. Plût à Dieu que mes craintes fussent mal fondées ! Mais je ne puis m'empêcher de voir la frappante analogie entre l'Angleterre et la France; je ne puis oublier que dans une crise toute semblable, le long parlement ôta à Charles Ier sa garde. Et quel destin attendait ce monarque infortuné ? Quel sort attend aujourd'hui le souverain constitutionnel des Français [1] ? »

Louis comprenait parfaitement le péril extrême qu'il y avait

[1] Lac., I, 171, 234. — Toul., II. 121. — Th., II, 80, 81. — *Hist. parl.*, XIV, 305, 307. — *Moniteur*, 30 mai.

à dissoudre sa garde, lorsqu'il était évident pour tous qu'on se trouvait à la veille d'une insurrection populaire. Il assembla ses ministres, et leur annonça qu'il se proposait d'écrire à l'Assemblée qu'il refusait sa sanction. Tous les ministres girondins refusèrent de contre-signer le message royal. Le roi proposa alors d'aller en personne à l'Assemblée, d'y déclarer son refus de sanction et d'en prendre sur lui toute la responsabilité; ils furent assez lâches pour ne pas vouloir l'y accompagner. Puis ils insistèrent énergiquement sur l'extrême irritation qui régnait dans Paris contre la garde, et sur le danger auquel serait exposée la famille royale si le décret n'était pas sanctionné : le monarque infortuné se vit forcé de nouveau à se soumettre. A peine venait-il d'apposer à ce décret fatal la sanction de son autorité, qu'il reçut de Bertrand de Molleville des représentations fermes et très-sensées : l'ancien ministre y démontrait à l'évidence l'usurpation de la prérogative dont l'Assemblée s'était rendue coupable, en décrétant la dissolution d'une garde que la constitution avait placée auprès de la personne du monarque et à qui seul elle en avait réservé le commandement; mais ces remontrances arrivaient trop tard. Le roi répondit à ce fidèle serviteur que ses ministres l'avaient obligé à agir ainsi, et qu'il déplorait la triste nécessité où il s'était trouvé de renvoyer un conseiller aussi attaché à sa personne que l'était Bertrand de Molleville*. Les Girondins ne tardèrent point à ressentir les effets de leur faute. L'insurrection du 10 août les renversa en même temps que le trône; juste un an après le jour où ils s'étaient refusés à soutenir leur souverain, ils furent eux-mêmes arrêtés par les Jacobins, et après un long procès, conduits à l'échafaud[1].

Après sa dissolution, la garde royale fut reconstituée sur de nouvelles bases; les officiers en furent pris dans une autre classe de citoyens; le commandement en fut confié à d'autres mains;

* « Il n'est malheureusement plus temps de faire ce que vous proposez. Les ministres m'ont assuré que la fermentation du peuple était si violente, qu'il n'était pas possible de différer la sanction du décret sans exposer la garde et le château aux plus grands dangers. J'en suis assez fâché; que voulez-vous que je fasse, environné comme je le suis, sans avoir personne sur qui je puisse compter ? » (Louis, 31 mai 1792. — Bertr. de Molleville, II, 12, 13.)

[1] 31 mai 1793. — Bertr. de Mollev., *Mém.*, II, 11, 12.

on y introduisit des compagnies de piquiers des faubourgs, pour y neutraliser la fidélité de leurs camarades. Le parti constitutionnel protesta dans les termes les plus énergiques contre ces innovations hasardeuses; mais tous ses efforts furent inutiles : à l'approche du danger, l'agitation publique avait fait passer aux mains des Jacobins le gouvernement effectif. Enfin, l'évidence du péril donna au roi lui-même, jusque-là si pacifique, un moment de vigueur extraordinaire. Ses ministres ne cessaient d'insister pour l'obliger à sanctionner le décret contre les prêtres non assermentés, à donner accès près de sa personne à des prêtres constitutionnels, afin de ne plus laisser un sujet de plainte sur la question religieuse. C'était, disaient-ils, le seul moyen de calmer l'effervescence du peuple. C'était là leur seul système de gouvernement, céder toujours aux clameurs de la foule; ils ne savaient que céder à l'injustice et jamais lui résister. Cependant le roi demeura inébranlable sur ce point. La Révolution en était arrivée à prétendre dominer jusqu'à sa conscience. Indifférent à ses dangers personnels, comparativement insensible à l'affaiblissement de la prérogative royale, il était résolu à ne point transiger avec ses devoirs religieux. Peu à peu il se brouilla avec les Girondins; il resta plusieurs jours enfermé sans les voir, et sans leur faire savoir sa volonté sur cette question des prêtres réfractaires. Ce fut alors que Mme Roland, au nom de son mari, adressa au roi cette lettre fameuse, dans laquelle elle le conjurait de se faire sincèrement roi constitutionnel, et de mettre fin aux troubles de la nation, en sanctionnant les décrets contre le clergé. Cette lettre, écrite avec beaucoup d'éloquence, mais sur le ton de l'indignation et de la colère, provoqua l'irritation du monarque, qui, dès ce moment, comprit qu'il ne pouvait garder son ministère sans violenter sa propre conscience. Les ministres lui offrirent leur démission, si le décret n'était immédiatement sanctionné; elle fut enfin acceptée [1] *.

[1] Campan, II, 208, 209. — Weber, II, 168, 169. — Mign., I, 172, 173. — Lac., I, 239. — Th., II, 87. — Dumouriez, *Mém.*, II, 174, 300.

* « L'état actuel de la France ne peut subsister longtemps; c'est un état de crise dont la violence atteint le plus haut degré; il faut qu'il se termine par un éclat qui doit intéresser Votre Majesté, autant qu'il importe à tout l'empire. Les Français se sont donné une constitution; elle a fait des mécontents et des rebelles; la majorité de la nation la veut maintenir : et elle

Dumouriez, cherchant à profiter de l'événement pour grandir son influence sur les affaires de l'État, consentit à rester au pouvoir et à se séparer de ses amis, à la condition que le roi sanctionnerait le décret. Mais Louis persista dans son refus et ne voulut ratifier ni le bannissement des prêtres, ni la création d'un camp de 20,000 hommes près de Paris. « Il fallait, lui dit Dumouriez, faire ces objections au moment où vous alliez sanctionner le décret de la Constituante, qui ordonnait aux prêtres de prêter serment à la constitution. — J'ai eu tort alors, dit le roi, et je ne veux pas retomber dans la même erreur. — Vos objections, repartit Dumouriez, étaient parfaitement fondées contre le premier décret, mais refuser votre sanction à celui-ci, c'est enfoncer le poignard dans la gorge de 20,000 innocents. » La reine, avec ce bon sens dont elle avait donné tant de preuves, comprit le danger d'exposer les ministres de la religion à être massacrés par la populace furieuse, et elle joignit ses instances à celles des ministres; malgré cela Louis resta inébranlable, alléguant qu'il ne voulait point se faire le complice de l'iniquité de l'Assemblée. « J'attends la mort, dit-il, et je pardonne d'avance à mes bourreaux; je vous estime et vous aime; mais je ne puis agir contre ma conscience; adieu, soyez heureux. » Dumouriez avait perdu la confiance de son parti : bientôt

a vu avec joie la guerre qui offre un grand moyen de l'assurer. Cependant la minorité, soutenue par des espérances, a réuni tous ses efforts pour emporter l'avantage. De là cette lutte intestine contre les lois, cette anarchie dont gémissent les bons citoyens, cette division partout répandue, partout excitée. Il n'existe pas d'indifférence; on veut ou le triomphe ou le changement de la constitution. Votre Majesté a été constamment dans l'alternative de céder à ses premières habitudes, à ses affections particulières, ou de faire des sacrifices dictés par la philosophie, exigés par la nécessité, par conséquent d'enhardir les rebelles en inquiétant la nation, ou d'apaiser celle-ci en s'unissant avec elle. Tout a son terme, et celui de l'incertitude est enfin arrivé. La fermentation est extrême dans toutes les parties de l'empire; elle éclatera d'une manière terrible, à moins qu'une confiance raisonnée dans les intentions de Votre Majesté ne puisse enfin la calmer; mais cette confiance ne s'établira pas sur des protestations. Elle ne saurait plus avoir pour base que des faits. La conduite des prêtres, en beaucoup d'endroits, a fait porter une loi sage contre les perturbateurs; que Votre Majesté lui donne sa sanction. Juste ciel! auriez-vous frappé d'aveuglement les puissances de la terre; et n'auront-elles jamais que des conseils qui les entraînent à leur ruine! » (*Roland au roi*, 10 juin 1792. — *Hist. parl.*, XV, 40, 45. Écrit par Mme Roland.)

il fut obligé de partir pour l'armée, où il s'acquit comme général une réputation plus durable. L'Assemblée éclata en violentes invectives contre la cour, à propos du renvoi des ministres, et elle déclara qu'ils emportaient les regrets de la nation[1].

Le nouveau ministère fut choisi dans le parti des Feuillants. Scipion Chambonnas et Terrier-Montiel furent nommés, l'un aux affaires étrangères, l'autre aux finances : on s'aperçut bientôt qu'ils n'avaient d'autorité ni dans le pays, ni même dans leur propre parti. La couronne perdait ainsi l'appui des seuls hommes en France qui croyaient sincèrement pouvoir servir par la Révolution la cause de la liberté; et cet appui, elle le perdait au moment même où le pays était menacé des plus violents excès. Le roi fut tellement abattu quand il vit l'impossibilité de former une administration, qu'il tomba dans un état alarmant de prostration morale, et tel qu'il n'en avait jamais éprouvé depuis le commencement des troubles. Pendant dix jours entiers, à peine prononça-t-il une parole; son abattement était si complet qu'il semblait avoir perdu jusqu'à la faculté de se mouvoir. La reine, dont rien ne pouvait dompter l'énergie, le tira cependant de cette situation déplorable : se jetant à ses genoux, elle le conjura, au nom de ses devoirs d'époux et de père, d'avoir plus de résolution ; elle le supplia, si la mort était inévitable, de périr du moins avec honneur en combattant pour ses droits, plutôt que de se laisser égorger dans son palais. Si cette princesse héroïque s'efforçait ainsi de relever les esprits abattus du roi, ce n'était point qu'elle ignorât le danger qui la menaçait elle-même ou qu'elle y fût insensible. Le château était continuellement environné d'une multitude féroce, exprimant sa haine dans les termes les plus violents, vouant à la mort le roi, la reine et la famille royale. Dans le palais même où elle était véritablement prisonnière, les canonniers de la garde l'insultaient quand elle paraissait à une croisée, et dans leur brutal langage, ils exprimaient le désir de voir sa tête à la pointe de leurs baïonnettes. Le jardin des Tuileries était le théâtre de toute espèce de désordres. Là, c'était un orateur populaire prêchant la trahison et la révolte à un auditoire enthousiasmé de ses

[1] Dumouriez, *Mém.*, II, 174, 307. — Lac., I, 240. — Mign., I, 173. — Th., II, 103, 104.

paroles; d'un autre côté, c'était un prêtre que l'on renversait et qu'on maltraitait sans pitié, tandis que la foule insouciante poursuivait sa promenade autour des parterres, comme si les insultes faites au trône et à l'autel n'étaient pour elle d'aucun intérêt [1].

Le roi cependant, se voyant prisonnier dans son palais, privé de sa garde, et réduit à l'impossibilité d'exercer aucune des fonctions de la royauté constitutionnelle, avait ouvert une correspondance secrète avec les puissances alliées, dans le but de diriger et de modérer les mesures qu'elles concertaient pour le délivrer. Il avait envoyé à Vienne M. Mallet du Pan, avec des instructions écrites de sa main, dans lesquelles il recommandait aux alliés de s'avancer sur le territoire français avec les plus grandes précautions, de montrer envers les habitants une extrême bienveillance, de se faire précéder d'un manifeste, qui annoncerait leurs intentions modérées et conciliatrices. La pièce originale restera comme un monument de la sagesse et du patriotisme de ce malheureux souverain. Dans le but de séparer la faction toute-puissante des Jacobins du reste de la nation, il recommandait aux puissances alliées précisément la conduite et le langage que M. Burke conseilla avec force pendant toute cette période de la Révolution, et qui, vingt ans plus tard, furent employés avec tant de succès par l'empereur Alexandre et les souverains alliés pour détacher le peuple français du drapeau de Napoléon [2] [*].

[1] Dumont, 116. — Campan, II, 205, 208. — Weber, II, 164, 167. — Lac., I, 240. — Mign., I, 174.

[2] Bertr. de Mollev., *Hist. de la Rév.*, VIII, 38, 39. — Th., II, 109.

[*] Le roi recommandait aux puissances de publier une proclamation par laquelle il serait déclaré que l'empereur et le roi de Prusse, forcés de prendre les armes par l'agression injuste qui leur avait été faite, n'attribuaient ni au roi ni à la nation, mais à la faction criminelle qui les opprimait l'un et l'autre, la déclaration de guerre qui leur avait été notifiée; qu'en conséquence, loin de se départir des sentiments d'amitié qui les unissaient au roi et à la France, Leurs Majestés ne combattraient que pour les délivrer du joug de la tyrannie la plus atroce qui eût jamais existé, et pour les aider à rétablir l'autorité légitime violemment usurpée, l'ordre et la tranquillité, le tout sans entendre s'immiscer en aucune manière dans la forme du gouvernement, mais pour assurer à la nation la liberté de choisir celui qui lui conviendrait le mieux; que toute idée de conquête était bien loin de la pensée de Leurs Majestés; que les propriétés particulières ne seraient pas moins respectées que les propriétés nationales; que Leurs Majestés prenaient sous leur sauvegarde spéciale tous les citoyens paisibles et fidèles

Les amis de la constitution, alarmés des dangers pressants de la monarchie, déployèrent tout ce qu'ils avaient de vigueur pour arrêter les progrès du désordre. Lally-Tollendal et Malouet, de l'ancien parti monarchique, s'unirent aux chefs des Feuillants : Duport, Lameth et Barnave. La Fayette, qui se trouvait aux frontières, à la tête d'une armée, mit son immense influence au service de la même cause. Le 16 juin, il écrivait du camp de Maubeuge une lettre énergique à l'Assemblée : il lui dénonçait la faction des Jacobins, demandait la dissolution des clubs, l'émancipation et le rétablissement du trône constitutionnel. Il conjurait la Législative, en son nom, au nom de l'armée, et de tous les amis de la liberté, de renfermer ses actes dans les limites d'une stricte légalité. Cette lettre eut le succès qu'on pouvait attendre d'une tentative faite pour contrôler la marche d'une révolution par ceux-là mêmes qui l'avaient provoquée : elle excita la plus violente irritation, ruina la popularité de son auteur, et ne servit qu'à exalter davantage les esprits de la multitude [1] [*].

que leurs seuls ennemis, comme ceux de la France, étaient les factieux et leurs adhérents, et que Leurs Majestés ne voulaient connaître et combattre qu'eux.—Le roi, en conséquence, suppliait les princes et les Français émigrés à ne point faire prendre à la guerre actuelle, par un concours hostile et offensif de leur part, le caractère de guerre étrangère faite de puissance à puissance; de s'en remettre à lui et aux cours intervenantes, de la discussion et de la sûreté de leurs intérêts. Il ajoutait que toute autre conduite produirait une guerre civile dans l'intérieur, mettrait en danger les jours du roi et de sa famille, renverserait le trône, ferait égorger les royalistes, rallierait aux Jacobins tous les révolutionnaires qui s'en sont détachés, et qui s'en détachent chaque jour, ranimerait une exaltation qui tend à s'éteindre, et rendrait plus opiniâtre une résistance qui fléchira devant les premiers succès, lorsque le sort de la Révolution ne paraîtra pas exclusivement remis à ceux contre qui elle a été dirigée, et qui en ont été les victimes. » (Bertr. de Mollev., VII, 37, 39.)

[1] Deux Amis, VII, 222, 227.—Lac., I, 240.—Mign., I, 175.—Th., II, 116.

[*] « La chose publique est en péril : le sort de la France repose principalement sur ses représentants; la nation attend d'eux son salut; mais en se donnant une constitution, elle leur a prescrit l'unique route par laquelle ils puissent la sauver. Les circonstances sont difficiles. La France est menacée au dehors et agitée au dedans; tandis que les cours étrangères annoncent l'intolérable projet d'attaquer notre souveraineté nationale, des ennemis intérieurs, ivres de fanatisme ou d'orgueil, entretiennent un chimérique espoir, et nous fatiguent encore de leur insolente malveillance.

Les Girondins, regrettant la perte du ministère, se livrèrent dès ce moment aux plus désastreux excès. Ils éprouvèrent alors les cruelles nécessités auxquelles on s'expose quand on cherche à s'élever en s'appuyant sur les passions populaires. Il leur fallut prêter les mains aux iniquités brutales de la populace. Ils s'associèrent ouvertement avec des hommes aux habitudes révoltantes et de la plus méprisable vulgarité; ils entrèrent décidément dans ce système d'égalité révolutionnaire qui allait bannir de la société française la politesse, l'humanité et toutes les vertus sociales. Ils se mirent à soulever le peuple par des pétitions, par des discours incendiaires, dans l'espoir d'intimider la cour par l'appareil de la résistance populaire, expédient dangereux, et qui leur devint aussi fatal qu'à la couronne elle-même. Une insurrection générale des faubourgs fut préparée par leurs soins; sous le prétexte de célébrer l'anniversaire du serment du Jeu de paume, ils organisèrent au faubourg Saint-Antoine un corps de dix mille hommes. Ainsi, pendant que les royalistes pressaient la marche des puissances alliées, les patriotes préparaient l'insurrection du peuple. Les menées des deux partis produisirent leur effet naturel : le règne de la Terreur et le despotisme de Napoléon [1].

La résistance du roi au décret contre les prêtres non assermentés, et le renvoi de Roland, de Clavière et de Servan, amena

Pouvez-vous vous dissimuler qu'une faction, et pour éviter les dénominations vagues, que la faction *jacobine* a causé tous les désordres? C'est elle que j'en accuse hautement. Organisée comme un empire à part dans sa métropole et dans ses affiliations, aveuglément dirigée par quelques chefs ambitieux, cette secte forme une corporation au milieu du peuple français, dont elle usurpe les pouvoirs en subjuguant ses représentants et ses mandataires. Que le règne des clubs, anéanti par vous, fasse place au règne de la loi; leurs usurpations à l'exercice ferme et indépendant des autorités constituées; leurs maximes désorganisatrices aux vrais principes de la liberté; leur fureur délirante au courage calme et constant d'une nation qui connaît ses droits; enfin, leurs combinaisons sectaires aux véritables intérêts de la patrie, qui, dans ce moment de danger, doit réunir tous ceux pour qui son asservissement et sa ruine ne sont pas les objets d'une atroce jouissance et d'une infâme spéculation. » (*La Fayette à l'Assemblée*, 16 juin 1792; *Hist. parl.*, XV, 69, 74.) Curieuse peinture des conséquences de la Révolution par un de ses premiers et de ses plus chauds partisans!

[1] Dumont, 388. — Bertr. de Mollev., *Mém.*, II, 37, 38. et *Hist.*, VIII, 152. 154. — Deux Amis, VII, 250, 252. — Mign., I, 75. — Th., II, 124.

une coalition momentanée entre les Girondins et les Jacobins. Les principes moraux et politiques de ces deux partis étaient séparés par un abîme, et cependant ils n'eurent point de peine à s'unir pour commettre en commun le plus grand crime moral et politique dont les hommes publics puissent se rendre coupables, celui de détrôner et de faire mourir un roi patriote, dont toute l'existence avait été vouée au bien de ses peuples : et pourquoi? Pour avoir voulu protéger l'innocence, pour avoir voulu exécuter loyalement une constitution que la nation lui avait imposée. Funestes effets de l'esprit de parti dont l'histoire n'offre malheureusement que trop d'exemples. Entretenue, excitée par la puissance de ces deux grands partis, l'agitation populaire en arriva bientôt à ce degré d'exaltation et d'effervescence dont les chefs avaient besoin pour réussir dans leur audacieuse entreprise. Afin d'accroître encore l'irritation, on répandit le bruit, et l'on parvint à faire croire au peuple qu'un comité autrichien gouvernait secrètement la cour, et engageait le roi à s'opposer à l'exécution des lois contre le clergé, dans le but de fomenter dans le pays la guerre civile, et afin de rendre impossible toute résistance aux armées étrangères. L'effet de cette calomnie fut prodigieux. Le grand objet des Girondins et des Jacobins était de rendre la situation du roi si difficile qu'il finirait par se décider à abdiquer : et certes il l'eût fait, s'il n'en eût été détourné par un sentiment du devoir qui avait quelque chose d'héroïque; en effet, le roi et la reine attendaient chaque jour la mort, ils la désiraient même, comme terme de leurs maux [1].

Les Girondins et les Jacobins, bien convaincus cette fois de l'inébranlable fermeté de Louis dans son opposition aux décrets, se mirent en devoir de faire sentir à la cour toute la force de leur influence. Il fut résolu qu'on inonderait le palais de toutes les forces des faubourgs; on espérait que le roi, terrifié de cette démonstration, abdiquerait ou donnerait sa sanction. Le mouvement fut précipité par deux pétitions présentées au roi, contre l'établissement d'un camp près de Paris; l'une de ces requêtes avait été présentée par vingt mille, l'autre par huit mille citoyens, presque tous membres de la garde nationale.

[1] Campan, II, 220, 221. — Bertr. de Mollev., *Mém.*, I, 359. 362; II, 56, 57. — *Hist. parl.*, XIV, 278, 281, 416. 420.

Elles étaient le résultat de l'irritation causée dans cette force civique par l'accumulation d'un si grand nombre de troupes régulières dans le voisinage de la capitale. Les Girondins, alarmés de cette manifestation extraordinaire de la réaction de l'esprit public contre la tyrannie sous laquelle l'Assemblée tenait le souverain, se décidèrent à agir immédiatement et avec une grande vigueur [1].

Le 20 juin 1792, un rassemblement tumultueux, fort d'environ dix mille hommes, secrètement organisé par Pétion, maire de Paris, et exécuteur ordinaire des résolutions des Girondins, partit du faubourg Saint-Antoine, en vertu d'une décision prise quatre jours auparavant par la municipalité *, et se dirigea vers l'Assemblée. C'était la première fois que l'on cherchait à peser sur les résolutions de la Législative en déployant le hideux appareil de la force brutale. Une députation des faubourgs fut introduite dans le local des séances, malgré l'opposition violente des constitutionnels, tandis que la multitude, poussant de bruyantes clameurs, assiégeait les portes de la salle. Le langage de la députation fut audacieux et menaçant : elle déclarait que le peuple allait user des moyens de résistance en son pouvoir et solennellement reconnus par la déclaration des droits de l'homme. « Les ennemis de la patrie s'imagineraient-ils que les hommes du 14 juillet sont endormis? Ils n'ont rien perdu de leur énergie. L'immortelle déclaration des droits de l'homme est trop profondément gravée dans leurs cœurs! Qu'ils se nomment les amis du pouvoir arbitraire; qu'ils se fassent connaître! Le peuple, le véritable souverain est là pour les juger. Leur place n'est point ici; qu'ils purgent la terre de la liberté; qu'ils aillent à Coblentz rejoindre les émigrés..... Le pouvoir exécutif n'est pas d'accord avec vous. Nous n'en voulons d'autre preuve que le renvoi des ministres patriotes. C'est donc ainsi que le bonheur d'un peuple libre dépen-

[1] Bertr. de Mollev., *Mém.*, II, 37, 39. — *Hist.*, VII, 154.

* Le mercredi suivant, le 20 juin, les citoyens des faubourgs Saint-Antoine et Saint-Marceau présenteraient à l'Assemblée nationale et au roi des pétitions relatives aux circonstances, et planteraient ensuite l'arbre de la liberté sur la terrasse des Feuillants, en mémoire de la séance du Jeu de paume. Le conseil autorisait ces pétitionnaires à se revêtir des habits qu'ils portaient en 1789, *et de leurs armes.* (*Décret du conseil municipal de Paris*, 16 juin 1792. — *Hist. parl.*, XV, 120.)

dra du caprice d'un roi! Mais ce roi doit-il avoir d'autre volonté que celle de la loi? Le peuple le veut ainsi; et sa tête vaut bien celle des despotes couronnés. Cette tête est l'arbre généalogique de la nation; et devant ce chêne robuste, le faible roseau doit plier..... Rien ne peut vous arrêter; la liberté ne peut être suspendue. Si le pouvoir exécutif n'agit point, il ne peut y avoir d'alternative, c'est lui qui doit l'être : un seul homme ne doit point influencer la volonté de vingt-cinq millions d'hommes.....[1] »

Cette harangue révolutionnaire fut appuyée dans l'Assemblée par les auteurs du mouvement. Guadet, l'un des membres les plus populaires de la Gironde, s'écria : « Qui oserait aujourd'hui renouveler les scènes sanglantes qui eurent lieu, lorsque, vers la dissolution de l'Assemblée constituante, des milliers de nos concitoyens furent massacrés au Champ-de-Mars, autour de l'autel de la patrie, où ils renouvelaient le plus saint des serments? Lorsque le peuple est vivement alarmé, convient-il à ses mandataires de se refuser à l'entendre? Les griefs que nous venons d'entendre ne sont-ils pas répétés par les échos de toute la France? Est-ce la première fois qu'à Paris, la conduite du roi et la perfidie de ses conseillers excitent l'indignation publique? Vous avez entendu les pétitionnaires s'exprimer avec candeur, mais avec la fermeté qui convient à un peuple libre. » C'était ainsi que les Girondins encourageaient la populace dans ses projets d'intimidation contre le gouvernement. L'Assemblée, vaincue par le danger de la situation, accueillit la pétition avec bonté et permit au rassemblement de défiler devant elle. Trente mille personnes environ, bizarre assemblage d'hommes, de femmes et d'enfants de la lie du peuple, traversèrent la salle des séances, poussant des cris de fureur et déployant des drapeaux séditieux. A leur tête étaient Santerre et le marquis de Saint-Hurugues, l'épée au clair. On portait en triomphe de grands tableaux sur lesquels étaient inscrits les droits de l'homme : d'autres portaient des bannières portant pour inscription : *La constitution ou la mort! Vivent les sans-culottes!* A la pointe d'une pique était attaché le cœur d'un veau avec cette inscription : *Le cœur d'un aristocrate.* Une multitude d'hommes et de femmes, brandissant des piques et des branches d'olivier, dansaient autour de ces hi-

[1] *Hist. parl.*, XV, 138, 139. — Bertr. de Mollev., VIII, 152.

deux emblèmes en chantant le chant révolutionnaire du *Ça ira*. Au milieu de ces furies défilaient d'épaisses colonnes d'insurgés, portant des armes plus redoutables, des fusils, des sabres et des haches. Les applaudissements bruyants des galeries, les cris de la foule, le silence mortel de l'Assemblée, tremblante à la vue des auxiliaires dont elle avait invoqué l'appui, faisaient de cette scène un tableau impossible à rendre. Le défilé du peuple dura trois heures. Après avoir quitté l'Assemblée, ces masses tumultueuses se dirigèrent vers le château [1].

Les grilles extérieures du palais étaient fermées quand le rassemblement se présenta. Cent hommes de gendarmerie à cheval étaient de garde sur la place du Carrousel ; mais ils opposèrent peu de résistance. La garde nationale postée à l'entrée du château fit plus de difficultés, et refusa résolûment le passage à la foule : « Pourquoi n'êtes-vous pas entrés dans le château ? s'écria Santerre arrivant à la tête de ses bandes du faubourg Saint-Antoine : il faut que vous y pénétriez ; nous ne sommes venus ici que pour cela. » Puis, se tournant vers ses canonniers : « Si l'on refuse de nous admettre, nous ferons voler la porte en éclats. » Un canon fut amené et pointé sur l'entrée ; une seule décharge l'eût enfoncée. Comme on frappait violemment, Boucher-René et un autre officier municipal, revêtus tous deux de leurs écharpes, s'avancèrent et déclarèrent qu'ils allaient entrer au nom de la loi. Alors ils demandèrent à haute voix qu'on les laissât passer, soutenant qu'on n'avait pas le droit de les en empêcher. La garde nationale persista dans son refus ; ce fut alors que les officiers municipaux s'engagèrent à ne laisser entrer qu'une députation de vingt personnes sans armes, conformément à la loi. A peine les portes furent-elles ouvertes que la foule, précédée de ses deux municipaux, se rua dans le palais. En vain les gardes nationaux de la porte intérieure cherchèrent à opposer de la résistance, les officiers de la municipalité leur ordonnèrent de se soumettre à l'autorité de la loi [2] *.

[1] *Hist. parl.*, XV, 141, 142. — Deux Amis, VII, 253, 254. — Lac., I, 243. — Mign., I, 177. — Th., II, 133, 135.

[2] *Rapport de Romainvilliers, commandant de la garde nationale, sur le 20 juin.* — *Hist. parl.*, XV, 149, 159.

* « Quelle a été la surprise du commandant, lorsque, s'informant de quelle manière la porte royale avait été ouverte, il apprit qu'elle l'avait été

La multitude traverse rapidement la cour intérieure, se précipite sur l'escalier, ouvre à coups de hache les portes des appartements royaux et y pénètre comme un torrent furieux. Louis XVI paraît le front serein et suivi d'un très-petit nombre de serviteurs. La tête de la colonne, frappée de la dignité du monarque, s'arrête involontairement; mais pressée par ceux qui la suivent, elle entoure la personne du roi : ses serviteurs eurent le plus grand mal à le retrancher dans l'embrasure d'une croisée, pendant que la foule inondait les pièces voisines. Assis sur une chaise que l'on avait posée sur une table, et entouré de quelques gardes nationaux fidèles qui écartaient les plus audacieux de la populace, le roi conserva un maintien ferme et bienveillant à la fois, au milieu des dangers qui menaçaient sa vie. Jamais il ne parut aussi véritablement grand que dans cette redoutable occasion. Le peuple lui criait avec insistance qu'il voulait la sanction immédiate des décrets contre les prêtres. « Ce n'est, dit le roi, ni le moment, ni le moyen d'obtenir de moi cette sanction. » Un ouvrier ivre lui tendit un bonnet rouge : le prince posa en souriant l'emblème de la liberté révolutionnaire sur sa tête, sur cette tête qui avait porté la couronne, et il le garda pendant trois heures. Sans cet acte de présence d'esprit, il eût été massacré à l'instant. Un autre ouvrier lui offrit un verre d'eau : bien que depuis longtemps Louis redoutât le poison, il le vida au bruit des applaudissements arrachés involontairement à la multitude. Informés du péril où était le roi, quelques membres de l'Assemblée, parmi lesquels on remarquait Vergniaud et Isnard, accoururent au château. Ils eurent beaucoup de peine à fendre la foule qui se pressait dans les appartements; enfin ils parvinrent auprès du prince, qu'ils trouvèrent plein de courage, mais dont les forces allaient s'épuiser. Un garde national s'étant approché de lui pour l'assurer de son dévouement : « Sentez, lui dit le roi, posant sur son cœur la main de ce sujet fidèle, sont-ce

au nom de la loi, par l'ordre des municipaux, qui étaient à la tête de cette députation armée, et l'avaient introduite tout entière! Les gardes nationaux, toujours soumis à la loi, et prévenus de l'obéissance due à la municipalité, n'ont pu s'opposer à l'entrée de la députation, et, pénétrés de douleur dans cette circonstance, ont fait de leurs personnes ce que la loi leur défendait de faire de leurs armes. » (*Rapport de Romainvilliers, commandant de la garde nationale.* — *Hist. parl.*, XV, 147, 148.)

là les battements d'un cœur agité par la crainte? » Vergniaud, qui était cependant dans le secret de la démonstration, commença à craindre qu'elle ne fût poussée trop loin; il n'était pas sans inquiétude sur l'effet des menaces qu'il avait entendu proférer dans la foule. Il parvint à obtenir un moment d'attention, et engagea le peuple à se retirer. Pétion se joignit à lui, et la multitude se retira insensiblement. A huit heures du soir, tout s'était dispersé : le silence et la stupéfaction régnaient seuls au palais [1].

La reine et la princesse royale déployèrent aussi dans cette journée fatale une héroïque fermeté. Il n'est pas douteux que le roi et sa famille n'eussent été massacrés, sans la présence d'esprit du nommé Adoque, colonel du bataillon du faubourg Saint-Marceau, et de deux canonniers de la garde nationale : ils s'interposèrent entre les princesses et la tête de la colonne qui avait pénétré dans les appartements en brisant les portes à coups de hache. « La sanction ou la mort! » tel était le cri général. Rien ne pouvait décider la reine à se séparer du roi. « Qu'ai-je à craindre? disait-elle; la mort? mais autant vaut mourir aujourd'hui que demain; que peuvent-ils de plus sur nous? laissez-moi rejoindre le roi; c'est à ses côtés que je veux mourir : là est ma place. » Au moment où la famille royale se retirait devant la multitude, la princesse Élisabeth, qui tenait le roi embrassé, fut prise pour la reine, et accablée des malédictions du peuple; elle défendit à sa suite de relever cette erreur, heureuse de porter seule les dangers et les outrages qui menaçaient son auguste parente. Santerre, s'approchant, l'assura qu'elle n'avait rien à craindre, que le peuple était venu pour avertir, mais non pour frapper. Il passa à la princesse un bonnet rouge qu'elle posa sur la tête du dauphin. La princesse royale pleurait à côté de sa mère; le dauphin, avec l'innocente insouciance de son âge, et souriant à cette scène étrange, se coiffait d'un autre bonnet énorme que lui avait tendu un piquier à la mine féroce [2].

Un jeune officier, accompagné d'un de ses camarades de l'école militaire, contemplait du jardin des Tuileries cette scène hon-

[1] Mign., I, 178 — Lac., I, 224. — Th., II, 138, 141, 142. — *Hist. parl.*, XV, 149, 157, 159. — Bertr. de Mollev., VIII, 167, 177. — Campan, II, 213.
[2] Weber, II, 177. — Mign., I, 178. — Lac., I, 244. — Th., II, 140, 141. — Campan, II, 213, 215.

teuse. Fermement attaché à cette époque aux principes des Jacobins, il exprimait le dégoût que lui inspiraient la conduite de la populace et la faiblesse du ministère; mais quand le roi parut au balcon, portant sur sa tête le bonnet rouge, le jeune homme ne put contenir son indignation. « Les malheureux! s'écria-t-il, qu'ils en abattent donc cinq cents sous les coups de la mitraille, et toute cette multitude sera bientôt dispersée. » Un jour vint où, sur les mêmes lieux, ce jeune officier exécuta ce qu'il conseillait alors : nos lecteurs, sans doute, ont déjà nommé Napoléon Bonaparte [1].

Les événements du 20 juin excitèrent dans toute la France la plus vive indignation. La violation de l'Assemblée et de la résidence royale, l'illégalité de cette pétition portée par une tourbe tumultueuse et désordonnée, attirèrent au parti démocratique les plus amères censures. Le duc de la Rochefoucauld, qui commandait à Rouen, invita le roi à chercher un asile au milieu de son armée; la Fayette lui conseillait de se retirer à Compiègne et de se jeter dans les bras des forces constitutionnelles; la garde nationale s'offrit à former un corps spécial pour la défense de sa personne. Louis n'accepta aucune de ces propositions. Il attendait sa délivrance des puissances alliées, et craignait de se compromettre en s'unissant au parti constitutionnel. Il espérait que l'horreur des derniers troubles ouvrirait les yeux de la fraction sensée du parti populaire sur les conséquences extrêmes des actes de l'Assemblée : cet espoir n'était pas sans fondement. Les Girondins ne se relevèrent jamais après l'échec de cette insurrection. Pour l'avoir provoquée, ils s'étaient aliéné les constitutionnels; pour y avoir échoué, ils s'étaient attiré la haine des Jacobins. Les deux grandes fractions de la démocratie à l'Assemblée, dans les clubs et dans les journaux, s'accusaient mutuellement. De cette époque date la haine envenimée avec laquelle les Jacobins poursuivirent la Gironde; chacun cherchait à rejeter sur les autres la honte de l'infâme complot qui avait manqué son objet. 20,000 citoyens respectables de Paris signèrent une pétition à l'Assemblée, pour demander la punition des auteurs du 20 juin. Mais telle était la terreur de la Législative, qu'elle ne put se résoudre à prendre une mesure vigou-

[1] Bourrienne, I, 73.

reuse. La conduite du roi excitait l'admiration générale : ce sang-froid remarquable dont il avait fait preuve forçait les applaudissements même de ses ennemis; son intrépidité au milieu de cette affreuse confusion faisait oublier la faiblesse et l'irrésolution des dernières années. Si Louis eût été doué d'une vigueur assez soutenue pour profiter de cette heureuse réaction, il pouvait encore, peut-être, arrêter la marche des révolutionnaires; mais son courage était celui du martyr; ce n'était point ce courage actif du héros qui sait prévenir les périls[1].

La Fayette, comprenant parfaitement les dangers dont la Révolution menaçait la France, fit un dernier effort pour relever de la poussière le trône constitutionnel. Ayant pourvu au commandement de son armée, et ayant obtenu de ses troupes des adresses contre les derniers excès, il partit pour Paris et se présenta inopinément, le 28 juin, à la barre de l'Assemblée. Il demanda, en son nom et au nom de son armée, la punition des auteurs de la révolte, et l'adoption de mesures vigoureuses contre la secte des Jacobins : « Une raison puissante m'a décidé, dit-il, à me présenter à votre barre; les violences commises au château le 20 de ce mois ont excité les alarmes de tous les bons citoyens; j'ai reçu des adresses des différents corps de mon armée. Les officiers, sous-officiers et soldats, qui ne sont qu'un, y expriment leur haine patriotique contre les factieux. Je ne puis qu'approuver leurs motifs; déjà plusieurs se demandent si c'est la cause de la liberté qu'ils défendent. Il est temps de garantir la constitution de toutes les atteintes qu'on pourrait lui porter, d'assurer la liberté de l'Assemblée nationale et du roi, leur indépendance et leur dignité... Je supplie l'Assemblée d'ordonner que les auteurs et instigateurs des événements du 20 juin soient poursuivis comme criminels de lèse-nation; de détruire cette secte dont les débats publics ne laissent plus de doute sur la perversité de ses intentions. Je la supplie aussi, en mon nom et en celui de tous les honnêtes gens, de prendre des mesures efficaces pour faire respecter les autorités constituées, et donner aux armées l'assurance qu'aucune atteinte ne sera portée à la constitution dans

[1] Deux Amis, VII, 7, 12. — Bertr. de Mollev., VIII, 185, 194. — Dumont, 353. — Jomini, II, 53. — Th., II, 144, 148, 149. — Lac., I, 246.

l'intérieur, tandis qu'elles verseront leur sang pour la défendre contre les ennemis du dehors [1]. »

Ce discours obtint l'approbation chaleureuse du côté droit de l'Assemblée, et jeta le parti populaire dans une grande agitation. On redoutait la vigueur et la promptitude du général qui déjà s'était signalé au Champ-de-Mars. Une majorité de 339 voix contre 234 décida que la pétition de la Fayette serait renvoyée au comité des douze, qui en ferait rapport à l'Assemblée. Le général, encouragé par ce léger succès, se présenta à la cour. Le roi le reçut froidement, le remercia de ses services, mais ne voulut point entrer dans ses vues; tout ce qu'il lui accorda, ce fut une revue de la garde nationale. Les chefs du parti royaliste ne savaient quel parti prendre : le roi et la reine décidèrent qu'on ne pouvait avoir de confiance en la Fayette. Il s'adressa directement alors à la garde nationale et lui proposa de sauver la couronne en dépit du roi lui-même; mais son influence sur ce corps n'existait plus; tous ces bataillons, qui naguère encore adoraient leur général, le reçurent dans un morne silence, et la Fayette rentra à son hôtel, désespérant de la cause de la liberté [2].

Décidé cependant à ne point renoncer à son entreprise sans faire au moins une tentative, il convoqua chez lui, pour la nuit suivante, les officiers les plus zélés pour la cause royale. Il voulait marcher avec eux sur le club des Jacobins et le fermer. Il réunit trente hommes à peine, tous timorés et irrésolus. Enfin, désespéré de cette apathie de l'esprit public, la Fayette, après être demeuré quelques jours encore à Paris, repartit pour son armée; il s'était attiré la haine d'une faction, en essayant d'arrêter la Révolution, et les défiances de l'autre en échouant dans son entreprise : destinée commune des auteurs d'un mouvement révolutionnaire, du jour où ils en veulent comprimer les excès. Les Jacobins le brûlèrent en effigie au Palais-Royal, dans ces lieux qui avaient été le théâtre de ses triomphes; le peuple se laissa aller contre lui aux mouvements de la haine la plus passionnée. Robespierre fit à la lettre de la Fayette une réponse développée et pleine d'habileté; le club des Jacobins tonna contre les tergiversations du général; le peuple ne trouvait pas de mots assez forts pour exprimer son

[1] *Hist. parl.*, XV, 198, 200.

[2] Toul., II, 281. — *Hist. parl.*, XV, 204. — Mme Campan, II, 224.

indignation. On entendait répéter dans les rues : *Le traître la Fayette! il est vendu aux Autrichiens; qu'il parte pour Coblentz!* Tel fut le dernier effort du parti constitutionnel; dès ce moment ce parti semble s'être effacé; on ne le revoit plus que sur l'échafaud. La chute des constitutionnels fut d'autant plus remarquable que, moins d'un an auparavant, ils jouissaient à Paris d'un ascendant incontesté, et qu'ils y réprimaient une insurrection, au milieu de la plus vive exaltation. C'est dans ces périodes de convulsions sociales que l'on peut dire avec vérité qu'il y a un flux et un reflux dans les choses humaines. Le moment du succès, si l'on n'en sait profiter, est perdu pour toujours; de nouveaux intérêts se produisent, qui ne peuvent se laisser dominer par les représentants des intérêts anciens; et celui qui, dans un moment donné, a été l'arbitre d'une nation, se voit réduit en peu de temps à n'exercer pas plus de pouvoir que le plus humble individu, du jour où il s'efforce de refréner des passions dont lui-même a provoqué le développement [1].

Les Girondins et les républicains, enhardis par l'échec de la Fayette, se mirent à travailler ouvertement au renversement du trône. Vergniaud, dans un discours plein de force, présenta le tableau des dangers qui menaçaient le pays. Il cita l'article de la constitution qui portait : « Si le roi se met à la tête d'une armée et en dirige les forces contre la nation, ou s'il ne s'oppose pas, par un acte formel, à une telle entreprise qui s'exécuterait en son nom, il sera censé avoir abdiqué la royauté. » L'orateur termina, par la brûlante apostrophe que voici, un discours qui souleva d'unanimes applaudissements : « O roi! qui, comme le tyran Lysandre, avez cru que la vérité ne valait pas mieux que le mensonge, qui n'avez feint d'aimer les lois que pour conserver la puissance qui vous servirait à les braver, était-ce nous défendre que d'opposer aux soldats étrangers des forces dont l'infériorité ne laissait pas même d'incertitude sur leur défaite? Était-ce nous défendre que d'écarter les projets tendant à fortifier l'intérieur? Était-ce nous défendre que de ne pas réprimer un général qui violait la constitution, et d'enchaîner le courage de ceux qui la servaient?... La constitution vous laissa-t-elle le choix des minis-

[1] Lac., 249, 250. — Th., II, 151, 155. — Toul., I, 280, 281. — *Hist. parl.*, XV, 205, 206. — *Journal des Jacobins*, n° 211, 214, 216. — Mign., I, 180.

tres pour notre bonheur ou notre ruine? Vous fit-elle chef de l'armée pour notre gloire ou notre honte? Vous donna-t-elle enfin le droit de sanction, une liste civile et tant de prérogatives pour perdre constitutionnellement la constitution et l'empire? Non! non! homme que la générosité des Français n'a pu rendre sensible, que le seul amour du despotisme a pu toucher... vous n'êtes plus rien pour cette constitution que vous avez si indignement violée, pour ce peuple que vous avez si lâchement trahi!... Mais non, reprend l'orateur, si nos armées ne sont point complètes, le roi n'en est sans doute pas coupable; sans doute il prendra les mesures nécessaires pour nous sauver, sans doute la marche des Prussiens ne sera pas aussi triomphante qu'ils l'espèrent; mais il fallait tout prévoir et tout dire, car la franchise peut seule nous sauver. » Brissot, parlant au club des Jacobins, disait : « Le danger qui nous menace est le plus extraordinaire dont le monde ait été témoin. Notre patrie est en péril, non qu'elle manque de défenseurs, non que ses soldats soient dépourvus de courage, non que ses frontières ne soient point fortifiées, non que ses ressources soient épuisées, mais parce qu'une cause secrète paralyse tous les pouvoirs. Et quelle est cette cause? Un homme seul. Celui que la constitution a déclaré le chef de l'État, et que la trahison a fait l'ennemi de la patrie. On vous dit de craindre le roi de Bohême et de Hongrie : je vous dis que la force de ces rois est aux Tuileries, et que c'est là qu'il faut frapper pour les vaincre. On vous dit de frapper les prêtres réfractaires par tout le royaume : je vous dis de frapper sur la cour, et d'un seul coup vous anéantirez toute la prêtraille. On vous dit de frapper les factieux, les intrigants : je vous dis, dirigez vos coups sur le cabinet du roi, et vous anéantirez l'intrigue au centre de ses ramifications. Voilà le secret de notre position; voilà la source de nos maux; c'est là qu'il faut appliquer le remède [1]. »

Tandis que ces discours incendiaires exaltaient le peuple au plus haut degré, le comité chargé de faire un rapport sur la situation du royaume proposa de déclarer la patrie en danger. Cette proposition fut adoptée par l'Assemblée nationale. Aussitôt le canon d'alarme tiré de minute en minute annonça aux habitants de la capitale le décret solennel qui appelait chaque

[1] *Hist. parl.*, XV, 280, 347, 349. — *Journal des Jacobins*, n° 217, 218.

citoyen à donner sa vie pour la défense de l'État. Tel fut l'enthousiasme produit par cet appel, qu'à Paris, en un seul jour, quinze mille volontaires s'enrôlèrent pour marcher au secours de la patrie. Toutes les autorités civiles se déclarèrent en permanence ; on mit en réquisition tous les citoyens qui n'étaient point inscrits dans les rangs de la garde nationale ; on distribua des piques à ceux qui n'avaient pas de fusils ; des bataillons de volontaires se formaient dans les places publiques ; partout on déployait des bannières portant pour inscription ces mots : « Citoyens, la patrie est en danger ! » Ces mesures, l'aspect sinistre des affaires publiques, ravivaient encore l'ardeur révolutionnaire. Une véritable frénésie s'était emparée des esprits. Les déclamations, au club des Jacobins, dépassèrent en audace tout ce que l'on avait entendu jusque-là. On y demandait ouvertement une insurrection générale. « Le peuple souverain seul, disait-on, peut exterminer nos ennemis. Contre les brigands couronnés, contre les traîtres à la patrie et les mangeurs d'hommes, nous avons besoin de la massue d'Hercule. » Enfin, l'enthousiasme patriotique fut porté si loin, que beaucoup d'administrations départementales, bravant l'autorité du pouvoir, envoyèrent spontanément leur contingent de volontaires au camp que l'on devait former sous Paris. Ainsi s'annonçait l'insurrection qui allait renverser le trône [1].

Dès le 14 juillet, l'approche d'une crise était évidente ; on célébrait ce jour-là la fête commémorative de la prise de la Bastille. Pétion, l'idole du peuple, avait été suspendu de ses fonctions de maire, par le département de Paris, pour sa coupable tolérance pendant l'insurrection du 20 juin ; mais l'Assemblée nationale avait annulé la décision du département. Son nom était inscrit sur mille bannières ; partout on entendait le cri de : « *Pétion ou la mort !* » Le roi se rendit en cortége, du château à l'autel du Champ-de-Mars ; il dut remarquer cette fois le contraste entre la réception que lui fit le peuple, et l'enthousiasme dont il avait été l'objet deux ans auparavant à pareil jour. Pensif et mélancolique, il marchait avec la reine et le dauphin entre deux files de soldats qui formaient la haie, et qui, avec bien de la peine, pouvaient empêcher la populace de mettre le désor-

[1] *Hist. parl.*, XV, 345, 358. — *Journal des Jacobins*, n° 230. — Mign., I, 183. — Th., II, 159, 163, 184.

dre dans le cortége, ou qui du moins étaient tout à fait impuissants à réprimer les outrages et les malédictions de la multitude. Des voix innombrables reprochaient au roi la perfidie de sa fuite; l'aspect imposant des gardes suisses put seul le préserver des violences de la foule. Louis rentra au palais dans un abattement extrême; depuis lors on ne le vit plus en public que le jour où il monta sur l'échafaud [1].

On le voit, le décret de l'Assemblée qui déclarait la patrie en danger ajoutait singulièrement à la force du parti révolutionnaire. Le 14 juillet, cependant, il n'était pas arrivé à Paris plus de deux mille fédérés des provinces; mais le nombre s'en accrut rapidement. L'appel de l'Assemblée mit en mouvement toute la France; chaque heure voyait arriver des provinces une multitude d'hommes jeunes et ardents, tous animés des sentiments les plus révolutionnaires, et dont l'élan ne fit qu'ajouter encore à l'exaltation de la capitale. L'Assemblée, dans sa coupable faiblesse, leur accorda le privilége exclusif de remplir les galeries réservées au public, d'où ils commandaient en maîtres aux délibérations. On leur accorda sur le trésor public une paye de trente sols par jour : ils formèrent à Paris un nouveau club qui surpassait en violence les séances trop fameuses des Jacobins. Ils annonçaient hautement le dessein d'abattre la royauté; l'Assemblée fit entrer dans les rangs de ces nouveaux défenseurs de la patrie un certain nombre de ces anciens gardes françaises, dont la trahison avait livré au peuple la Bastille, et dont le régiment avait été licencié. Ces anciens soldats, formés au maniement des armes, servirent puissamment à l'organisation de ces bataillons improvisés. Cependant, on prenait toutes les mesures pour assurer le succès de la révolte. On multiplia les attaques contre la Fayette; on le dénonça dans les clubs; il devint l'objet de l'exécration populaire. On proposa à l'Assemblée de le décréter de haute trahison, et cette proposition ne fut ajournée que parce que l'Assemblée voulait entendre de nombreux témoins. Partout dominait le parti de la guerre. L'irritation de l'Assemblée était dirigée surtout contre la cour; elle craignait qu'avec le secours des puissances alliées, le roi ne fût

[1] Deux Amis, VIII, 72, 73. — Mignet, I. 183. — Lac., I, 251. — De Staël, II, 54. — Bertr. de Mollev., VIII, 317, 320.

bientôt en mesure de punir toutes les trahisons. Elle fit surveiller avec une attention inquiète certains bataillons de la garde nationale, suspectés de pencher en faveur de la cour, et particulièrement les grenadiers du quartier Saint-Thomas; elle fit fermer le club des Feuillants; elle licencia les grenadiers et les chasseurs de la garde nationale, qui constituaient la force de la bourgeoisie, et elle ordonna l'éloignement de Paris des gardes suisses et des troupes de ligne. Les chefs de la révolte se réunissaient à Charenton : aucun d'eux ne voulait accepter la charge périlleuse de diriger l'attaque. Robespierre, alarmé, insistait sur les dangers d'une pareille mission. Danton, Collot-d'Herbois, Billaud-Varennes et les autres chefs consentaient bien à seconder l'entreprise, mais se disaient incapables de la diriger. Enfin, Danton présenta Westerman, homme d'une invincible bravoure et d'un caractère sauvage, qui se signala dans la guerre de la Vendée, et finit par l'échafaud [1].

L'homme le plus redoutable en ce moment pour la famille royale était Pétion, par la position qu'il occupait et qui mettait à sa disposition toutes les forces matérielles de la capitale : il ne l'était pas moins par son caractère. Différent des autres Girondins, Pétion était un homme d'action et d'énergie; mais il savait masquer ses desseins sous le voile d'une profonde hypocrisie. De même que presque tous les membres considérables de son parti, il avait étudié le droit; la ville de Chartres, où il exerçait la profession d'avocat, l'avait élu à l'Assemblée législative. Pauvre, rapace et sans principes, il avait de bonne heure reçu les largesses de la famille d'Orléans, et il avait trempé dans la conspiration des partisans de la branche cadette. Mais, de même que ses violents amis, il avait bientôt dépassé le but que se proposait le prince égoïste et irrésolu dont il suivait la bannière; comme eux, il était entré dans la conspiration, non pour détrôner la branche aînée au profit de la branche cadette, mais pour renverser définitivement la monarchie. Pétion, du reste, était d'un extérieur agréable, avait beaucoup d'adresse et était capable de la plus profonde dissimulation. Ce n'était point un puissant orateur; il devait son influence à son

[1] Deux Amis, VIII, 87, 88. — Bertr. de Mollev., VIII, 347, 360. — Lac., I, 255, 261. — Mign., I, 183. — Th., II, 192, 193.

calme et à la supériorité de son jugement. Il organisait une révolte, préparait un massacre, avec le sang-froid d'un vieux général qui dirige les mouvements de son armée sur le champ de bataille. Quand l'œuvre de la destruction se préparait secrètement par ses soins, rien dans sa manière d'être ne trahissait sa participation à ces desseins démagogiques; et quand le mouvement était commencé, il considérait du plus grand sang-froid les malheurs qui en résultaient. Étranger à la pitié et au remords, il regardait le vice et la vertu, la cruauté et l'humanité comme des moyens dont il faisait usage selon les circonstances, et dans l'intérêt de sa fortune et de son élévation [1].

Santerre, le chef redouté du faubourg Saint-Antoine, était dans les mains de Pétion un instrument convenable à l'exécution de ses desseins. Son influence était considérable dans ce quartier révolutionnaire. Un mot de lui faisait lever une forêt de piques, soutenue de cette artillerie terrible, si bien connue dans les sanglantes annales de la Révolution. D'une haute stature, il joignait à une voix puissante des formes athlétiques : il avait cet esprit d'à-propos, cette rude éloquence qui captive si bien la faveur des classes les plus infimes. Vulgaire et grossier dans ses manières, toujours le premier dans la révolte, il était devenu pour les royalistes l'objet d'une insurmontable horreur. Cet homme cependant n'était pas absolument dépourvu de bonnes qualités. Il avait du cœur; quoique plus d'une fois il ait pris part des premiers aux scènes les plus violentes de la Révolution, Santerre n'était point naturellement cruel. Toute malheureuse victime, à quelque parti qu'elle appartînt, trouvait ordinairement accès auprès de lui ; les larmes de la douleur le désarmaient. Politiquement, c'était un fanatique aveugle ; comme particulier, il n'était point inflexible [2].

Assaillis par tant de dangers, à l'intérieur comme au dehors, privés de leur garde, n'ayant pour les soutenir qu'un ministère impuissant, ne voyant de moyens ni de fuir ni de se défendre, le roi et la reine s'abandonnaient au désespoir. S'attendant chaque jour à périr, par un crime secret ou par une violence publique, ils demeurèrent, du 20 juin au 10 août, dans un état

[1] Montjoie, *Vie de Marie-Antoinette*, II, 284, 287.
[2] Montjoie, *Vie de Marie-Antoinette*, II, 286, 287.

d'anxiété telle que tout attachement à la vie les eût abandonnés, s'ils n'avaient été soutenus encore par le sentiment de ce qu'ils devaient à leurs enfants. La reine lisait tout le jour et presque toute la nuit; contrairement à l'attente de tout ce qui l'entourait, sa santé se fortifiait à mesure que les dangers devenaient plus pressants. On vit disparaître en elle toutes les délicates faiblesses de son sexe; plus la moindre affection nerveuse ne se remarquait. Elle avait fait secrètement pour le roi une cotte à l'épreuve du poignard, qu'elle lui fit parvenir adroitement par Mme Campan : la garde nationale surveillait le roi de si près qu'il se passa trois jours avant que cette dame pût s'acquitter de sa commission. Quand elle remit au roi cet ouvrage de la reine : « Je n'y consens, dit-il, que pour satisfaire la reine; car ils ne m'assassineront pas; ils me feront mourir d'une autre manière. » Déjà il prévoyait pour lui le sort de Charles Ier, et il étudiait incessamment l'histoire de ce noble et malheureux monarque. « C'est uniquement pour la reine et pour ma sœur que j'ai eu de l'inquiétude, dit-il un jour à Bertrand de Molleville; je ne craignais rien pour moi. Si j'étais seul, je risquerais encore une tentative. Oh! si ma femme et mes enfants n'étaient pas avec moi, on verrait bientôt que je ne suis pas aussi faible qu'on l'imagine! Mais quel serait leur sort si ces tentatives n'étaient point suivies du succès? » — « Pour moi, dit un jour la reine, je suis étrangère; ils m'assassineront. Ce sera heureux; ils me délivreront des peines de la vie; mais que deviendront nos pauvres enfants! » Et l'infortunée princesse fondit en larmes. Au reste, elle faisait preuve d'une grande fermeté; elle ne voulait d'aucun remède : « Quand j'étais heureuse, disait-elle, j'étais sujette à des attaques de nerfs : c'est la maladie des heureux de ce monde; je n'ai plus à la redouter[1]. »

La cour n'avait plus d'espoir que dans l'approche des armées alliées. La reine connaissait l'ordre de leur marche; elle savait qu'à tel jour on les attendait à Verdun, puis dans les autres villes du royaume; elle se prenait à espérer parfois sa délivrance. Un mois encore, et les troupes étrangères pouvaient être sous Paris! Au château, on ne cherchait plus qu'à gagner du temps. Cependant, la famille royale redoutait le poison, au point qu'elle ne mangeait plus que des mets qui lui étaient préparés par une des

[1] Campan, II, 216, 220. — Bertr. de Mollev , *Mém.*, II, 327.

dames de la chambre et servis par Mme Campan, après que le repas préparé dans les cuisines avait été déposé sur la table royale. Un grand nombre de royalistes dévoués venaient tous les jours aux Tuileries offrir au souverain le sacrifice de leur vie dans ces moments d'extrême péril : malheureusement la diversité des conseils qu'ils offraient au roi ne faisait qu'ajouter à l'irrésolution naturelle de son caractère. Les uns voulaient l'enlever et le mener à Compiègne, d'où il pouvait, à travers les Ardennes, atteindre le Rhin; d'autres, parmi lesquels nous avons déjà cité la Fayette, lui conseillaient de chercher un asile au milieu de l'armée. Malesherbes, de son côté, conseillait fortement l'abdication, comme étant le seul moyen de salut. Bertrand de Molleville voulait que la cour se retirât en Normandie; et l'on avait pris tous les arrangements pour exécuter ce projet avec un succès qui paraissait assuré; mais le 6 août, au moment du départ, le roi se décida à rester, disant qu'il fallait se réserver cette chance de salut pour la dernière extrémité, mais que jusque-là il y avait dans cette démarche trop de dangers pour sa famille. Au milieu de tant d'avis divers, en présence de périls si évidents, rien ne fut arrêté. Un jour on se décidait à fuir ; on ne le voulait plus le lendemain : le roi redoutait surtout la guerre civile, dont son départ lui paraissait devoir être le signal. On avait formé des comités royalistes qui firent de vains efforts pour s'opposer aux progrès de l'insurrection ; la cour se voyait entourée de quelques milliers seulement de gentilshommes, résolus à donner leur vie pour la défendre, mais qui n'avaient pas d'organisation et qui, par conséquent, étaient incapables de résister à toute une population révolutionnaire[1].

La conspiration devait éclater d'abord le 29 juillet, puis avait été remise au 4 août; enfin, on l'avait encore différée, sur le motif que les chefs ne jugeaient pas le peuple assez exalté pour assurer le succès de l'entreprise. Une faute grave des puissances alliées vint bientôt donner à l'agitation populaire toute la violence que voulaient les fauteurs de l'insurrection. Le duc de Brunswick, sorti de Coblentz le 25 juillet, pénétra sur le territoire français à la tête de 70,000 Prussiens et de 68,000 Autri-

[1] Bertr. de Mollev., VIII, 284, 300. — *Mém.*, II, 123, 129. — Th., II, 209, 213. — Campan, II, 125, 188, 230.

chiens. L'invasion de cette armée était précédée d'une proclamation dans laquelle il accusait les révolutionnaires d'avoir supprimé arbitrairement les droits et possessions des princes allemands en Alsace et en Lorraine, troublé et renversé dans l'intérieur le bon ordre et le gouvernement légitime, exercé contre la personne sacrée du roi des attentats et des violences. Ceux qui ont usurpé les rênes de l'administration ont enfin comblé la mesure en faisant déclarer une guerre injuste à Sa Majesté l'Empereur.... Sa Majesté le roi de Prusse, uni avec Sa Majesté impériale par les liens d'une alliance étroite et défensive, et membre lui-même du corps germanique, n'a pu se dispenser de marcher au secours de son allié..... A ces grands intérêts se joint encore un but également important, et qui tient à cœur aux deux souverains, c'est de faire cesser l'anarchie dans l'intérieur de la France, d'arrêter les attaques portées au trône et à l'autel, de rétablir le pouvoir légal, de rendre au roi la sûreté et la liberté dont il est privé, et de le mettre en état d'exercer l'autorité légitime qui lui est due? Le manifeste déclarait en outre : que les alliés ne prétendaient point s'enrichir par des conquêtes, ni s'immiscer dans le gouvernement intérieur de la France; que les gardes nationales étaient sommées de veiller provisoirement à la tranquillité des villes et des campagnes jusqu'à l'arrivée des troupes étrangères, sous peine d'en être personnellement responsables; que ceux qui résisteraient ou seraient pris les armes à la main seraient punis suivant les rigueurs des lois militaires; enfin, que la ville de Paris, la municipalité et la garde nationale étaient tenues de se soumettre sur-le-champ et sans délai au roi, de mettre ce prince en pleine et entière liberté; Leurs Majestés impériales rendant personnellement responsables de tous les événements, sur leur tête, pour être jugés militairement, sans espoir de pardon, tous les membres de l'Assemblée nationale, du département, du district, de la municipalité et de la garde nationale de Paris, les juges de paix et tous autres qu'il appartiendrait... que si le moindre outrage était fait au roi et à la famille royale, et que s'il n'était pas pourvu immédiatement à leur sûreté, à leur conservation et à leur liberté, elles en tireraient une vengeance exemplaire, en livrant la ville de Paris à une exécution militaire et à une subversion totale [1]...

[1] Bertr. de Mollev., IX, 33, 36.—Mign., I, 186.—*Hist. parl.*, XVI, 276, 281.

Si le manifeste du duc de Brunswick, rédigé dans un langage beaucoup plus modéré, avait été suivi de mesures militaires rapides et énergiques, il aurait produit probablement un tout autre effet; la terreur peut-être aurait calmé, dans la multitude en délire, la passion aveugle du pouvoir; l'insurrection pouvait être vaincue, de même que celles d'Espagne et de Pologne, avant d'avoir acquis la puissance que donne une organisation militaire, et le trône de Louis pouvait être rétabli, du moins pour quelques années. Mais, publié dans un moment où l'irritation était à son comble; puis suivi d'opérations d'une insigne faiblesse et d'une impardonnable lenteur, le manifeste contribua beaucoup à accélérer les progrès de la Révolution, et fut ainsi la cause immédiate de la chute du trône. Dès l'apparition de ce document, les chefs des Jacobins n'eurent plus lieu de se plaindre du défaut d'enthousiasme dans la multitude. L'esprit de résistance fit explosion à la fois dans toute la France; la nation redoubla d'effort pour organiser ses armées; l'ardeur était immense. Le manifeste fut considéré comme l'expression des desseins de la cour et des émigrés. Il était, dès lors, évident que l'insurrection était le seul moyen de garantir les libertés publiques et de préserver l'indépendance nationale : le peuple de Paris n'avait plus d'autre alternative que la victoire ou la mort. Il est malheureux de penser que le roi périt victime du langage imprudent des alliés, tandis que, comme nous l'avons dit, il avait conseillé avec beaucoup de sagesse une toute autre marche. Cependant, au milieu de ces cruelles alarmes, Louis XVI aima toujours son peuple : « Le moindre retour de leur affection, disait-il, me ferait bientôt oublier tous ces chagrins [1]. »

Les chefs de la Révolution cherchèrent à faire tourner l'effervescence populaire, chacun au profit de son parti. Huit d'entre eux se réunissaient en comité à Charenton. C'est là que furent discutées et arrêtées en commun toutes les mesures relatives à l'insurrection. Parfaitement unis pour le but commun du renversement de la monarchie, ils étaient animés de vues bien différentes, quant à la marche ultérieure de la Révolution. Les Girondins voulaient faire prononcer par l'Assemblée la déchéance du roi; comme ils avaient la majorité dans la Législative, cette

[1] Mign., I, 186. — Toul., II, 220. — Th., II, 230.

mesure équivalait pour leur parti à l'avénement au pouvoir suprême. Mais telles n'étaient point les intentions des démagogues, aussi jaloux de l'Assemblée que de la couronne, et qui voulaient d'un seul coup renverser la royauté et la Législative. Danton, Robespierre, Marat, Camille Desmoulins, Fabre-d'Églantine, chefs de l'insurrection populaire, se proposaient, non-seulement de faire périr le roi, mais encore d'abattre la faction des Girondins et de proclamer le règne de la multitude. Ainsi donc, la division s'établissait entre ces deux partis puissants, au moment même où ils conspiraient l'abolition de la royauté : les uns voulaient fonder sur les ruines du trône l'empire de l'Assemblée, représentant les classes moyennes ; les autres voulaient que la multitude régnât sur les débris de la monarchie et de la Législative [1].

Les fédérés de Marseille, arrivés dans les premiers jours du mois d'août, accrurent les forces insurrectionnelles de la capitale. Dès le 5, l'agitation était extrême dans les sections ; celle de Mauconseil se déclara en état d'insurrection. Les clubs discutaient ouvertement la déchéance du roi ; et au nom de la municipalité et des sections, Pétion vint la demander à la barre de l'Assemblée, à la tête d'une députation formidable. La pétition fut renvoyée au comité pour faire le rapport. Le 8 août, l'accusation dirigée contre la Fayette donna lieu à la discussion la plus orageuse ; cependant, les constitutionnels parvinrent à la faire repousser par 406 voix contre 224 ; on voit par là de quel côté penchait la majorité de la Législative, à la veille même de la chute de la royauté. Les clubs et la multitude montrèrent une extrême irritation de l'acquittement du général qui avait été longtemps leur idole : le peuple insulta, au sortir de la séance, les députés qui avaient voté avec la majorité ; partout des cris de vengeance étaient proférés contre cette législature qui avait acquitté *le traître la Fayette*. L'effervescence était au comble. D'Éprémesnil, autrefois aussi l'idole du peuple, fut assailli par la populace sur la terrasse des Feuillants, au moment de sa sortie de la salle où il avait donné un vote impopulaire ; il fut renversé et percé de coups. Un détachement de la garde nationale, amené là par hasard, eut beaucoup de peine à l'arracher des mains des

[1] *Hist. parl.*, XVI, 269, 276. — Deux Amis, VIII, 92, 93. — Mign., I, 187. — Toul., II, 21.

furieux : il fut porté tout sanglant à l'hôtel du trésor. En ce moment passait Pétion, suivi de la foule qui le portait aux nues : il s'approcha pour s'assurer si la victime respirait encore. « Et moi aussi, lui dit d'Éprémesnil, j'ai été porté en triomphe par ce peuple; vous voyez comme il vient de me traiter! jugez du sort qui vous attend [1] ! »

Le 9 août, l'effervescence était extrême : de nombreux rassemblements parcouraient les rues, au son du tambour et bannières déployées; la multitude encombrait les abords de l'Assemblée et du château. Les constitutionnels se plaignirent à la chambre des insultes auxquelles ils s'étaient vus exposés la veille en sortant de la séance, et demandèrent que les Marseillais fussent dirigés immédiatement sur le camp de Soissons. Pendant qu'on discutait cette motion, on vint annoncer à l'Assemblée que l'une des sections avait déclaré que si la déchéance n'était point prononcée ce jour-là, on allait sonner le tocsin, battre la générale et marcher sur le château. Cette résolution venait d'être approuvée par 47 sections sur 48, et toutes s'étaient déclarées en permanence. La Législative requit les autorités du département de la Seine et de la cité de Paris de maintenir la tranquillité publique : le département répondit qu'il ne demandait pas mieux, mais que la chose n'était plus en son pouvoir. Pétion, au nom de la municipalité, répondit que les sections étant rentrées dans l'exercice de leur souveraineté, il ne pouvait plus avoir recours à d'autre moyen que la persuasion. L'Assemblée se sépara donc sans avoir rien fait pour prévenir l'orage qui allait éclater. Il résulte clairement de ces faits que déjà la constitution révolutionnaire avait détruit le prestige de la législature, aussi bien que celui de l'autorité royale, que les avantages tant vantés du système représentatif n'existaient plus, et que la populace de la capitale, de même que dans les démocraties grecques, s'était emparée du pouvoir suprême [2].

La place du Carrousel, qu'allait immortaliser la lutte héroïque dont elle fut le théâtre, et l'affreux massacre qui en fut la suite, n'était point en 1792 ce qu'elle est aujourd'hui. La noble façade

[1] Bertr. de Mollev., IX, 20, 21. — Toul., I, 224. — Mign., I, 187. — Th., II, 237.

[2] *Hist. parl.*, XVI, 375, 393, 399. — Toul., II, 228. — Th., II, 238, 239. — *Monit.*, 10 août.

de la rue de Rivoli, l'aile du nord du carré qui réunit les Tuileries au Louvre, projetée et exécutée en partie par le génie de Napoléon, n'existaient pas alors. Les Tuileries mêmes, avec la longue galerie du Musée, qui joint ce palais au Louvre, ne formaient que deux ailes d'un carré incomplet, que tous les efforts de ces derniers temps ne sont point parvenus à achever *. Sur le terrain occupé actuellement par la rue de Rivoli, se trouvait la salle du Manége, local des séances de l'Assemblée, et séparée du jardin des Tuileries par un mur construit dans la direction de la grille actuelle. L'emplacement de la salle était à peu près à l'endroit où la rue de Castiglione débouche sur la place Vendôme; elle communiquait avec le château par une longue cour ou avenue, donnant sur la partie des jardins qui touchait aux Tuileries et qu'on nommait la terrasse des Feuillants. De l'autre côté du château, où s'étend actuellement cette vaste place du Carrousel, la différence était plus grande encore avec ce qui existe aujourd'hui. Cet espace était rempli de passages étroits, de cours, tels qu'on en voit dans les environs des palais, quand une bonne police n'y a pas mis obstacle. La place elle-même était comparativement de peu d'étendue. Les constructions qui la bordaient étaient affectées au logement des différentes troupes qui étaient de garde au château, et formaient diverses cours intérieures dont l'une s'appelait la *cour Royale;* une autre, près de la rivière, portait le nom de *cour des Princes;* c'est là qu'étaient les écuries royales; une troisième, au nord de la rue Saint-Honoré, était la *cour des Suisses* avec deux entrées, l'une du côté de la place du Carrousel, et l'autre dans la rue de l'Échelle, qui communique à la rue Saint-Honoré. En somme, la place du Carrousel n'occupait point le quart de l'espace qu'elle occupe aujourd'hui; et il était incomparablement plus difficile de la défendre, à cause même du grand nombre de passages qui y conduisaient, et de la masse de constructions à l'abri desquelles pouvaient s'avancer les colonnes d'attaque [1].

Enfin, le 9 août, à minuit, le canon se fait entendre, le tocsin retentit, et l'on bat la générale dans toutes les rues de l'immense cité. Les insurgés se réunissent aussitôt aux différents points de

* On sait les grands travaux exécutés de nos jours par le gouvernement de Napoléon III. (*Note de l'éditeur.*)

[1] *Hist. parl.*, XV, 145; XVI, 451, 452.

ralliement. Des témoins oculaires de la sanglante catastrophe que nous allons raconter nous ont laissé, tracé des couleurs les plus vives, le tableau des horreurs de cette nuit épouvantable, au moment où allait s'écrouler la plus vieille monarchie de l'Europe. Le son du tocsin, les roulements du tambour, le bruit de l'artillerie et des caissons dans les rues, les cris des insurgés, la marche des colonnes, retentissaient encore à leurs oreilles longtemps après l'événement et venaient troubler leurs esprits jusqu'au milieu de l'enivrement des fêtes et des réjouissances. Le club des Jacobins, celui des Cordeliers, de la section des Quinze-Vingts au faubourg Saint-Antoine, formaient les trois centres de l'insurrection. Les forces les plus redoutables se trouvaient au club des Cordeliers. C'est là qu'étaient les Marseillais; c'est là que dominait l'énergie toute-puissante de Danton. « Il n'est plus temps, s'écrie l'illustre démagogue, d'en appeler aux lois et aux législateurs : les lois n'ont point prévu de pareils crimes, les législateurs sont les complices des coupables. Déjà ils ont acquitté la Fayette; absoudre ce traître, c'est nous livrer à lui, aux ennemis de la France, à la vengeance sanguinaire des rois alliés. C'est cette nuit même que le perfide Louis a choisie pour livrer sa capitale au carnage et à l'incendie, afin de fuir quand tout y sera en ruine. Aux armes! aux armes! Il ne nous reste pas d'autre chance de salut. » Les insurgés et les Marseillais surtout demandaient avec instance le signal de la marche : le canon de toutes les sections roulait vers le centre de la capitale [1].

La cour, avertie du danger, avait préparé le peu de ressources dont elle pouvait disposer pour résister à l'attaque. On avait triplé tous les postes du château; on avait élevé des barrières à l'entrée de la cour, et 40 grenadiers de la section des filles Saint-Thomas, avec autant de gendarmes à cheval, se tenaient en avant de l'entrée principale. Mais ces précautions étaient vaines contre la ville insurgée. La seule troupe sur laquelle pût compter la famille royale était la garde suisse, dont la fidélité, toujours remarquable, s'était changée en un véritable dévouement pour le roi et la reine. Depuis le 7 août, l'Assemblée avait ordonné son éloignement de Paris; mais les ministres,

[1] *Hist. parl.*, XVI, 400, 415. — De Staël, *Rév. franç.*, II, 61. — Bertr. de Mollev., IX, 81, 84. — Lac., I, 264. — Th., II, 214, 216.

sous différents prétextes, étaient parvenus à différer l'exécution du décret; cependant, ils n'avaient point appelé à la défense du château la moitié de ce corps, qui était à Courbevoie. Le nombre de ceux qui étaient de garde s'élevait à 800 environ; ils prirent position dans le plus bel ordre sur la place du Carrousel, dans un silence qui contrastait avec le vacarme des insurgés. Les gardes nationaux fidèles arrivèrent successivement, au nombre d'environ 4,500, et remplirent la cour des Tuileries. Les grenadiers du quartier Saint-Thomas étaient à leur poste longtemps avant le signal de l'insurrection. 700 à 800 royalistes, appartenant à des familles nobles, remplissaient l'intérieur du château, déterminés à partager les périls de leur souverain; mais la présence de ces défenseurs non organisés, vint déranger plutôt que fortifier la défense; elle ne servit qu'à refroidir l'ardeur des gardes nationaux en réveillant leur haine instinctive contre l'aristocratie. Les dragons de la grosse cavalerie, forts de 900 chevaux et de 12 pièces d'artillerie, stationnaient dans les jardins et dans la cour; malheureusement, dans l'arme redoutable de l'artillerie, les royalistes étaient de beaucoup inférieurs aux insurgés. On le voit, les forces royales étaient nombreuses encore; mais la cour était loin de pouvoir compter sur le dévouement de tous les corps : la gendarmerie à cheval, cette force si importante dans les troubles civils, donna bientôt l'exemple fatal de la trahison, et passa tout entière à l'ennemi. Ce corps était formé en grande partie des anciens gardes françaises, qui eurent ainsi l'infamie de trahir une seconde fois leur souverain et leurs serments [1].

Pétion vint à minuit inspecter les postes du château, sous le prétexte apparent de s'assurer de l'état des préparatifs de défense; mais son but réel était de profiter de ce qu'il aurait vu pour mieux diriger les attaques des insurgés. Les grenadiers de la section des filles Saint-Thomas le suivirent dans sa visite des postes et résolurent de le retenir comme otage; l'Assemblée, semblant favoriser les desseins du maire, éluda la difficulté en faisant mander Pétion à sa barre, pour y rendre compte de la situation de la capitale. Dès qu'il fut arrivé à l'Assemblée, on lui

[1] Campan, II, 217, 218. — Weber, II, 241. — Lac., I, 265, 266. — Th., II, 243. — Mign., I, 189. — *Hist. parl.*, XVI, 433.

intima l'ordre de se rendre à son poste, non pas aux Tuileries, qui étaient menacées, mais à l'hôtel de ville, quartier général de l'insurrection. Pendant que ces choses se passaient à l'Assemblée et au château, les 48 sections de Paris avaient nommé des commissaires, qui, réunis à l'hôtel de ville, avaient supplanté l'ancienne municipalité, qu'on ne trouvait plus assez démocratique, et en avaient élu une nouvelle aussi révolutionnaire que possible. Quand Pétion y arriva à six heures du matin, il trouva cette municipalité installée, et sans la moindre opposition il se laissa arrêter. Continuant néanmoins son détestable système d'hypocrisie, il signa encore comme maire de Paris un ordre par lequel Mandat, commandant de la garde nationale, homme d'honneur et d'énergie, était requis de se rendre à l'hôtel de ville. L'ordre signé de Pétion ne parlait pas du changement qui s'était opéré dans la municipalité. Mandat, obéissant à un ordre émané de l'autorité civile, se rendit à l'hôtel de ville; il fut immédiatement arrêté par les nouvelles autorités, et accusé d'avoir ordonné à sa troupe de tirer sur le peuple. Le malheureux pâlit en voyant ces figures inconnues qui siégeaient à la municipalité; il fut envoyé sous escorte à l'Abbaye, mais la populace le massacra sur les marches de l'hôtel de ville. Immédiatement la nouvelle municipalité donna le commandement de la garde nationale à Santerre, chef de l'insurrection [1].

La mort de Mandat était une perte irréparable pour la cause royale. Sans lui, on ne pouvait compter sur la garde nationale, déjà ébranlée dans sa fidélité par la présence d'un si grand nombre de gentilshommes entourant la personne du roi. A 5 heures du matin, le roi parcourut le palais, accompagné de la reine, du dauphin et de madame Élisabeth. A l'intérieur, les troupes étaient animées du meilleur esprit; l'espoir commençait à renaître dans les cœurs de la famille royale; mais quelle cruelle déception! ils descendent, et comme ils passaient en revue les forces réunies sur la place du Carrousel et dans les jardins, quelques bataillons, ceux surtout des filles Saint-Thomas et des Petits-Pères, les accueillirent avec enthousiasme; les autres restèrent silencieux et indécis; quelques-uns, et particulièrement les

[1] *Hist. parl.*, XVI, 409, 431. — Campan, II, 240, 242. — Weber, II, 217, 218. — Mign., I, 190. — Toul., II, 233. — Th., II, 249.

canonniers et le bataillon de la Croix-Rouge, poussèrent le cri de *Vive la nation!* Deux régiments de piquiers défilèrent devant le roi en criant : *Vive la nation! vive Pétion! à bas le veto! à bas le traître!* Le roi, frappé de ces funestes présages, rentra au château pâle et abattu. La reine déploya en cette circonstance toute la grandeur et la fermeté de sa race. « Tout ce que vous avez de plus cher, mes amis, dit-elle aux grenadiers de la garde nationale, vos demeures, vos femmes, vos enfants, tout cela dépend de notre existence. Aujourd'hui notre cause est celle de la nation. » Ces paroles, prononcées avec dignité, excitèrent l'enthousiasme des troupes qui les entendirent; mais les plus fidèles ne pouvaient offrir que le sacrifice de leur vie; rien chez eux n'annonçait l'enthousiasme du succès. Le roi, tâchant de se contenir, avait cependant le désespoir dans le cœur; vêtu de violet, couleur du deuil de la famille royale, l'épuisement de ses traits prouvait assez qu'il n'avait point fermé l'œil de toute la nuit. Il ne craignait rien pour lui-même; il avait refusé ce jour-là de revêtir la cotte de maille préparée par la reine dans le but d'éviter les coups d'un assassin. « Non, avait-il dit, un jour de bataille, le roi ne doit pas être autrement vêtu que le moindre de ses serviteurs. » Malheureusement on ne put obtenir de lui qu'il prît une résolution au moment décisif. Il est certain que si le roi, au moment où les Suisses venaient de disperser les insurgés, avait chargé à la tête de toutes ses forces, il pouvait encore, à cette heure suprême, rétablir la monarchie[1].

Pendant qu'aux Tuileries régnaient l'incertitude et le découragement, l'énergie des insurgés croissait d'heure en heure. Dès la pointe du jour, ils avaient forcé l'Arsenal et distribué à la multitude les armes qu'il contenait. A six heures, la colonne du faubourg Saint-Antoine, forte de 15,000 hommes, réunie à celle du faubourg Saint-Marceau, qui en comptait 5,000, s'était mise en mouvement vers le château, voyant sans cesse grossir ses rangs pendant sa marche. Cette colonne avait forcé le poste placé au Pont-Neuf par le directoire du département, et avait ainsi rétabli les communications avec l'autre rive de la Seine. Bientôt l'avant-garde des insurgés, composée des Marseillais et des Bretons, avait

[1] Campan, II, 242, 244. — Weber, II, 217, 219. — Toul., II, 236. — Mign., I, 190. — Lac., I, 267. — Th., II, 252, 253, 255.

débouché par la rue Saint-Honoré, s'était établie sur la place du Carrousel et avait braqué ses canons sur le palais. Rœderer, en cette circonstance, déploya la plus louable activité dans l'accomplissement de ses devoirs : il commença par demander à l'Assemblée l'autorisation de traiter avec les insurgés; ceux-ci ne voulant rien entendre, il se rendit ensuite auprès des bataillons de la garde nationale, leur donna lecture des articles de la constitution qui, en cas d'attaque, leur enjoignaient de repousser la force par la force; une partie des troupes accueillit cette lecture par de bruyantes acclamations; mais bien peu de bataillons cependant paraissaient disposés à soutenir le roi; les canonniers se contentèrent de décharger leurs pièces. Rœderer, voyant triompher partout la cause des démagogues, rentra désespéré au château [1].

En ce moment, le roi tenait conseil avec la reine et les ministres. Rœderer déclara que le danger était extrême; que les insurgés ne voulaient rien entendre; qu'on ne pouvait compter sur la garde nationale; qu'enfin la perte de la famille royale était inévitable si elle ne se réfugiait au sein de l'Assemblée, et qu'un quart d'heure plus tard la retraite serait impossible. Le roi gardait le silence; comme nous l'avons dit, il ne craignait pas pour lui-même; mais la pensée qu'une défaite entraînerait le massacre de sa femme et de ses enfants paralysait chez lui toute énergie. « J'aimerais mieux, dit la reine, être clouée aux murs du château que de le quitter. » Puis, saisissant un pistolet et le tendant au roi : « Sire ! dit-elle, voilà le moment de vous montrer ! » Le roi ne répondit point : il avait la résignation du martyr; il lui manquait l'audace du héros. « Êtes-vous prête, madame, dit Rœderer à la reine, à accepter la responsabilité de la mort du roi, de vous-même, de vos enfants, et de tous ceux qui sont ici pour vous défendre ? » Tout le monde se taisait, quand Montjoie, prenant la parole : « Allons, dit-il, plus de délibération; l'honneur l'ordonne; le salut de l'État l'exige; allons à l'Assemblée. » Ces mots décidèrent le roi; il se leva, et, s'adressant à son entourage : « Messieurs, nous n'avons plus rien à faire ici. » Accompagné de la reine, du dauphin et de sa suite, il descendit le grand

[1] Montjoie, *Vie de Marie-Antoinette*, II, 80, 81. — *Récit de Pétion*, *Hist. parl.*, XVI, 437, 440. — De Rœderer, *Ibid.*, 447, 454. — Lac., I, 267.

escalier, traversa le jardin, protégé par les Suisses, le bataillon des filles Saint-Thomas et celui des Petits-Pères. Ces troupes fidèles ne parvinrent qu'après des efforts inouïs à faire pénétrer la famille royale dans le local de l'Assemblée, au milieu des menaces et des malédictions de la foule. « Pas de femmes ! *le roi seul !* » s'écriait-on de tous côtés dans cette multitude tumultueuse qui couvrait la terrasse des Feuillants. La presse y était si grande qu'un garde national, qui portait le dauphin dans ses bras, fut obligé d'avoir recours à toute sa vigueur athlétique pour parvenir à pénétrer dans la salle du Manége avec son précieux fardeau. Dans cette confusion, la reine perdit sa bourse et sa montre. « Messieurs, dit le roi en entrant, je suis venu ici pour éviter un grand crime, et je pense que je ne saurais être plus en sûreté qu'au milieu de vous. » — « Sire, répond le président Vergniaud, vous pouvez compter sur la fermeté de l'Assemblée nationale; ses membres ont juré de mourir en soutenant les droits du peuple et les autorités constituées. » Les Girondins avaient atteint le but; le roi était humilié, et, dès ce moment, ils étaient sincères dans leur désir de rétablir la tranquillité : vain espoir ! cela prouvait seulement combien peu ils connaissaient les hommes, combien ils étaient incapables de gouverner dans ces temps orageux d'exaltation politique [1].

Cependant la nouvelle municipalité, organisée par Danton et Robespierre, dirigeait tous les mouvements de l'insurrection. Un rassemblement formidable occupait, sur la place du Carrousel, la partie qui longe le Louvre; là, de nombreux canons étaient braqués contre le palais, dont les défenseurs avaient été cruellement affaiblis par la retraite des détachements qui avaient accompagné le roi à l'Assemblée. La gendarmerie à cheval, rangée en avant du château, avait honteusement abandonné son poste aux cris de : *Vive la nation !* La garde nationale était si divisée qu'elle se trouvait réduite à l'inaction; enfin, les canonniers avaient passé à l'ennemi. Mais avec une héroïque fermeté, les gardes suisses demeuraient dans un calme inébranlable, au milieu de toutes ces défections. Après la retraite du roi, ces braves se trouvaient là sans ordres, dans la plus affreuse situation, me-

[1] Montjoie, II, 64, 65. — Campan, II, 246. — Lac., I, 267, 269. — Weber, II, 225, 226. — *Hist. parl.*, XVI, 461, 463.

nacés par 30,000 insurgés en armes, et arrivés au plus haut degré de l'exaspération. Ces braves avaient trop profondément gravé dans le cœur le sentiment de l'honneur pour reculer. Les rebelles, guidés par Santerre, et précédés de 50 canons, s'avancent enfin contre les Suisses. Les officiers demandaient instamment des ordres : « Ne vous laissez point forcer, » leur dit le maréchal de Mailly. Cependant, les gardiens de la grille, tremblant de crainte, en ouvrent les portes aux Marseillais, qui s'élancent le sabre au clair vers le grand escalier, massacrent cinq Suisses qui s'opposent à leur passage, et se précipitent vers la chapelle du roi. Pendant cette lutte, l'un des officiers suisses veut parler aux insurgés; d'affreuses clameurs couvrent sa voix. Puis les bandes de Santerre commencent à tirer sur les Suisses et sur les grenadiers des filles Saint-Thomas; ceux-ci ripostent : l'action devient générale [1].

Jamais n'apparut avec plus d'éclat que dans cette lutte la supériorité de l'ordre et de la discipline sur le nombre. Les Suisses, faisant feu des croisées, forcèrent leurs ennemis à reculer; descendant aussitôt, ils se forment en bataille sur la place du Carrousel, et par un feu nourri et habilement dirigé, ils achèvent la défaite des insurgés, qui, naguère encore si audacieux, fuient en désordre jusqu'au Pont-Neuf; un grand nombre d'entre eux ne s'arrêtèrent que quand ils furent arrivés dans leurs obscures demeures. Les Suisses leur reprirent sept canons qu'ils ramenèrent au pied du grand escalier. Dans ce moment critique, 300 hommes de cavalerie eussent sauvé la monarchie. Si les 1,800 hommes de la garde constitutionnelle eussent été là, la victoire était complète. Malheureusement, les héroïques défenseurs du château, cette poignée de braves, ne pouvaient s'aventurer à poursuivre l'ennemi au delà du Carrousel; les insurgés reprirent courage, en voyant qu'on ne les poursuivait point, et sous la conduite de Westerman, préparèrent une nouvelle attaque à l'abri d'une puissante artillerie. Les Marseillais et les Bretons revinrent plus nombreux à la charge; les Suisses sont criblés de mitraille; ils tombent, mais à leur rang, invincibles jusque dans la mort. Le trône de France, à cette heure suprême, ne trouva de défenseurs

[1] *Récit de Pfeiffer*, colonel de la garde suisse. — Weber, I, 552, 563. — *Hist. parl.*, XVI, 455, 456. — Deux Amis, VIII, 181, 182.

ni dans sa noblesse titrée, ni dans son armée nationale, mais dans des montagnards nés libres, et que n'avaient point corrompus les vices de la société[1].

Au moment critique où les Suisses, que l'artillerie des insurgés n'avait pu vaincre, combattaient noblement au champ d'honneur, M. d'Hervilly, envoyé par le roi, après des efforts inouis, et à travers mille dangers, arriva blessé et sanglant au pied du grand escalier; là il transmit aux Suisses l'ordre donné par Louis de cesser le feu et de se retirer à l'Assemblée. « Oui, braves Suisses, s'écrie le baron de Veomenil, allez sauver votre roi : vos ancêtres en ont souvent fait autant ! » Ceux-ci, se figurant qu'on les appelait d'un autre côté pour défendre la personne du monarque, se rassemblent au son du tambour; les fidèles montagnards vont se placer à leur rang avec la précision de soldats à la parade, sous un feu terrible de mousqueterie et de mitraille. Ils se dirigent par la porte des Tuileries vers l'Assemblée en suivant la terrasse des Feuillants; mais ils subissent des pertes terribles en traversant les jardins. Les insurgés, enhardis par leur retraite, les pressent de tous côtés par un feu meurtrier auquel les malheureux ne peuvent plus répondre. Trois cents de ces héros tombent en quelques minutes. Bientôt ce n'est plus une bataille, mais un massacre; la multitude furieuse envahit le château, les Suisses sont hachés partout où on les découvre : les fugitifs, poursuivis dans les jardins par les piquiers des faubourgs, sont tués sans pitié, sous les arbres, auprès des fontaines, au pied des statues. Quelques-uns de ces infortunés, pour échapper à leurs ennemis, montent sur les monuments de marbre qui ornent ces lieux; les insurgés alors s'abstiennent de tirer dans la crainte de dégrader les statues; mais ils les forcent à descendre en les harcelant de la pointe des baïonnettes, puis ils les massacrent; étrange exemple de respect pour l'art, chez ces révolutionnaires cruels, et qu'on ne retrouverait peut-être pas dans l'histoire du monde. Durant toute la nuit suivante, le peuple, avec une impitoyable férocité, pourchassa le petit nombre de Suisses qui avaient survécu à cette boucherie. Il s'en échappa bien peu, et en général ceux qui parvinrent à se sous-

[1] Lac., I, 271, 273. — Toul., II, 252, 253. — Deux Amis, VIII, 182, 183. — *Hist. parl.*, XVI, 456. — Weber, II, 563.

traire à la vengeance du peuple durent la vie à des femmes [1].

Pendant que ces terribles scènes se passaient au château, la plus violente agitation régnait à l'Assemblée. A la première décharge de mousqueterie, le roi déclara qu'il avait défendu aux troupes de faire feu ; il signa un ordre aux Suisses de cesser le combat; l'officier qui le portait fut tué en chemin. A mesure que croissait le grondement de l'artillerie, la consternation s'emparait des députés; plusieurs se lèvent et veulent fuir : « Non ! s'écrient les autres, notre poste est ici. » Le peuple des galeries étouffe par ses cris la voix des orateurs; enfin, de bruyantes acclamations se font entendre : « Victoire! victoire! les Suisses sont vaincus! » C'était l'annonce de la ruine de la monarchie. L'Assemblée, dans ce moment de confusion, passa un décret qui recommandait au peuple d'user de modération dans la victoire. Puis après paraît à la barre une députation de la nouvelle municipalité; elle vient demander la confirmation de ses pouvoirs, réclamer la déchéance du roi et la convocation immédiate d'une Convention nationale. Accueilli par un tonnerre d'applaudissements, l'orateur de la députation dit d'une voix sombre : « Prononcez la déchéance; demain nous vous apporterons le procès-verbal de la journée. Pétion, Manuel et Danton sont nos collègues; Santerre est à la tête de la force armée. » D'autres députations se succèdent, faisant la même demande du ton dont s'exprime un peuple vainqueur. L'assemblée, sous l'empire de la nécessité, rendit, sur la proposition de Vergniaud, un décret qui suspendait le roi, renvoyait les ministres, et ordonnait l'élection immédiate d'une Convention nationale. On ne pouvait plus résister à la municipalité; elle avait usurpé la souveraineté, et l'Assemblée n'était plus qu'un jouet dans ses mains [2].

Le comité secret qui, après l'installation de la nouvelle municipalité à l'hôtel de ville, avait organisé l'insurrection et en avait dirigé les mouvements, se composait de Danton, Camille Desmoulins, Fabre-d'Églantine, Manuel, Panis, Osselin, Marat, Fréron, Tallien, Duplace, Billaud-Varennes, Robespierre, Collot-

[1] Scott's, *Paris revisited*, 291. — *Renseignements particuliers à l'auteur*. — *Récit de Pfeiffer*. — Weber, II, 564, 565. — Duval, *Souv. de la Terreur*, II, 124, 125. — Bertr. de Mollev., *Mém.*, II, 276.

[2] *Hist. parl.*, XVII, 1, 54. — *Monit.*, 11 août. — Mign., I, 195. — Toul., II, 252, 256. — Deux Amis, VII, 186, 192. — Lac., I, 272.

d'Herbois, Durfort, Cailly, Chénier, Leclerc et Legendre. Chabot et Bazire, comme membres de l'Assemblée, ne faisaient point partie du comité insurrectionnel, quoiqu'ils eussent cependant trempé activement dans la révolte. La liste de ces noms est d'une certaine importance, en ce qu'elle démontre que les Girondins, quoique faisant partie du conciliabule de Charenton, n'appartenaient point à la partie active des conspirateurs. Les uns craignaient de pousser les choses à d'aussi dangereuses extrémités, depuis surtout qu'ils avaient compris le but réel de leurs alliés les Jacobins ; les autres manquaient de l'énergie indispensable pour prendre part à une lutte pareille ; la plupart enfin ne voulaient qu'intimider le roi par la menace d'une insurrection, afin de ressaisir par ce moyen les rênes du gouvernement. La journée du 20 juin, qui avait été leur ouvrage, dévoilait parfaitement leurs desseins. La journée du 10 août fut l'œuvre des Jacobins ; mais cette faction puissante n'était point arrivée au terme de son ambition ; il lui fallait renverser la Gironde et en faire périr tous les chefs sur l'échafaud [1].

Il est difficile de se faire une idée des vengeances terribles exercées par la multitude furieuse sur les malheureux Suisses qui avaient survécu au combat, ainsi que sur les royalistes et les gardes nationaux fidèles qui avaient défendu le château : de pareilles horreurs passent toute imagination. Plus de 50,000 hommes armés envahirent comme un torrent les Tuileries, saccageant les appartements royaux, poursuivant les Suisses qui fuyaient dans toutes les directions. Le peuple massacra presque tous les nobles royalistes qu'il surprit dans le palais ; il les poursuivait de chambre en chambre, brisant tout sur son passage ; mobilier, glaces, porcelaines, tout volait en éclats ; le sol était jonché de cadavres et de débris. On mit à mort tous les gens de service qui ne parvinrent point à fuir par les fenêtres. Bientôt le palais fut en flammes ; la multitude furieuse attaquait les travailleurs chargés d'éteindre l'incendie, et il fallut des ordres réitérés de l'Assemblée pour préserver le château d'une destruction complète [2].

[1] *Hist. parl.*, XVII, 54. — Toul., II, 257. — Peltier, *Révolution du 10 août* 74, 79.

[2] Deux Amis, VIII, 186, 187. — Prudhomme, *Crimes de la Rev.*, IV, 68. 69. — Duval, *Souv. de la Terreur*, II, 126, 129.

Comme dans toutes les scènes de la Révolution, on vit des furies, sous la forme de femmes, commettre les plus atroces cruautés. Elles se jetaient sur les Suisses blessés, leur coupaient la tête, leur arrachaient le cœur et les entrailles, et promenaient sur des piques ces sanglants témoignages de leur incroyable férocité. La cour des Suisses était jonchée des cadavres de ces glorieux défenseurs de la monarchie ; leurs restes mutilés nageaient dans une vaste mare de sang. Et là ne s'arrêta point le délire de ces viragos ; elles coupaient les bras ou les jambes des morts ; elles frottaient d'huile des cadavres entiers, les portaient aux cuisines, et se repaissaient de la chair de ces infortunés. Presque tous les Suisses, employés comme portiers dans les hôtels de Paris, furent massacrés par des mains barbares, après que la lutte avait cessé. Cinq mille personnes environ périrent dans cet affreux massacre ; il faut faire entrer dans ce nombre près de deux cents insurgés qui moururent ivres dans les caves du château [1].

Le 10 août fut la dernière occasion qui s'offrît au roi de sauver la France. On ne peut douter que, avec un caractère plus énergique, il n'eût réussi dans cette fatale journée. La grande masse de la nation était dégoûtée des excès des Jacobins : partout l'attentat du 20 juin avait produit un sentiment d'horreur. Si, en ce moment, le roi avait agi avec vigueur, repoussé la force par la force, et profité de sa victoire pour déclarer ennemis de l'État les Jacobins et les Girondins, qui vingt fois avaient violé la constitution; s'il avait dissous l'Assemblée, fermé les clubs et arrêté les chefs de la révolte, ce jour eût été peut-être celui du rétablissement de l'autorité royale. Mais ce prince honnête homme ne put jamais se convaincre que le salut du royaume fût attaché à sa conservation personnelle ; il aima mieux s'exposer à une mort certaine que de répandre du sang pour échapper à son sort. Il est bien positif que si la moitié des gardes suisses, cantonnés à Ruel et à Courbevoie, avaient été portés sur le théâtre de l'action, la défaite des insurgés eût été complète; le même résultat aurait été obtenu encore si l'on avait pu disposer de la garde constitutionnelle, ou si, seulement, les 900 hommes de gendarmerie à cheval eussent été fidèles à leur serment [2].

[1] Duval, *Souvenirs de la Terreur*, II, 129. — Deux Amis, VIII, 186. — Prudhomme, *Crimes de la Rév.*, IV, 67, 69.

[2] Dumont, 438.

Ce n'est point au début des troubles révolutionnaires que la société se voit menacée dans son bonheur; le danger commence quand la fureur populaire en vient à vouloir dépasser les chefs que le peuple s'est donnés dans le premier moment d'enthousiasme, et ne leur permet plus de s'arrêter dans la voie des innovations. La journée du 10 août ne fut que de trois années postérieure à celle du 14 juillet. La raison en est simple : dans le moment où éclate l'effervescence, le peuple, après un premier succès, est content de lui-même et de ses chefs; le nouveau gouvernement s'installe; il commence à fonctionner aux applaudissements de tous les citoyens. A cet enthousiasme du triomphe succèdent bientôt les conséquences inévitables de toute convulsion sociale : que d'espérances déçues! les travailleurs sont sans emploi, les capitaux se cachent. Les souffrances qui succèdent à la victoire sont toujours plus cruelles que les maux qui ont provoqué l'insurrection. L'argent manque pour les transactions; le crédit est anéanti; et la masse du peuple, qui ne peut vivre que de l'action combinée du crédit et du capital, tombe bientôt dans la misère. Les historiens français les plus dévoués à la cause de la Révolution avouent que la monarchie n'eût point résisté à la moitié de la misère qui désola la république [1]. Ces maux sont inévitables; ils sont la conséquence nécessaire de l'ébranlement du crédit, des attentats contre la propriété et du débordement de la licence; mais comme ils succèdent à des espérances toujours exagérées, ils excitent dans les classes inférieures une irritation, une colère qui doit amener nécessairement de nouveaux déchirements. C'est quand une révolution s'achève que le peuple est le plus disposé à en commencer une seconde.

Ce sont les classes moyennes qui organisent la résistance au gouvernement établi; en effet, leur influence seule peut ébranler le pouvoir. Elles sont donc, dès l'abord, à la tête du mouvement révolutionnaire. Mais elles ont excité des passions, éveillé des espérances, produit des désordres, et jeté ainsi dans le sol populaire les germes de convulsions plus dangereuses contre les nouveaux principes qu'ils ont fait consacrer dans les institutions. Toute espèce d'autorité devient odieuse à des hommes qui ont

[1] Mignet, I, 127.

joui de la licence et de l'excitation révolutionnaire : en peu de temps le nouveau gouvernement devient aussi impopulaire que celui qu'il a renversé; les classes inférieures aspirent à prendre la place conquise par la bourgeoisie. La lutte qui a fait tomber le pouvoir arbitraire est suivie bientôt d'une lutte plus terrible : les combattants sont plus nombreux, les passions plus violentes, l'ambition plus effrénée. L'anéantissement du crédit a jeté une foule d'existences sur le pavé; ces malheureux n'ont d'espoir que dans de nouveaux changements; une inexorable nécessité les pousse à l'insurrection. Les chances ne sont point alors en faveur des institutions nouvellement établies, à moins que les autorités constituées n'aient à leur disposition un corps nombreux et discipliné, capable de résister aux menaces de l'émeute et aux séductions des passions populaires.

Déjà les événements avaient démontré jusqu'à l'évidence que la constitution de 1791 n'était point faite pour une monarchie : en dépit de tous les efforts de Louis XVI, qui la voulait exécuter fidèlement, cette constitution était détruite moins d'un an après son adoption. La suite de la Révolution a prouvé également que le travail de la Constituante n'était pas non plus en harmonie avec les vrais principes de la liberté; les actes de spoliation décrétés par cette assemblée en avaient ébranlé les bases. Avant la Révolution, les provinces avaient soutenu une lutte longue et glorieuse contre la couronne, pour la défense des libertés nationales. Les noms les plus illustres de l'aristocratie française se trouvaient à la tête de la résistance. Les parlements devaient toute leur considération au caractère, au talent et à la position sociale des membres qui composaient ces illustres compagnies : ce fut par l'influence de leur exemple que la nation tout entière fut amenée à ce désir d'indépendance qui devait conduire fatalement à la Révolution. Mais on n'a rien vu de semblable dans ce pays depuis la destruction de l'aristocratie : la France, depuis lors, s'est invariablement soumise sans résistance au pouvoir établi à Paris; que ce pouvoir dût son existence à l'émeute ou à la force des baïonnettes, il a pu exercer l'autorité la plus despotique sur le reste du royaume. En brisant l'aristocratie, la France a détruit les principes vitaux de la liberté. Louis XV et son infortuné successeur s'étaient vus dans l'impossibilité de réduire l'esprit d'indépendance des parlements; tandis que le sénat conservateur fut un instrument servile dans les mains de Napoléon. La puissance des masses est irrésistible sans doute aux époques d'effervescence politique, mais il ne faut pas compter sur la multitude pour la défense constante de la liberté : une aristocratie héréditaire, soutenue quand il le faut par le peuple, est au contraire une force sur laquelle on peut toujours compter, parce qu'elle a des intérêts permanents à protéger contre les envahissements de la tyrannie, et qui ne sont point exposés aux fluctuations de l'opinion publique. Supposez qu'en 1642 les puritains d'Angleterre eussent confisqué les propriétés de l'aristocratie : jamais la Révolution de 1648 n'eût été suivie d'un siècle et demi de liberté et de gloire. Ce ne fut point Napoléon qui détruisit en France les éléments de la liberté; il les trouva anéantis sous sa main; il n'eut qu'à saisir les rênes et à serrer le frein que les Jacobins avaient imposé à la nation. C'est donc l'Assemblée constituante elle-même qui avait jeté les bases de cette humiliante tyrannie.

Les souverains alliés commirent une faute capitale, suivie de conséquences désastreuses : ils attaquèrent la France au moment de la plus violente exaltation populaire; ils transformaient ainsi l'anarchie révolutionnaire en une résistance patriotique; ils eurent ensuite le tort de ne point pousser leur attaque avec assez de vigueur pour parvenir à leur but, pour étouffer les mauvaises passions qui bouleversaient ce malheureux pays. A cette époque, la France commençait à se diviser; l'injustice de la Constituante à l'égard du clergé avait soulevé la Vendée; la crainte de la guerre étrangère vint rétablir pour un temps l'union des intérêts les plus opposés. La marche imprudente des Prussiens, leur fatale retraite, avaient déterminé en grande partie la catastrophe du 10 août; à Paris, les dangers qui menaçaient l'indépendance nationale paralysèrent les efforts des amis de l'ordre; les défenseurs du trône rougissaient de soutenir une cause qui paraissait compter sur le succès des puissances ennemies. Burke avait prédit que la France se diviserait en républiques confédérées; cette prédiction se fût accomplie peut-être sans l'invasion étrangère. L'unité de la République, les victoires du Consulat, les conquêtes de l'Empire, furent le résultat des attaques mal combinées des armées alliées. Sans doute, la France, comme toute puissance révolutionnaire, contenait les éléments d'une force militaire considérable; elle eût dans tous les cas été fatalement entraînée dans des guerres étrangères; il fallait bien trouver un point d'application à cette énergie extraordinaire développée par la Révolution; il fallait bien occuper une population privée de travail et gémissant sous le poids de la misère. Mais cette nécessité seule n'eût point créé cette unanimité de sentiments patriotiques, principe de la supériorité des armées françaises depuis l'invasion de 1792. Il n'y a que deux moyens de combattre une révolution : ou la laisser succomber aux divisions intestines, et c'est le moyen le plus sage; ou bien l'attaquer avec une vigueur telle que toute résistance soit impossible.

S'il est une cause à laquelle on puisse, plus qu'à toute autre, attribuer la marche désastreuse de la Révolution française, c'est l'absence de toute croyance religieuse chez les hommes les plus éclairés et les plus considérables de cette époque. L'égoïsme et les passions mauvaises de notre nature ont besoin d'un frein salutaire : ce frein faisait défaut à presque tous les révolutionnaires. C'est pour cela que ce parti adopta sans remords ces mesures injustes et cruelles contre la noblesse et le clergé; c'est ainsi que fut excitée la cupidité des classes moyennes, auxquelles on promettait les dépouilles de l'aristocratie; c'est ainsi qu'on éternisa les haines entre le peuple et les ordres supérieurs de la société. Les rêves de la philosophie, les mouvements de l'enthousiasme, même les sentiments de la vertu, ne suffisent point à préserver les hommes publics, au milieu de la confusion générale produite par les progrès rapides des passions révolutionnaires. A ce point de vue, la Révolution d'Angleterre offre un contraste frappant avec la Révolution française; si l'on excepte les luttes déplorables de l'Irlande, notre Révolution fut comparativement humaine et modérée; le parti victorieux n'y commit point ces actes odieux de confiscation si funestes à la France; et cette différence, il faut l'attribuer à l'action salutaire des principes religieux, qui seuls peuvent corriger ce qu'il y a de mauvais instincts dans notre nature. Hume a dit que le fanatisme avait déshonoré notre grande Révolution, et qu'on chercherait en vain parmi les chefs populaires de cette époque les sentiments généreux qui animaient les patriotes de l'antiquité. En admettant l'absurdité et le ridicule des doctrines et de la conduite de plusieurs d'entre eux, il faut reconnaître cependant qu'à défaut de l'autorité des lois civiles, la ferveur religieuse était alors le seul frein qu'on pût opposer à la perversité humaine, et que, sans ce fanatisme même, notre Révolution eût été souillée des proscriptions de Marius et des sanglantes exécutions de Robespierre.

L'élévation des hommes publics ne tient pas autant à leur supériorité réelle qu'au hasard qui les fait vivre à certaines époques de la vie des peuples, où ils sont l'expression la plus juste de l'esprit de leur temps. Au 10 août, l'éloquence de Mirabeau n'eût pas réussi à soulever la multitude; au commencement de la Révolution, l'énergie de Danton l'eût conduit au gibet; l'ambition de Napoléon n'eût point vaincu l'esprit démocratique de 89. Ces grands hommes montèrent successivement au premier rang, parce qu'avec des talents incontestés, ils étaient doués d'une tournure d'esprit conforme au courant de l'opinion publique. Mirabeau représentait l'Assemblée constituante; sa pensée était libre, son expression hardie, ses projets vastes; mais il lui restait un vieil attachement au système monarchique, et il sentait le danger des mesures précipitées. Vergniaud est l'expression du parti dominant dans la Législative : aspirations républicaines, principes philosophiques, humanité, d'un côté; de l'autre, spéculations hasardeuses, ignorance du monde et de l'art de gouverner, absence de fermeté dans le commandement : ces hommes manquaient en outre de cette audacieuse énergie qui assure le succès, même au prix du crime. Danton personnifiait en lui la faction des Jacobins; d'une ambition démesurée, homme sans principes, se souciant peu de répandre le sang; s'élevant en influence à mesure que croissait le danger, il était né pour régner dans ces moments terribles, car il ne craignait point de pousser le peuple aux plus épouvantables excès. Dans tous les siècles, les convulsions sociales des peuples ont vu naître des hommes de cette trempe; ainsi les oiseaux de proie sont attirés par un instinct infaillible vers les lieux où se sont passées des scènes de carnage, pour recueillir les fruits sanglants de la discorde et de la violence.

CHAPITRE VIII.

RÉPUBLIQUE FRANÇAISE : DEPUIS LA DÉCHÉANCE JUSQU'A LA MORT DE LOUIS XVI (10 AOUT 1792 — 21 JANVIER 1793).

Avilissement progressif du pouvoir en France. — Causes. — Erreur fondamentale des institutions démocratiques. — Élévation inévitable des méchants dans les temps révolutionnaires. — État de Paris après le 10 août. — Fureur de la populace. — Le ministère girondin est rappelé. — Décision à propos de la famille royale. — Elle est transférée au Temple. — Soumission des armées au gouvernement. — Chute et fuite de la Fayette. — La municipalité de Paris demande du sang. — Institution du tribunal révolutionnaire. — Formation et premiers actes de ce tribunal. — Ses premières victimes. — Adoption de la guillotine. — Mort de Bachman et Durozoi. — Consternation produite par la marche des Prussiens. — Plan d'un massacre dans les prisons. — Fermeture des barrières. — L'Assemblée dissout la municipalité. — Allocution de Vergniaud à la députation de ce corps. — Réponse de Tallien. — Projets vigoureux de Danton. — Terreur à Paris. — Massacre dans les prisons. — Massacre à la prison de l'Abbaye. — Horrible cruauté de la populace. — Atrocités dans la cour de l'Abbaye. — Discours de Billaud-Varennes aux assassins. — Héroïsme de Monnot, et de mesdemoiselles de Sombreuil et Cazotte. — Massacre à la prison des Carmes. — Mort de l'archevêque d'Arles. — De la princesse de Lamballe. — Étrange humanité des assassins. — Massacre des Suisses. — Massacres à la Conciergerie, à Bicêtre, à la Salpêtrière. — Affreux destin de Montmorin. — Exemples des mêmes fureurs dans d'autres contrées. — Faiblesse de l'Assemblée. — Petit nombre des exécuteurs. — Inaction de la garde nationale. — Circulaire de la municipalité de Paris. — Massacre à Versailles des prisonniers arrivés d'Orléans. — Massacres à Meaux, à Lyon et à Reims. — Trois prêtres sont brûlés vifs. — La municipalité de Paris s'empare des biens des victimes. — En vain Roland dénonce ces énormités. — Clôture de l'Assemblée législative. — Élections à la Convention nationale. — Partis dans la nouvelle assemblée. — Puissance des Jacobins sur toute la France. — Récriminations des Girondins et des Jacobins. — Abolition de la royauté. — Nouveau calendrier. — État des finances. — Nouvelle constitution tout à fait démocratique. — Osselin et Barbaroux accusent Robespierre. — Accusation de Marat. — Sa réponse. — Louvet accuse Robespierre. — Son discours. — Conduite faible des Girondins. — Réponse de Robespierre. — Irrésolution de l'Assemblée. — L'accusation n'a point de suite. — Faiblesse des Girondins en cette occasion. — Le vrai siége du mal est dans l'abolition du pouvoir exécutif. — Vaine tentative de l'établissement d'une garde municipale pour l'Assemblée. — Langage menaçant des sections à la barre. — Lois plus sévères contre les émigrés. — Mesures proposées par les Girondins contre la municipalité. — Les Jacobins répandent le bruit du projet de division de la république. — On prépare le procès de Louis XVI. — Extrême agitation. — Découverte de l'armoire de fer aux Tuileries. — Premier point de la discussion : Le roi peut-il être jugé ? — Discussion orageuse. — Discours de Saint-Just. — Arguments de Robespierre. — La majorité décide que Louis sera jugé. — Description du Temple. — Captivité de la famille royale. — Ses occupations. — Redoublement de sévérité dans la surveillance. — Le roi est séparé des siens. — Conduite de la famille royale quand elle apprend le procès du roi.— Louis est amené à la barre de la Convention. — Charges contre lui. — Son retour au Temple. — Dévoûment généreux de Malesherbes et de Tronchet.— Desèze est appelé. — Louis supprime son éloquente péroraison. — Procès du roi. — Magnifique péroraison de Desèze. — Conclusions du roi. — Débats sur l'accusation. — Arguments de Saint-Just contre l'appel au peuple. — Discours de Robespierre. — Réplique de Vergniaud. — Louis est condamné contrairement à l'opinion secrète des membres de l'Assemblée. — La défection des Girondins est la cause de la condamnation. — La sentence de mort est prononcée. — Digne conduite du roi. — Santerre lui communique la sentence. — Dernière entrevue du roi et de sa famille. — Sa dernière communion. — Il est transféré au lieu de l'exécution. — Exécution. — Son corps est inhumé à la Madeleine. — Réflexions. — Caractère de Louis XVI. — Réflexions sur la conduite des Girondins. — La mort du roi est inutile même aux révolutionnaires. — Déclaré coupable à l'unanimité, contrairement à l'opinion de la majorité. — Puissance des majorités tyranniques. — Réflexions sur la mort de Louis. — Atrocité impardonnable de cette mort. — Elle produit à la fin d'heureux résultats.

Il est toujours dangereux pour des sujets, dit Tacite, de renverser le pouvoir qui les gouverne; car en général ils se placent eux-mêmes dans la nécessité de commettre des crimes; pour éviter les conséquences d'un seul acte imprudent, les hommes sont obligés de se plonger dans les plus grands excès. La carrière du crime est pour les nations ce qu'elle est pour les individus ; dès qu'on y est entré on n'en peut plus sortir sans la plus ferme résolution, et en s'exposant parfois à des périls sérieux. Les nations, comme les hommes, sont poussées à commettre les derniers et les plus atroces des forfaits, sous l'empire d'une nécessité irrésistible : cela résulte de la pression extérieure des passions mises en jeu, ou de la crainte d'un châtiment mérité. Ce n'est qu'au début de la carrière que la conscience conserve son empire; si nous voulons éviter d'être entraînés à des actes sanguinaires, il faut que nous sachions résister aux premières séductions du mal. La Révolution française offre dans tout son cours de mémorables exemples de cette vérité. Depuis le commencement de la lutte à Paris, chacun des partis qui avaient successivement dominé le mouvement, s'était montré plus violent et plus despotique que celui qu'il venait de renverser. La convocation des états-généraux et le serment du Jeu de paume furent les grands événements de la lutte de la nation contre les classes privilégiées. Le 14 juillet et la prise de la Bastille nous montrent l'insurrection de la bourgeoisie contre le gouvernement; le 10 août, la révolte de la populace contre la bourgeoisie et le trône constitutionnel. Les chefs de l'Assemblée nationale étaient, pour la plupart, guidés par des intentions pures; et si leurs actes furent coupables, cela tenait surtout à la précipitation d'une philanthropie sans expérience. Les actes de la Convention furent marqués au coin de l'ambition populaire avec toutes ses fureurs, avec toute sa turbulence démagogique. Le gouvernement des Jacobins se signala par l'énergie effrénée du crime, et se souilla de cruautés qu'on ne peut attendre que d'esclaves émancipés.

C'est une grave erreur de supposer que le plus grand nombre des hommes soient aptes à porter un jugement sain sur les affaires publiques; quelque rang que vous occupiez, trouverez-vous, dans le cercle des gens que vous hantez, dix hommes réellement à la hauteur d'une tâche aussi délicate? Si l'on voulait examiner l'opinion de la plupart des citoyens sur les grandes questions qui divisent la société, on trouverait que cette opinion repose en général sur les fondements les plus fragiles; préjugés, animosité personnelle, intérêt privé, illusions, voilà ce qui constitue presque toujours la secrète origine des opinions d'après lesquelles ils dirigent leur conduite. Sans doute, la vérité finit le plus souvent par triompher; mais elle ne triomphe que quand l'intérêt cesse de l'obscurcir, quand une triste expérience en démontre l'évidence, ou enfin, quand les passions ne font plus obstacle à son empire. Dans la situation normale des sociétés, ce qui maintient l'harmonie sociale, ce qui permet au gouvernement d'agir avec modération, c'est précisément la nature diverse des intérêts et des passions. Quelquefois la raison se fait écouter, quand les factions se sont mutuellement épuisées dans la lutte. La stabilité des institutions libres tient à l'action réciproque de forces opposées, réagissant les unes sur les autres, et non pas au plus ou moins de sagesse ou de patriotisme des partis. L'opinion publique commence souvent par se tromper, et finit toujours par reconnaître son erreur. La raison en est simple : dans le commencement, elle se forme sous l'influence des passions de la multitude ignorante et intéressée; plus tard elle est corrigée par la réflexion du petit nombre de ceux qui pensent, de ceux qui seuls étudient avec intérêt les événements passés, et dont le jugement sert de base au verdict de la postérité.

Ces considérations seront toujours une objection capitale contre les institutions démocratiques. Partout où règnent ces institutions, les gouvernements, aux époques de calme politique, sont dirigés par les cabales de l'intérêt; dans les temps de troubles, par les orages des passions. L'Amérique offre aujourd'hui l'exemple du gouvernement démocratique exempt de troubles politiques; la France, sous le règne de la Terreur, fut désolée par les orages dont nous venons de parler. Ceux qui prétendent invoquer l'égalité originelle des hommes, et qui demandent comme conséquence de ce principe les mêmes droits pour tous, devraient bien commencer par prouver que les hommes sont égaux par les talents comme par la naissance; que la société pourrait exister avec une multitude jugeant par elle-même des affaires publiques; que ce qui fait l'objet de l'étude la plus difficile pour l'esprit humain, étude qui demande à la fois la plus grande somme de connaissances variées et le jugement le plus froid, que cette étude peut être abordée avec succès par ces hommes à qui la nature a refusé quelquefois le don de la pensée, que le travail des mains a mis dans l'impossibilité d'acquérir des connaissances, ou qui, par leur profession même, sont nécessairement exposés aux séductions de l'intérêt. Ils devraient nous démontrer que la multitude appelée à exercer ces droits, qu'ils réclament pour elle, ne se laissera point guider par les chefs tout-puissants qu'elle se sera choisis ; ils devraient nous prouver qu'une démocratie n'est pas, suivant l'expression d'Aristote, *une aristocratie d'orateurs,* parfois interrompue par *la monarchie d'un seul orateur*.

Quand une convulsion politique produit une collision entre diverses classes de la société, les citoyens vertueux et prudents n'ont guère de chance de s'élever en présence de la violence des ambitieux, à moins que tous les membres honnêtes de la communauté, prévoyant à temps le danger, ne s'unissent étroitement pour résister avec énergie. Si les troubles en sont arrivés à un certain degré de développement, il devient extrêmement difficile aux bons citoyens de reconquérir leur légitime influence, à moins qu'ils ne soient animés de la résolution la plus ferme. Ceci est une conséquence du même principe. Dans le choc de la bataille, la politesse et l'humanité ne sont pas d'un grand secours aux combattants; l'audace et le courage, voilà les qualités importantes. Dans les luttes des factions, la sagesse et la modération obtiennent peu d'influence. Les honnêtes gens sont arrêtés par des scrupules auxquels les hommes sans principes restent totalement étrangers : des difficultés, qui semblent insurmontables aux esprits sages habitués à peser les conséquences de leurs actes, s'évanouissent devant la téméraire audace de ceux qui n'ont rien à perdre. « On s'aperçut bientôt, dit Louvet, parlant de la Révolution, que les hommes armés de poignards l'emporteront facilement sur les hommes armés de principes; et que ces derniers, au premier revers, devront se préparer à l'exil ou à la mort[1]. »

Le sac des Tuileries et l'emprisonnement du roi avaient détruit la monarchie; l'Assemblée, dans son impuissance et dans sa faiblesse, demeura spectatrice passive du combat : le gouvernement était tombé aux mains de la municipalité. La municipalité gouvernait Paris, Paris dominait l'Assemblée, et l'Assemblée guidait la France. Pendant toute la durée de la lutte, les Jacobins se tinrent loin du danger. Marat disparut pendant la confusion, et laissa tout à Westerman; Santerre se retirait avec les forces des faubourgs, lorsque Westerman, lui mettant la pointe de son sabre sur la poitrine, l'obligea à se réunir aux Marseillais : Robespierre resta caché et ne reparut à la commune que vingt-quatre heures après l'événement dont il s'attribua tout l'honneur. Après la retraite des gardes suisses, la populace saccagea le château et donna un libre cours à ses vengeances. Fatigué de massacre et de dévastation, le peuple se mit à briser le mobilier magnifique des appartements royaux, et à en disperser les débris. De véritables sauvages, ivres de vin et de carnage, pénétrèrent dans les appartements de la reine, où ils se livrèrent à des

[1] Louvet, 26. — Riv., Mém., vol. XXVI.

actes d'une repoussante obscénité. En un instant, tous les tiroirs, tous les meubles furent ouverts ou forcés, les papiers qu'ils contenaient lacérés et jetés au vent. Ils brisent tout, glaces, consoles, guéridons, puis ils enfoncent les portes des celliers, s'y gorgent de vin et de spiritueux, au point qu'un grand nombre meurent de ces honteux excès. Aux horreurs du pillage et du meurtre succède bientôt l'incendie. Déjà les flammes se sont emparées de ce noble édifice, et l'Assemblée ne parvient qu'à grand'peine à préserver de la destruction l'asile vénéré d'une royauté qui tombe. Les autres parties de la ville voyaient aussi leurs scènes d'horreur; les décharges de l'artillerie et les feux de peloton avaient cessé; mais les décharges isolées de la mousqueterie prouvaient avec quelle activité les insurgés poursuivaient les fugitifs dans tous les quartiers de la capitale [1].

Le 11, dès le point du jour, une foule immense se pressait dans ces lieux ruisselants encore du sang des Suisses qui y avaient péri la veille. Des sentiments bien divers agitaient la multitude; on secourait les blessés, et en même temps on décrétait des honneurs aux troupes engagées dans le parti républicain, et l'on chantait des hymnes à la liberté. Par ordre de la municipalité, on détruisait les emblèmes de la royauté, les statues des rois; les statues de bronze furent traînées à la fonderie de canons; le nom d'Henri IV ne préserva point son image vénérée. On abattit et l'on mit en pièces les statues de Louis XIV sur la place Vendôme, d'Henri IV sur le Pont-Neuf, de Louis XIII sur la place Royale, de Louis XV sur la place qui porte son nom. Guingerlot, commandant en second de la gendarmerie à cheval, exprimait en passant le regret qu'il éprouvait de la destruction de ces beaux monuments des arts; à l'instant il est percé de vingt piques au pied d'une statue. La multitude mit tant d'empressement et d'imprudence à abattre le monument colossal élevé à la mémoire de Louis XIV, qu'il écrasa dans sa chute une virago bien connue que Marat employait pour afficher son journal. Dans tous les quartiers, des troupes d'hommes et de femmes ivres commirent les mêmes dévastations; les tombes des rois de France à Saint-Denis furent dépouillées de leurs inscriptions, de même

[1] Deux Amis, VIII, 194, 196. — Duval, II, 132. — Th., III, 3, 5. — Barbaroux, 43, 69.

que celles de Turenne, de Richelieu et de Mazarin. On pilla dans les églises, et dans beaucoup de maisons, l'argent et les métaux précieux. On saccagea, on pilla les appartements privés du château. La licence démocratique signalait son avénement par la destruction des monuments les plus vénérables de la monarchie; ce peuple, qui ne devait rien à l'antiquité, répudiait tous les honneurs qu'elle avait transmis à ses enfants [1].

Le premier soin de l'Assemblée, après le renversement du trône, fut de pourvoir, dans une certaine mesure, à l'administration des affaires publiques. Les ministres girondins Roland, Clavière et Servan, reprirent les portefeuilles de l'intérieur, de la guerre et des finances. Danton, qui avait été l'un des principaux chefs de l'insurrection, fut nommé au poste important de ministre de la justice. Cet audacieux démagogue tint à l'Assemblée, à la tête d'une députation de la municipalité, un langage qui montrait à l'évidence où résidait désormais la véritable souveraineté. « Le peuple qui nous a envoyés à votre barre, dit-il, nous a chargés de vous déclarer qu'il vous regarde comme tout à fait dignes de sa confiance, mais qu'il ne reconnaît d'autre juge des mesures extraordinaires auxquelles la nécessité l'a forcé, que la volonté du peuple français, votre souverain comme le nôtre, exprimée dans ses assemblées primaires. » L'Assemblée, incapable de résister, n'avait pas d'autre alternative que de rendre des décrets pour sanctionner tout ce qui avait été fait, et d'inviter les pétitionnaires à faire connaître au peuple ses résolutions. En même temps, on prit les mesures les plus énergiques pour assurer à la multitude l'exercice incontesté du pouvoir qu'elle venait de conquérir. Tous les juges de paix de Paris, qui avaient fait preuve d'une honorable fidélité à la constitution dans la dernière crise, furent destitués par un décret et remplacés par des démocrates plus ardents; l'Assemblée ordonna la formation d'un camp de volontaires près de Paris. Un décret licencia la garde nationale des filles Saint-Thomas et d'autres quartiers, et organisa sur d'autres bases la force publique de la capitale ; toute l'influence y fut assurée à la démocratie la plus avancée. On décréta la construction sur les hauteurs

[1] Deux Amis, VIII, 195, 196. — Duval, II, 175, 177. — Lac., IX, 259. — Prudhomme, IV, 74, 75.

de Montmartre, d'une suite de batteries, dont la défense fut confiée aux canonniers des faubourgs. Enfin, l'on accorda, sans distinction, le droit de voter dans les assemblées primaires à tout Français âgé de 21 ans, domicilié depuis une année dans sa commune, et vivant de son revenu ou du produit de son travail. En même temps, la nouvelle municipalité de Paris suspendit tous les comités des sections, le directoire et le conseil du département de la Seine, afin d'assurer la disposition de toutes les forces de la capitale à de nouveaux fonctionnaires, élus par le parti jacobin, sous l'empire de la plus grande exaltation révolutionnaire. Ce fut ainsi que plus tard procéda la Convention [1].

Pendant les quinze heures que dura la séance de l'Assemblée après le massacre des Suisses, le roi et la famille royale restèrent enfermés dans la loge étroite qui leur avait été assignée par l'Assemblée. Épuisé de fatigue, sous l'action d'une chaleur étouffante, le dauphin s'endormit profondément dans les bras de sa mère. Aux côtés de la reine étaient assises la princesse royale et Mme Élisabeth, les yeux baignés de larmes. Le roi resta calme au milieu de l'inexprimable confusion de l'Assemblée; il écoutait attentivement les discours des représentants du peuple, et les harangues arrogantes des pétitionnaires qui se succédaient incessamment à la barre. Enfin, à une heure du matin, le roi et sa famille furent transférés aux Feuillants pour y passer la nuit. Louis, demeuré seul, se prosterne et prie : « Tes épreuves, ô mon Dieu, dit-il, sont terribles ! donne-nous le courage de les supporter; nous adorons la main qui nous châtie, comme nous adorions celle qui nous a bénis si souvent; aie pitié de ceux qui sont morts en combattant pour notre défense ! » Le lendemain matin, le roi et sa famille eurent la satisfaction de recevoir les hommages d'une foule de royalistes fidèles, qui, au péril de leur vie, se hâtaient de venir partager les dangers de leurs souverains. Le fidèle Hue, valet de chambre du roi, était du nombre; il s'était échappé en se laissant tomber d'une fenêtre du château dans la Seine, au plus fort du combat; un batelier l'avait recueilli au moment où, épuisé d'efforts, il allait succomber. Déjà les augustes captifs ressentaient les angoisses de l'indigence; leur

[1] Deux Amis, VIII, 194. 195. — *Hist. parl.*, XVII, 36, 37, 55. — Th., III, 6.

garde-robe avait été détruite. La femme de l'ambassadeur anglais donna du linge pour le dauphin; la reine fut obligée d'emprunter vingt louis de Mme Anguie, l'une des dames de la chambre, offrande fatale qui devint pour son auteur la cause d'un décret d'accusation suivi de sa mort par la main du bourreau; rien ne put la sauver, ni les charmes de sa personne, ni le motif sacré qui l'avait fait agir [1].

Pendant les jours d'épreuve qui suivirent, le roi déploya une fermeté d'âme et une sérénité que l'on ne devait guère attendre de ce prince ordinairement si faible; il prouvait du moins que chez lui l'irrésolution n'avait jamais eu pour cause la crainte d'un danger personnel. La famille royale passa trois nuits dans le bâtiment des Feuillants. Là, Mme Campan, échappée miraculeusement au massacre des Tuileries, retrouva son auguste maîtresse, couchée sur un misérable matelas, tombée du faîte des grandeurs terrestres, pleurant, non sur elle-même, mais sur sa famille et sur les amis fidèles qu'elle entraînait dans sa ruine. Jusque dans cette extrémité cependant, elle promettait hautement de persister à remplir jusqu'au bout tous ses devoirs envers ses enfants; elle déclarait qu'elle aimait la France, quoiqu'elle n'en attendît que la mort. Le 13 août, sur l'injonction de la commune, l'Assemblée décida que la famille royale serait transférée au Temple. Malgré l'irritation de la populace, bien des larmes coulèrent sur le passage du triste cortége. A la place Vendôme, on arrêta la voiture royale, qui contenait onze personnes, pour leur faire voir les débris de la statue de Louis XIV. Enfin, les portes du Temple se refermèrent sur les augustes victimes : Louis XVI allait commencer les jours purs et immortels de la fin de sa carrière [2].

Après la victoire populaire du 10 août, tous les départements se soumirent sans résistance au gouvernement nouveau. La révolte du 20 juin n'avait pas rencontré une adhésion aussi unanime : d'un côté l'esprit révolutionnaire avait fait en peu de temps de rapides progrès dans la nation; et puis, il faut le dire, la crainte de la guerre étrangère avait produit des effets bien plus décisifs que la passion de la liberté. Il y eut à Rouen un

[1] Lac., IX, 250, 256. — Hue, 36, 38. — Campan, II, 263.

[2] Campan, II, 259, 261. — Hue, 42, 45. — Deux Amis, VIII, 217. — Lac., IX, 262.

mouvement sans importance en faveur de la monarchie constitutionnelle; mais, n'étant point soutenu, il n'eut pas de suites : les émissaires de la municipalité toute-puissante de Paris parvinrent à intimider les habitants, et les forcèrent à se soumettre. La nouvelle de la déchéance fut reçue tout autrement au quartier général de la Fayette, qui se trouvait à Sedan. Ce général publia immédiatement une proclamation énergique, dans laquelle il annonçait sa résolution de marcher contre les rebelles de la capitale*. Les officiers et les soldats semblaient partager l'indignation de leur chef, qui résolut de tenter un effort en faveur du trône constitutionnel. La municipalité de Sedan était dans les sentiments de l'armée, et sur l'ordre de la Fayette, elle arrêta et fit emprisonner les trois commissaires envoyés par l'Assemblée nationale pour calmer l'irritation des troupes. Les soldats et les autorités civiles renouvelèrent leur serment de fidélité à la royauté constitutionnelle; tout annonçait un grave conflit dans l'État[1].

Mais les nouvelles autorités de Paris, en possession du siége du gouvernement, et le respect que l'on avait pour le nom de l'Assemblée, étaient des puissances difficiles à renverser; et la Fayette n'était pas assez influent pour opérer une pareille révolution. Il n'y avait pas longtemps que ses soldats étaient enrôlés; chez eux dominait encore l'esprit du citoyen : le temps n'était pas venu pour eux, où, habitués à ne connaître que la voix de leur chef, ils allaient, sur un signe, anéantir l'autorité de la législature. Le mouvement de la Fayette avec les troupes placées

* « Soldats citoyens, la constitution que vous avez juré de maintenir n'est plus. Les Marseillais et une troupe de factieux ont assiégé le château des Tuileries. La garde nationale et les gardes suisses ont fait une vigoureuse résistance; mais, manquant de munitions, ils ont été obligés de se rendre. Les Suisses ont été massacrés. Le roi, la reine et toute la famille royale se sont sauvés à l'Assemblée nationale. Les factieux s'y sont portés, tenant d'une main le fer, de l'autre la flamme, et l'ont forcée de décréter la suspension du roi, ce qu'elle a fait pour lui sauver la vie. Citoyens, vous n'avez plus de représentants! L'Assemblée nationale est esclave; vos armées sont sans chef; Pétion règne; le farouche Danton et ses satellites sont maîtres. Ainsi, soldats, choisissez! Voulez-vous rétablir sur le trône l'héritier de la couronne, ou voulez-vous Pétion pour roi? » (Bertr. de Mollev., IX, 196.)

[1] Deux Amis, VIII, 250, 262. — Bertr. de Mollev., IX, 194. 196. — Lac., I, 277. — Mign., I, 197.

immédiatement sous ses ordres ne fut point secondé. On ne voyait point d'un bon œil une révolte militaire en faveur du trône; on craignait qu'elle ne fût le signal du retour à l'ancien régime, à l'asservissement de la nation : on ne craignait pas encore la tyrannie de la populace dont on n'avait point éprouvé les excès. Luckner, qui commandait l'armée de la Moselle, essaya de seconder le mouvement de la Fayette; mais Dumouriez et tous les généraux subalternes, poussés par l'ambition personnelle, se rangèrent du côté du parti victorieux. Luckner, d'un caractère faible et irrésolu, se rétracta publiquement devant la municipalité de Metz. La Fayette, voyant les dangers se multiplier de tous côtés, indécis sur la marche à suivre dans la situation périlleuse de la famille royale, quitta son armée, suivi par Bureau de Pusy, Latour-Maubourg et Lameth, dans l'intention de se rendre aux États-Unis, où il avait combattu pour la première fois en faveur de la liberté ; mais il fut arrêté près de la frontière par les Autrichiens, et enfermé dans les donjons d'Olmutz. On lui offrit la liberté, à la condition de faire certaines rétractations ; il aima mieux subir pendant de longues années un rigoureux emprisonnement que de renoncer aux principes qu'il avait embrassés. L'Assemblée le déclara traître à la nation, et mit sa tête à prix ; ainsi, le premier chef militaire de la Révolution dut la vie à son emprisonnement dans une forteresse autrichienne [1] *.

Cependant, Danton et Robespierre, les principaux orateurs de la municipalité toute-puissante de Paris, pressaient incessamment l'Assemblée nationale d'adopter des mesures sanguinaires contre les adversaires de la Révolution. « Le sang n'a pas encore coulé jusqu'ici, disait Robespierre, le peuple n'est pas vengé. Aucun sacrifice n'a été offert aux mânes de ceux qui sont morts le 10 août. Et quels ont été les résultats de cette immortelle journée? Un tyran a été suspendu ; pourquoi n'est-il pas détrôné et puni? Pourquoi n'érige-t-on pas un monument à la mémoire des héros de cette journée? Ne sont-ils pas les égaux

[1] Bertr. de Mollev., IX, 197, 200. — Deux Amis, VIII, 272, 274. — Lac., I, 278, 279. — Th., III, 30, 34.

* Conclusion étrange ! Il nous semble que la Fayette ne dut aux Autrichiens qu'une dure captivité, tandis que la liberté l'attendait aux États-Unis. (*Note de l'éditeur.*)

des héros les plus glorieux de la Grèce et de Rome? Que les débris de la statue du tyran Louis XIV servent à couler un trophée aux braves qui ont renversé le despotisme qu'il avait établi. Vous parlez de faire juger les conspirateurs du 10 août; c'est un moyen trop lent de satisfaire la vengeance du peuple; la punition de quelques coupables n'est rien si les autres échappent : il faut que tous soient punis, et par un tribunal exceptionnel. » — « La tranquillité du peuple, disait-il dans une autre occasion, dépend de la punition des coupables; et qu'avez-vous fait pour cela? Votre décret est manifestement insuffisant; il n'est ni assez complet ni assez explicite, car il ne s'occupe que des crimes du 10 août; les crimes contre la révolution sont de date plus ancienne. En vertu de votre décret, le traître la Fayette échapperait au châtiment de son crime. Le peuple, au reste, ne prétend pas que ce nouveau tribunal observe les formes de procédure suivies jusqu'ici. Les appels de juridiction entraînent d'intolérables lenteurs; il est absolument nécessaire que le tribunal soit composé de députés choisis dans les sections, et qu'il soit revêtu du pouvoir de prononcer, sans appel, l'application des peines les plus sévères[1]. »

En vain l'Assemblée voulut résister à ces exigences sanguinaires : comme elle temporisait, la commune lui adressa les messages les plus menaçants, annonçant son intention de sonner le tocsin le soir même, si l'on différait plus longtemps la vengeance. L'orateur de la députation, envoyé par la commune, s'exprimait ainsi à la barre de l'Assemblée : « Comme citoyen, comme magistrat du peuple, je viens vous annoncer que ce soir, à minuit, on sonnera le tocsin, et qu'on battra la générale. Le peuple est las de n'être point vengé. Craignez qu'il ne se fasse justice lui-même. Je demande que, sans désemparer, vous décrétiez qu'il sera nommé un citoyen par chaque section pour former un tribunal criminel. Je demande qu'au château des Tuileries soit établi ce tribunal. Je demande que Louis XVI et Marie-Antoinette, si avides du sang du peuple, soient rassasiés en voyant couler celui de leurs infâmes satellites. » Intimidée par ces menaces, l'Assemblée créa, pour faire le procès aux ennemis de la Révolution,

[1] *Hist. parl.*, XVII, 76, 80. — Monit., 16 août. — Th., III, 26. — Lac., I, 281.

une cour de justice sur le modèle de celle qui fut si connue dans la suite sous le nom de *tribunal révolutionnaire*. On la composa de telle sorte que les Jacobins y purent exercer immédiatement une souveraine influence. On décida que le tribunal serait composé de deux chambres, chacune de quatre juges et d'un accusateur public; que la culpabilité ou l'innocence des accusés serait prononcée par un jury. On conférait à ces juges le droit de condamner à mort et sans appel. Enfin les juges, les jurés, l'accusateur public, et les autres officiers judiciaires devaient être nommés par le suffrage universel des sections de Paris[1].

Il suffit de très-peu de jours à l'énergie révolutionnaire de cette époque de violentes passions, pour créer ce terrible tribunal, le constituer, et le mettre en activité. Les sections de Paris firent leur choix en vertu du décret du 17 août. On offrit la présidence à Robespierre; il refusa ce poste et le fit donner à Pepin Desgrouettes, méprisable avocat, chef bien digne d'une pareille magistrature. Avec lui siégeaient comme juges ou comme accusateurs publics, Osselin, Daubigny, Dubail, Coffinhal, Lullier et Cailler de l'Estaing, tous connus par une conduite débauchée, par leurs passions cupides, et qui, de même que leurs successeurs, s'acquirent une infâme célébrité par leur soif insatiable de sang. Pour former la conviction de ces indignes magistrats, il suffisait de l'accusation vague de conspiration contre l'État, contre le pouvoir souverain du peuple; ils admettaient, comme preuves évidentes de culpabilité, un mot, un fait insignifiant indiquant le désir de voir tomber le gouvernement établi, ou de résister à la toute-puissance de la multitude, et sans plus d'examen ils prononçaient la mort[2].

Cette juridiction exceptionnelle, organisée dès le 19 août, entra immédiatement en fonctions. Les accusateurs publics envoyèrent un officier municipal à la tête d'un bataillon de la garde nationale et d'un détachement de Marseillais, qui, sous prétexte de rechercher les Suisses et les citoyens rebelles à la souveraineté du peuple, opérèrent des visites domiciliaires dans tout Paris, à Versailles, et qui, dans un rayon de cinq à six lieues de la capitale, fouillèrent les maisons et même les forêts. Un grand

[1] 17 août. — Mign., I, 201. — Lac., *Pr. hist.*, I, 277. — Th., III, 27. — *Hist. parl.*, XVII, 91, 94, 96.

[2] Deux Amis, VIII, 276, 278. — Bertr. de Mollev., IX, 215, 216.

nombre de personnes furent arrêtées. Le premier procès fut celui de d'Anglermont, accusé d'être l'agent secret de la cour; il fut exécuté * le 21 août sur la place du Carrousel et mourut avec un courage héroïque. Après lui vint Laporte, intendant de la liste civile, accusé d'avoir placardé et distribué des écrits anti-révolutionnaires, son procès ne fut pas long. Après avoir entendu la lecture de son arrêt, il se tourna vers l'assistance : « Citoyens, dit-il, je meurs innocent; puisse ma mort mettre fin à vos divisions intestines et rétablir la paix publique! Que la sentence qui m'ôte la vie puisse être la dernière injustice de ce tribunal! » Il se détourne alors pour cacher quelques larmes; mais, reprenant à l'instant toute sa fermeté, il monte à l'échafaud d'un pas assuré et meurt, comme le dit un historien, avec la sérénité d'un homme qui n'a aimé la vie que pour la faire servir au bonheur de tout ce qui l'entourait[1].

Le baron Bachman, commandant des Suisses qui avaient combattu au Carrousel, amené à son tour devant les mêmes juges, fut condamné au bruit des acclamations sauvages de la multitude qui encombrait la cour du local des séances. Sa noble figure, son air martial, sa contenance intrépide, commandaient le respect, même au milieu de ce repaire d'assassins. Avant de mourir, il ne prononça que ce peu de mots : « Ma mort sera vengée! » Il subit son supplice avec un héroïsme digne du chef de la noble garde qu'il avait commandée. L'histoire lui assignera une place à côté de Léonidas. Durozoi, éditeur de la *Gazette de Paris,* journal royaliste, fut la quatrième victime. Il entendit, sans se troubler, la sentence qui ordonnait son exécution pour le 25 août; sortant de la salle où siégeait le tribunal, il s'écria : « Je suis fier de mourir le jour de la Saint-Louis, pour mon roi et pour la religion! » Afin que l'exécution produisît plus d'impression sur le peuple, il fut conduit à neuf heures du soir, à la lueur des torches, sur la place du Carrousel. Au moment où il arrivait au pied de l'échafaud, on lui remit une lettre d'une jeune femme qu'il aimait. « Mon ami, lui disait-elle, vous êtes condamné : préparez-vous à mourir; pour moi vous savez ce que je vous ai

* Ce fut la première victime de la Révolution qui périt par la guillotine. Depuis cette date on n'a plus exécuté autrement en France. (*Hist. de la guillotine,* I, 94.)

[1] Deux Amis, VIII, 178, 180. — Bertr. de Mollev., XI, 221, 222.

promis. » Ce tendre billet lui arracha quelques larmes. « Hélas, dit-il, elle en souffrira plus que moi. » Mais cette femme ne lui survécut pas longtemps; elle mourut de chagrin dans les vingt-quatre heures [1].

Quoique le tribunal révolutionnaire offrît chaque jour au peuple le spectacle de l'exécution des royalistes, et qu'il cherchât à donner à ces scènes sanglantes tout l'appareil capable d'impressionner favorablement la multitude, il était loin cependant de satisfaire aux exigences sanguinaires du parti qui dominait l'État, et l'on se plaignait de la faiblesse de ses actes. Danton conçut un moyen plus expéditif de se défaire d'un seul coup des royalistes. Ce moyen ne fut que trop bien accueilli par la municipalité et par le peuple poussé au plus haut degré d'exaspération. L'extrême agitation de la capitale était due surtout à la marche des Prussiens, qui, s'avançant sur le territoire français, favorisèrent, sans le vouloir, les desseins sauvages des démagogues. Longwy, investi le 20 août, avait capitulé le 21; l'ennemi se présenta le 30 devant Verdun, et commença aussitôt à bombarder cette place. La terreur, cette mauvaise conseillère, s'empara des esprits de la populace. Le conseil exécutif, composé des ministres, se réunit au comité de défense pour délibérer sur les mesures à prendre. Les uns proposaient d'attendre l'ennemi sous les murs de Paris; d'autres voulaient que le gouvernement se retirât à Saumur. Danton, quand son tour fut venu d'opiner, dit : « Ne savez-vous pas que Paris gouverne la France, et qu'en abandonnant la capitale, vous vous livrez avec le pays à l'étranger? Il faut à tout prix que nous nous maintenions ici. Cependant, le projet de combattre sous les murs de Paris est également inadmissible; le 10 août a créé deux partis en France, et le gouvernement n'est pas assez fort pour que nous puissions espérer le succès. Mon avis est que pour déconcerter l'ennemi et l'arrêter dans sa marche, il faut frapper les royalistes de terreur. » Le comité, comprenant trop bien le sens de ces paroles, parut consterné. « Oui, je le répète, insista Danton, il faut que nous les frappions de terreur. » Le comité des Douze recula devant l'adoption du projet. Danton le porta immédiate-

[1] Weber, II. 250, 251. 571, 572. — Deux Amis, VIII, 279, 280. — Bertr. de Mollev., IX, 202, 204.

ment à la municipalité, qui l'adopta sans hésitation. Il voulait inspirer à l'ennemi une grande idée de l'énergie républicaine et en même temps pousser la multitude à des actes tellement sanguinaires, qu'il lui devînt impossible de reculer, et qu'elle ne pût trouver de salut que dans la victoire. L'Assemblée, sous l'effet de la terreur, ne sut prendre aucune résolution pour s'opposer à ces affreux excès. Les Girondins, puissants à la Législative quand il s'agissait de faire décréter des mesures contre la cour, la trouvèrent rebelle lorsqu'ils voulurent employer son autorité à la répression des passions populaires. Le vide se remarquait sur les bancs de ce parti; l'énergie de la victoire, le prestige du succès, étaient de l'autre côté de l'Assemblée. On y parlait toujours de réprimer la municipalité, et on ne prenait aucune mesure dans ce sens; déjà les chefs des Girondins se voyaient menacés de proscription : Roland, ministre de l'intérieur, Vergniaud, Guadet et Brissot, s'attendaient à être mis en accusation [1].

Le 29 août, la municipalité fit fermer les barrières, qui restèrent closes pendant quarante-huit heures, de façon à rendre toute fuite impossible. Le 31 et le 1er septembre, des visites domiciliaires furent faites par ordre de la commune, avec un déploiement de forces considérables ; on arrêta un grand nombre de personnes de tous rangs ; mais on choisissait de préférence les victimes parmi les nobles et le clergé dissident. Dans le but de cacher les desseins réels de la municipalité, on convoqua au Champ-de-Mars tous les citoyens en état de porter les armes, pour y être enrégimentés et dirigés vers la frontière. On fit sonner le tocsin, battre la générale et gronder l'artillerie. Paris était dans la plus extrême agitation, à la vue de ces funestes préparatifs, qui n'annonçaient que trop bien l'approche des massacres. L'Assemblée, reprenant un peu d'énergie devant l'imminence du péril, eut le courage de décréter, le lendemain, la suspension de la municipalité, de cette puissance qui avait usurpé tous les pouvoirs de l'État, et de convoquer les quarante-huit sections de Paris pour choisir une nouvelle administration. En même temps, la municipalité était mandée à la barre pour y répondre sur le vol fait aux Tuileries de divers objets de grande

[1] Deux Amis, VIII, 284, 286. — Bertr. de Mollev., IX, 237, 249. — Lac., *Pr. hist.*, I, 285. — Mign., I, 202.

valeur, et particulièrement des joyaux de la couronne qui avaient été transportés chez l'un des membres de la commune [1].

Ce décret important, exécuté avec vigueur, soutenu par des forces convenables, pouvait changer entièrement l'histoire de la Révolution; mais il fut tout à fait illusoire, vu la faiblesse de la Législative et l'audace de la municipalité. Forte de la supériorité de la multitude, dont elle disposait à son gré, la municipalité n'hésita point à braver l'autorité de la représentation nationale : ses députés parurent à la barre, mais ils y parurent en maîtres entourés de la populace en armes; ils frappèrent l'Assemblée de terreur. Vergniaud, qui présidait ce jour-là, leur adressa ces paroles : « Toutes les autorités constituées dérivent de la même source. La loi, dont elles émanent, a fixé leurs devoirs, leurs fonctions, leurs limites. La formation de la commune provisoire de Paris est contraire aux lois existantes; elle est l'effet d'une crise extraordinaire et nécessaire. Mais quand ces périlleuses circonstances sont passées, l'autorité provisoire doit cesser avec elles..... Voudriez-vous, messieurs, déshonorer notre belle révolution en donnant à tout l'empire le scandale d'une commune rebelle à la volonté générale, à la loi ? Paris est une grande cité qui, par sa population et les nombreux établissements nationaux qu'elle renferme, réunit le plus d'avantages; et que dirait la France, si cette belle cité, investissant un conseil provisoire d'une autorité dictatoriale, voulait s'isoler du reste de l'empire ? si elle voulait se soustraire aux lois communes à tous, et lutter d'autorité avec l'Assemblée nationale ? Mais Paris ne donnera point cet exemple : un décret a été rendu hier; l'Assemblée nationale a rempli son devoir; vous remplirez le vôtre [2]. »

Ces paroles pleines de fermeté sont couvertes d'applaudissements; Tallien, l'orateur de la municipalité, répond : « Législateurs, les représentants provisoires de la commune de Paris ont été calomniés; ils ont été jugés sans avoir été entendus; ils viennent vous demander justice. Appelés par le peuple, dans la nuit du 9 au 10 août, pour sauver la patrie, ils ont dû faire ce qu'ils ont fait. Le peuple n'a pas limité leurs pouvoirs; il leur a

[1] *Hist. parl.*, XVII, 160, 165. — Deux Amis, VIII, 284, 286. — Bertr. de Mollev., IX, 239, 246. — *Monit.*, 1er septembre.

[2] *Hist. parl.*, XVII, 167, 168. — Deux Amis, VIII, 289, 291. — *Monit.*, 1er septembre.

dit : « Allez, agissez en mon nom, et j'approuverai tout ce que » vous aurez fait. » Nous vous le demandons, messieurs, le corps législatif n'a-t-il pas toujours été environné du respect des citoyens de Paris ? Son enceinte n'a été souillée que par la présence du digne descendant de Louis XI et de l'émule de Médicis. Si les tyrans vivent encore, n'est-ce pas au respect du peuple pour l'Assemblée nationale qu'ils en sont redevables ?..... Vous avez applaudi vous-mêmes à toutes nos mesures..... Tout ce que nous avons fait le peuple l'a sanctionné. (*Applaudissements prolongés des tribunes.*) Nous étions chargés de sauver la patrie, et nous l'avons sauvée..... Nous avons fait des visites domiciliaires. Qui nous les avait ordonnées ? Vous... Nous avons fait arrêter les prêtres perturbateurs; ils sont enfermés dans une maison particulière, et sous peu de jours le sol de la liberté sera purgé de leur présence..... Si vous nous frappez, frappez donc aussi ce peuple qui a fait la Révolution le 14 juillet, qui l'a consolidée le 10 août, et qui la maintiendra. » Cependant, une populace tumultueuse environnait l'Assemblée; trois députés de la foule sont admis à la barre; l'un d'eux prend la parole : « Peuple des tribunes, Assemblée nationale, et vous, monsieur le président, nous venons, au nom du peuple qui attend à la porte, demander de défiler dans la salle pour voir les représentants de la commune qui sont ici. Nous mourrons, s'il le faut, avec eux. » Un morne silence règne dans l'Assemblée; la crainte a glacé tous les cœurs. A chaque instant, on entendait les cris de : *Vive la commune! vivent nos bons commissaires !* La foule défila menaçante, en passant au pied de la tribune. L'Assemblée, terrifiée, se sépara sans avoir rien résolu : la victoire de la municipalité était complète[1].

Encouragée par ce succès, la commune, sans plus d'hésitation, procéda hardiment à l'exécution de ses projets sanguinaires. Danton dirigeait tout : il dressa, au ministère de la justice, la liste des proscrits. Il parut à la barre de l'Assemblée pour y rendre compte des mesures prises pour sauver la patrie. Il annonça qu'une partie du peuple était déjà dirigée sur les frontières, que d'autres creusaient des retranchements autour de la capitale,

[1] *Hist. parl.*, XVII, 166, 167. — Th., III, 54. — Mign., I, 294. — Lac., *Pr. hist.*, I, 284, 288. — Deux Amis, VIII, 287, 291.

qu'enfin, ce qui restait d'hommes en état de porter les armes était armé de piques pour la défense intérieure de la cité. « Mais cela ne suffit point, ajouta-t-il, il faut que vous envoyiez des courriers et des commissaires, pour inviter toute la France à suivre l'exemple de Paris ; il faut que vous rendiez un décret qui oblige tous les citoyens, et sous peine de mort, de servir en personne contre l'ennemi commun. » Au moment où il disait ces mots, le tocsin sonne, le canon retentit : « Le canon que vous entendez, s'écrie le ministre, n'est point le canon d'alarme ; c'est le signal qui vous appelle à marcher contre vos ennemis, pour les vaincre, pour les anéantir. Il faut pour cela de l'audace, encore de l'audace, toujours de l'audace, et la France est sauvée ! » Ces mots, prononcés d'une voix de tonnerre, électrisent l'Assemblée. Elle rend immédiatement un décret, annonçant le danger pressant de la chose publique, et ordonnant à tous les citoyens de se trouver en armes à leur poste, dès qu'ils entendront le canon d'alarme. Enfin, le décret nommait un comité de douze membres, chargé de pleins pouvoirs, pour concourir avec les ministres aux mesures nécessitées par le salut public [1].

Le bruit de tous ces préparatifs jetait la consternation dans Paris. Un sentiment d'horreur s'emparait des esprits ; on sentait qu'une catastrophe était proche; on éprouvait une vague terreur; mais on ne savait pas où les coups allaient être frappés. Toutes les autorités publiques s'étaient déclarées en permanence, l'Assemblée, la municipalité, les sections, les Jacobins. La ville entière était consternée ; mais c'était dans les prisons que régnaient les plus vives alarmes. Les hôtes nombreux de ces sombres demeures furent soumis à un appel nominal, le soir du 1er septembre, sous le prétexte d'être envoyés à la frontière ; mais la voix tremblante des geôliers révélait quelque terrible dessein. Tous ceux qui avaient des amis dans les prisons commencèrent à trembler ; on multipliait les visites domiciliaires. Bientôt le chiffre des prisonniers s'éleva à près de cinq mille. La famille royale, au Temple, qui avait tant de raisons de redouter l'agitation publique, demandait avec inquiétude la cause du mouvement extraordinaire de la capitale. Dans toutes les prisons, les

[1] *Mon.*, 4 septembre. — Bertr. de Mollev., IX, 269, 270. — Mign., I, 204. — Lac., I, 288, 289. — Th., II, 61. — *Hist. parl.*, XVII, 347.

regards inquiets des geôliers, la précaution que l'on prenait aux repas des prisonniers de leur enlever les couteaux et toute espèce d'arme défensive, ne leur disaient que trop clairement que l'on méditait contre eux quelque projet sanguinaire [1].

Le signal est donné le 2 septembre à deux heures du matin ; on bat la générale, on sonne le tocsin, et les citoyens de toutes les classes courent se ranger sous leurs drapeaux. Dans les mêmes rangs se confondent les vainqueurs et les vaincus du 10 août ; la crise du danger national faisait taire pour un moment les discordes civiles. Ainsi se formait pour les armées de puissants renforts, que l'on fit partir immédiatement pour les frontières, tandis que la municipalité organisait son œuvre de destruction dans la capitale, privée du secours des citoyens les plus énergiques. Une bande de trois cents assassins, soudoyés par les magistrats municipaux, sont réunis devant l'hôtel de ville. Une distribution abondante de liqueurs spiritueuses ajoute encore à leur férocité naturelle. On donne de l'argent à ceux qui paraissent moins résolus, et la troupe sauvage se met en marche chantant des refrains révolutionnaires. Robespierre, Billaud-Varennes et Collot-d'Herbois haranguent successivement la multitude : « Peuple magnanime, s'écrie ce dernier, tu marches à la gloire ! Que nous sommes malheureux de ne pouvoir suivre tes pas ! Combien va s'accroître l'audace de nos ennemis, quand ils ne redouteront plus les vainqueurs du 10 août ! Ne nous rendez point responsables toutefois du meurtre de vos femmes et de vos enfants, que les conspirateurs méditent jusque dans les prisons, où ils attendent leurs libérateurs ! » La populace, enflammée par ces discours, ne pouvait plus reculer devant les atrocités les plus révoltantes. Elle répondit à ces paroles en poussant le cri de mort contre les prisonniers [2].

La prison de l'Abbaye est assaillie la première. Les malheureux prisonniers étaient effrayés depuis quelques jours du langage mystérieux de leurs geôliers. Enfin, le 2 septembre, à trois heures du matin, le tumulte croissant dans les rues, les clameurs de la foule leur annoncent leur dernière heure. Vingt-quatre prêtres,

[1] Weber, II, 254, 255. — Th., III, 61, 62. — Deux Amis, VIII, 293, 296. — Bertr. de Mollev., IX, 266, 271.

[2] Deux Amis, VIII, 296, 298. — Bertr. de Mollev., IX, 271, 272, 289. — Lac., I, 290. — Th., III, 75. — Mign., I, 204.

arrêtés pour refus de serment, étaient gardés à vue à l'hôtel de ville. On les fit monter dans des voitures pour les conduire à l'Abbaye, au milieu des outrages de la multitude. A peine arrivés à la prison, une bande furieuse les entoure; Maillard est à la tête des assassins armés de piques et de sabres. On arrache les prêtres des voitures, et on les perce de mille coups dans la cour intérieure de l'Abbaye. Le meurtre de ces malheureux n'est que le prélude du massacre général, dont les horreurs surpassent tout ce que la Révolution avait offert jusque-là de plus abominable. Fatigués d'abattre un si grand nombre de victimes, les meurtriers proposent, atroce dérision! de former à l'instant un tribunal présidé par Maillard : les victimes sont amenées devant ces juges improvisés; puis elles sont livrées à la fureur du peuple, qui assiége les portes de la prison et qui demande à grands cris à prendre sa part dans cette œuvre d'extermination [1].

Les gémissements des premières victimes massacrées par la foule disaient aux nombreux prisonniers de l'intérieur quel destin les attendait : saisis séparément, traînés devant l'inexorable tribunal, on les livrait sans examen aux vengeances du peuple. Reding, intrépide soldat suisse, choisi l'un des premiers, est arraché de son cachot; les blessures qu'il a reçues le 10 août lui font pousser des cris de douleur; l'un des meurtriers, plus humain que les autres, lui abat la tête d'un coup de sabre avant qu'il n'arrive devant le tribunal de sang. On prostituait ainsi les formes de la justice; Maillard, le sabre à la main, présidait, à la lueur de torches funèbres, assisté de misérables assassins tout dégouttants de sang. Quelques minutes, quelques secondes décidaient du sort des malheureux prisonniers : la populace, altérée de sang et de carnage, les recevait des mains de ces juges infâmes et les hachait sans pitié. Il n'y avait point là d'exécuteurs publics; le peuple frappait de ses mains les condamnés; il se plaisait à voir ses victimes chancelantes aller tomber au loin sans mouvement et sans vie; puis il demandait à grands cris qu'on lui en livrât d'autres encore. Ceux des prisonniers qu'on avait enfermés aux étages supérieurs de l'Abbaye furent condamnés à l'affreux supplice de voir de leurs yeux les tortures de leurs com-

[1] Bertr. de Mollev., IX, 271, 272. — Deux Amis, VIII, 297, 298. — Saint-Meard, 22.

pagnons d'infortune; beaucoup, souffrant d'une soif ardente, ne purent pas même obtenir un peu d'eau de l'humanité des geôliers. Quelques-uns conservèrent assez de présence d'esprit pour observer dans quelle attitude on recevait la mort la plus prompte; et quand venait leur tour, ils se gardaient de lever les mains pour amortir les coups, dans la crainte de prolonger leur propre agonie [1].

Cependant la populace, qui se trouvait dans la cour de l'Abbaye, se plaignait de ce que les plus rapprochés du tribunal pouvaient seuls frapper les prisonniers et goûter le plaisir de massacrer les aristocrates. On convint donc que les premiers ne frapperaient que du plat de leur sabre, et que les victimes auraient à passer entre deux longues files d'assassins, de façon que chacun pût avoir la satisfaction de leur porter un coup. Les femmes de la Cité demandèrent formellement à la commune, que l'on éclairât cette scène de carnage; il fut satisfait à cet horrible désir. Une lanterne fut placée, aux applaudissements de la foule, à l'endroit où les victimes sortaient de la cour de la prison. Des bancs furent placés tout exprès pour la commodité des spectateurs; il y en avait *pour les messieurs* et *pour les dames*. Chaque fois qu'un prisonnier paraissait, des cris de joie s'élevaient du milieu de la multitude, et quand il était tombé sans vie, les cannibales dansaient en rond autour du cadavre. Les meurtriers coupaient les têtes des victimes, pour aller avec ces horribles témoignages de leur barbarie, demander à Pétion la récompense promise : le maire de Paris, le plus infâme des hommes, leur versait du vin dans des coupes que les cannibales recevaient de sa main, dans leurs mains ensanglantées [2].

Bientôt arriva Billaud-Varennes, revêtu de son écharpe municipale. Monté sur un monceau de cadavres, il harangue le peuple au milieu de cette scène infernale. « Citoyens, vous avez exterminé des misérables; vous avez sauvé la patrie; la municipalité ne sait comment vous payer le tribut de sa reconnaissance. Je suis autorisé à vous offrir à chacun 24 francs, qui vous seront payés sans tarder. (*Bruyants applaudissements.*) Respectables

[1] Deux Amis, VIII, 299, 300. — Saint-Meard, 22, 30, 40. — Th., III, 64. 65, 66. — *Mém. de Pelletier*, XI, 26. — Bertr. de Mollev., IX, 273, 274.

[2] Abbé Sicard, 112, 116, 134. — *Mém. Rév.*, XLVI. — Deux Amis, VIII, 304, 305.

citoyens, continuez votre ouvrage, acquérez de nouveaux titres à la vénération du pays. Mais qu'aucune action indigne de vous ne souille vos mains. Abstenez-vous de tout pillage; la municipalité aura soin que vos services vous soient payés; soyez nobles, grands, généreux, dignes de la tâche que vous avez entreprise. Que tout dans ce grand jour appartienne à la souveraineté du peuple qui vous a confié sa vengeance. Quiconque aura travaillé dans les prisons recevra un bon d'un louis payable sur la caisse de la commune [1]. » Les assassins ne tardèrent point à aller réclamer leur salaire. Souillés de sang, ils assiégent les portes du comité de la municipalité, qui ne savait où trouver de l'argent pour payer la récompense promise. « Croyez-vous, dit un jeune garçon boulanger, que je n'aie gagné que 24 francs ? *j'en ai tué quarante de ma main.* Dans la soirée, la foule des meurtriers revint à l'hôtel de ville, proférant des menaces de mort contre tout le comité, si on ne les payait à l'instant; un membre de la municipalité, à qui l'on mit le couteau sur la gorge, avança la moitié de la somme nécessaire. Le reste fut payé par Roland, ministre de l'intérieur. Les noms des assassins et les sommes qu'ils reçurent sont encore écrits en caractère de sang sur les registres de la section du Jardin-des-Plantes, sur ceux de la municipalité et de la section de l'Unité; les bons délivrés aux meurtriers sont signés « TALLIEN et MÉCHÉE ; » ils subsistent comme charges accablantes contre cette magistrature élue par le suffrage universel de Paris [2] *.

L'autorité de la vertu, les charmes de la beauté, rien n'était capable de toucher la multitude furieuse. Au nombre des prêtres arrêtés se trouvait cet homme généreux et éclairé, l'abbé Sicard, instituteur des sourds-muets, l'ami éprouvé des malheureux. On l'eût massacré immédiatement, quoique le peuple le re-

[1] Deux Amis, VIII. 365.

[2] Deux Amis, VIII, 320, 321. — Prudhomme, IV, 105, 106. — *Mém. pour servir à l'Hist. de la Rév.*, XLVI, 338, 339. — Abbé Sicard, 131, 135. — Th., III, 74, 75.

* Outre ces sommes, on trouve inscrite sur le registre de la municipalité l'avance de 1,463 francs faite le 4 septembre aux assassins. (Thiers, III, 75.) — N'a-t-on pas conservé dans un dépôt public ces mêmes bons pour les assassins, signés « TALLIEN et MÉCHÉE ? » Oh ! s'il ne s'agissait que de faire le procès aux auteurs des journées de septembre, la tâche serait facile ! (Deux Amis, VIII, 305.)

connût bien, sans le courage d'un horloger du nom de Monnot, qui s'élança et détourna de sa main l'arme qui allait frapper la victime. Au milieu du carnage, une jeune fille de 18 ans, Mlle de Sombreuil, se jette au cou de son père environné d'assassins, et déclare qu'ils ne le feront mourir qu'en la perçant avec lui. Étonné de ce courage, le peuple suspend ses coups; un des meurtriers présente à la jeune fille une coupe pleine de sang : « Bois, lui dit-il, c'est du sang d'aristocrate. » Il lui promet, si elle boit, que son père aura la vie sauve. Elle but, et les assassins tinrent parole. La jeune Cazotte, d'un âge plus tendre encore, cherchait son vieux père au milieu du désordre. Dès qu'il paraît devant le tribunal, elle s'attache à l'auteur de ses jours, et l'enlace avec tant de force qu'il est impossible de les séparer; elle parvint à fléchir ces barbares : cependant, l'infortuné Cazotte périt quelques jours après, et ce fut plus tard seulement que la noble enfant apprit le martyre de son père, lorsqu'elle-même fut délivrée de sa prison [1].

Le drame sanglant dont nous ne donnons ici qu'une faible idée se répétait à la même heure dans toutes les prisons de Paris, ainsi que dans les couvents. Deux cents prêtres environ avaient été enfermés à la prison des Carmes : parmi eux se trouvait l'archevêque d'Arles, vénérable par son âge et par ses vertus, et d'autres prélats. Quelques-uns, à l'approche des meurtriers, avaient tenté d'échapper en fuyant dans le jardin où ils étaient montés sur les arbres. En peu d'instants ils furent criblés de balles ou percés de coups de piques. Trente d'entre eux, avec l'archevêque d'Arles et les évêques de Beauvais et de Saintes, se rendent d'un pas ferme et tranquille à une chapelle située au fond du jardin ; ils avaient le courage des martyrs des premiers temps. Rangés autour de l'autel, ils entendaient les cris des assassins qui hurlaient au dehors. Un petit nombre d'entre eux, cédant à l'empire de la terreur, étaient parvenus à s'échapper; déjà ils étaient hors de danger, lorsque, rougissant d'avoir abandonné leurs frères, ils reviennent partager leur destin. Ces bêtes féroces, frappées de la grandeur de cette scène, se hâtent d'achever l'œuvre de la vengeance, de peur que les spectateurs, tou-

[1] Deux Amis, VIII, 320, 321. — *Mém. Rév.*, XLVI, 76, 77. — Sicard, 105. — Th., III, 71.

chés de pitié, ne s'opposent au massacre. Pendant cette boucherie, l'archevêque d'Arles récitait les prières des agonisants; tous périrent en implorant le pardon du Ciel pour leurs bourreaux [1].

Mais les brigands demandent à grands cris l'archevêque d'Arles : « C'est moi, dit le prélat avec douceur. — Misérable ! s'écrient-ils, tu as répandu le sang des patriotes d'Arles ! — Jamais je n'ai fait de mal à un être humain. — Eh bien, dit un de ces furieux, je vais t'expédier; » et il lui porta un coup de sabre sur la tête. L'archevêque ne fit aucun mouvement; il ne chercha pas même à se garantir de l'arme meurtrière; il reçoit un second coup de sabre à travers la figure; son sang jaillit et coule par torrents; mais le martyr ne tombe pas encore; un troisième coup le jette enfin inanimé sur le parvis. Un autre assassin se jette sur le cadavre palpitant et lui enfonce son sabre si avant dans la poitrine qu'il ne peut le retirer qu'en en brisant la lame; armé de ce tronçon il le promène fièrement dans les rues avec la montre dont il a dépouillé le prélat. On offrit la vie sauve à plusieurs d'entre ces vénérables prêtres, sous la condition de prêter le serment révolutionnaire : tous repoussèrent cette proposition et moururent dans la foi de leurs aïeux. Parmi les victimes de ce massacre se trouvaient plusieurs curés qui, pendant la famine de 1789, s'étaient montrés sublimes de charité; ils périrent par les mains des misérables qu'ils avaient sauvés des horreurs du fléau. Le sang ruisselait dans les cellules des carmes, et coulait à flots dans les cours de cette prison, tant avait été considérable le nombre des infortunés massacrés par ce peuple en délire [2].

Le destin de la princesse de Lamballe fut surtout déplorable. Tendrement attachée à la reine, elle commença d'abord, suivant le désir de Marie-Antoinette, par partager sa captivité; mais ensuite, elle avait été enfermée, par ordre de la municipalité, dans la prison de *la Force*. Quand les assassins arrivèrent à son cachot, on lui offrit la vie si elle voulait jurer haine éternelle au roi et à la reine; elle refuse, indignée; aussitôt elle est traînée sur un monceau de cadavres, dans une horrible mare de sang; on

[1] Bertr. de Mollev., IX, 276, 277. — Lac., I, 290. — Th., III, 64, 66.
[2] Bertr. de Mollev., IX, 277, 278.

lui demande alors de crier : *Vive la nation;* muette d'horreur, elle ne peut articuler un mot, et se sent frappée à mort. Le premier coup lui fut porté par un de ses serviteurs qu'elle avait comblé de ses bienfaits. Dépouillé de ses vêtements, son cadavre fut exposé deux heures durant aux regards de la populace ; puis on lui coupa la tête, et son corps fut haché, déchiré avec fureur; les lambeaux portés sur des piques furent promenés dans différents quartiers de Paris : la tête, bien poudrée suivant la mode de ce temps, fut fixée au bout d'une lance, et portée d'abord au palais du duc d'Orléans, qui, se levant de table, alla sourire à cet affreux spectacle ; de là on la porta au Temple, où l'on passa avec ce sanglant trophée devant les fenêtres du roi. Louis, ne sachant ce qui s'était passé, et attiré par le bruit, se dirigea vers une croisée sur l'invitation d'un des commissaires de la municipalité. Il reconnut à la magnifique chevelure de la princesse les restes sanglants de cette amie dévouée. Un autre commissaire, plus humain, avait essayé d'écarter le roi de ce funeste spectacle. Quelque temps après, on demandait au roi s'il se rappelait le nom du soldat qui s'était rendu coupable d'une pareille barbarie. « Non, reprit-il, mais je me rappelle très-bien le nom de celui qui m'a montré de la sensibilité [1] *. »

Une circonstance singulière démontre bien que l'état du cœur humain est tout à fait incompréhensible au milieu de pareilles convulsions sociales. Plusieurs de ces assassins, dans l'ivresse de ces sanglantes exécutions, donnèrent plus d'une preuve de la sensibilité la plus vive. M. Journiac, par sa présence d'esprit, et par un hasard inexplicable, fut assez heureux pour échapper à la vengeance du terrible tribunal qui s'était improvisé à l'Ab-

[1] Bertr. de Mollev., IX, 291, 292. — Lac., *Pr. hist.*, I, 393. — *Mém. Rév.*, XLVI, 71. — Th., III, 8. — Deux Amis, VIII, 301, 302. — Prudh., IV, 111. — *Hist. parl.*, XVII, 418, 429.

* Il est quelquefois instructif de suivre la carrière de ces misérables qui ont commis tant de crimes. « Dans un lieu solitaire, et non loin des bords de la mer, dit la duchesse d'Abrantès, vivait dans une pauvre chaumière un homme absolument seul. Le premier consul avait ordonné à la police de le surveiller avec un soin tout particulier. Il mourut suffoqué par suite d'un accident qui lui était arrivé en mangeant ; il prononçait en mourant les plus horribles blasphèmes, au milieu de cruelles tortures. Cet homme avait été le principal acteur dans le meurtre de la princesse de Lamballe. » (D'Abrantès, III, 264.)

baye. Deux individus, qu'il ne connaissait pas, lui firent comprendre par signes, quand et comment il devait répondre, et dès qu'il fut acquitté, ils le portèrent sain et sauf sous la voûte de sabres et de piques que devaient parcourir tous les condamnés. Il leur offrit de l'argent, dès qu'il fut en sûreté; mais ils refusèrent, et après l'avoir embrassé, ils retournèrent à leur terrible travail d'extermination. Un autre prisonnier, sauvé de la même manière, fut ramené chez lui entouré de la même sollicitude; les meurtriers, encore échauffés par le carnage, voulurent être témoins de la joie de sa famille. Après avoir, à ce spectacle, versé des larmes d'attendrissement, ils repartirent avec une nouvelle ardeur pour continuer l'œuvre de mort. Weber était le frère de lait de la reine; mais on ne le connaissait pas, et par sa présence d'esprit il échappa à la justice fatale de l'Abbaye. Après lui avoir fait traverser des monceaux de cadavres hachés en pièces, la garde nationale et les brigands armés l'embrassèrent avec effusion, et le portèrent en triomphe au milieu de mille démonstrations de joie*. Il semble que, dans cet état convulsif, les émotions les plus diverses se succèdent rapidement dans le cœur humain, qui, dans cette situation, est également prêt aux actes les plus cruels et aux émotions les plus tendres de la pitié[1].

Le massacre étant général, il était évident que les 54 Suisses faits prisonniers le 10 août ne pouvaient échapper aux vengeances populaires. Les sous-officiers et les soldats furent massacrés dans leurs cachots, sans la moindre forme de procès. Les officiers parurent pendant quelques minutes devant le tribunal de Maillard, puis ensuite furent livrés à la populace. Ces malheureux, se tenant tous ensemble par le bras, hésitaient d'abord à

* « Le même homme s'étant tourné de mon côté pour me montrer un tas de cadavres percés et hachés à coups de sabre, me dit d'un air hagard et féroce : « Vous voyez, citoyen soldat, que nous punissons les traîtres comme ils le méritent ! » Je reçus encore l'accolade fraternelle. Je passai ensuite de bras en bras à plus de cent pas, toujours embrassé par les gardes nationaux du faubourg Saint-Antoine, et par une infinité d'autres gens presque tous ivres. Délivré enfin de toutes ces caresses, les deux hommes armés qui me donnaient le bras, me conduisirent dans une église, où se trouvait réuni le petit nombre de personnes que le tribunal populaire avait épargnées. » (Weber, II, 265, 266.)

[1] Weber, II, 265, 266. — Th., III, 73, 74. — Saint-Meard, *Mém. Réc.*, XLVI, 349. — Bertr. de Mollev., *Mémoires*, II, 212, 213.

franchir le fatal guichet. Un de ces montagnards, s'avançant le premier : « Allons, dit-il, je vais vous donner l'exemple du courage; montrons que nous ne craignons pas la mort. Il s'élance les mains sur la tête à travers les sabres de la foule et tombe bientôt percé de coups. Le peuple, ne pouvant contenir son impatience, se précipita dans la cour, et les égorgea sans pitié. Quelque rapide que fût ce procédé d'extermination, il ne marchait pas assez vite au gré de Marat; arrivant à l'Abbaye, il s'écrie : « A quoi s'amusent ces imbéciles? qu'ils sont lents! on en aurait tué dix mille depuis qu'ils ont commencé. Priez-les d'aller plus vite et de gagner plus d'argent. » Dans quelques prisons, les assassins épargnèrent les galériens qu'ils associèrent à leurs horribles travaux. A la Salpêtrière, on épargna cent quatre-vingts prostituées pour les faire servir aux plaisirs des assassins; le même motif en fit épargner trois cents dans les autres prisons; mais toutes les femmes d'un certain âge furent massacrées sans pitié; il s'en trouvait dans le nombre de 80 à 90 ans [1].

Partout se répétèrent les mêmes atrocités. Deux cent quatre-vingt-neuf victimes périrent à la Conciergerie. Là, une femme, par un raffinement de cruauté inouïe, fut mise à mort d'une manière si horrible que la plume se refuse à raconter de pareilles scènes. Il en périt presque autant au Grand-Châtelet. Les cadavres des suppliciés de ces deux prisons furent transportés sur le pont Notre-Dame, où ces furies, bien proprement nommées les *sangsues de la guillotine,* les entassèrent sur des chariots qui les transportèrent à Mont-Rouge, où on les jeta dans de vastes fosses. Ces voitures laissaient une longue trace de sang tout le long de la route qu'elles suivaient. Plus de onze cents personnes périrent pendant ces massacres dans les prisons de Paris; les exécuteurs continuèrent leur œuvre infernale depuis le 2 jusqu'au 6 septembre. Quand tous les prisonniers eurent été massacrés, les assassins insatiables assiégèrent Bicêtre, où étaient enfermés une foule de condamnés pour de simples délits qui n'avaient rien de commun avec les affaires politiques. Ces prisonniers se défendirent avec tant de fermeté que le peuple jugea nécessaire d'avoir recours à l'artillerie pour les détruire. On amena des canons avec

[1] Prudhomme, *Crimes de la Rév.*, IV, 100, 114, 125. — Duval, *Souv. de la Terreur*, II, 259, 269.

lesquels on fit sauter les portes de la prison ; mais les malheureux se défendirent en désespérés. La multitude, altérée de sang, continua la lutte avec des forces sans cesse renouvelées, jusqu'à ce qu'enfin elle vainquît la résistance : on massacra tous les condamnés de cette prison, et cette boucherie dura deux jours entiers; on jeta leurs cadavres dans les catacombes : leurs ossements y sont encore, comme un monument des crimes que la France voudrait pouvoir ensevelir dans l'oubli, de ces crimes qui font frémir même dans les demeures de la mort [1].

Montmorin, ancien ministre des affaires étrangères, et l'un des plus chauds partisans de la Révolution, subit un supplice épouvantable. Arrêté lors des visites domiciliaires du 30 août, il fut cité à la barre de l'Assemblée. Ses réponses y furent si nettes et si satisfaisantes, qu'on fut obligé de le renvoyer à la prison de l'Abbaye, en attendant qu'on trouvât contre lui d'autres chefs d'accusation. Il fut l'une des premières victimes de cette prison ; le peuple poussa si loin la férocité à l'égard de ce malheureux, qu'il fut empalé tout vif et porté en triomphe, dans cet état, jusqu'à l'Assemblée nationale. Ainsi se réalisaient les sombres pressentiments qui, six mois auparavant, s'étaient emparés de son esprit, et qu'avait en vain combattus Bertrand de Molleville. Ainsi se vérifiait fatalement la triste prédiction de Mme de Montmorin à Mme de Staël, le jour de l'ouverture des états-généraux [2].

Pendant la croisade contre les Albigeois, dans le midi de la France, quatre cents personnes des deux sexes furent brûlées à Carcassonne, au grand plaisir des guerriers croisés [3]. Lorsque la démocratie athénienne réprima la révolte de Mytilène, les Athéniens condamnèrent à mort tout le peuple vaincu [4]. Les soldats faits prisonniers par l'armée de Montrose, à la bataille de Philiphaugh, eux, leurs femmes et leurs enfants, furent jetés dans l'Avon, du haut du pont de Linlithgow; les bandes patriotes étaient rangées sur les rives du fleuve, pour massacrer ceux que le courant rejetait encore vivants sur ses bords. Tous

[1] Prudhomme, IV, 114, 120. — Lac., *Pr. hist.*, I, 293. — Th., III, 83. — Duval, II, 266, 269. — Bertr. de Mollev., IX, 298. — Sismondi, VI, 397.

[2] *Voir* chap. IV, § 4. — Bertr. de Mollev., *Mém.*, II, 211, 212.

[3] Sismondi, VI, 397.

[4] Thucydide, I, 32.

les prisonniers de cette nation furent massacrés de sang-froid dans les prisons de l'Écosse. Pendant les guerres des deux Roses, les Anglais des deux partis ne firent point de quartier pendant vingt ans. La cruauté n'est donc point le partage d'un peuple en particulier : elle ne fut pas plus grande en France qu'elle ne le serait dans tout autre Etat placé dans les mêmes conditions sociales. Les passions déchainées de la multitude produisent les mêmes effets dans tous les siècles et dans toutes les contrées [1].

L'Assemblée nationale, durant ces affreux désordres, ne fit rien pour les réprimer, quoiqu'elle le désirât vivement; le ministère se montra aussi impuissant que la Législative; la municipalité triomphante exerçait seule sa terrible autorité. L'Assemblée, pendant les massacres, discutait une loi réglant les peines à infliger au crime de fausse monnaie. Deux officiers municipaux vinrent prévenir les représentants que le peuple demandait des instructions; mais on ne décida rien. Quand Fauchet annonça que deux cents prêtres venaient d'être égorgés à la prison des Carmes, aucune mesure ne fut prise. Enfin, quand on sut à n'en pouvoir douter que le massacre continuait aux Carmes, l'Assemblée envoya des commissaires pour tâcher de sauver ces victimes; un seul prêtre échappa à la mort par leur intercession. Le lendemain, des commissaires de la commune parurent à la barre, et assurèrent les députés que Paris jouissait d'une tranquillité parfaite; et cependant ces affreuses saturnales durèrent trois jours encore. La garde nationale, divisée d'opinions, hésitait à agir; Santerre, le nouveau commandant de cette force, se refusa à la convoquer. Roland, seul dans l'Assemblée, eut le courage de faire un effort en faveur de l'humanité outragée. Peu de jours après, l'éloquence de Vergniaud tira l'Assemblée de sa torpeur; il eut l'audace de proposer un décret qui fut adopté et par lequel les membres de la municipalité seraient responsables sur leurs têtes de la sûreté de leurs prisonniers. Mais il était trop tard; les prisonniers n'existaient plus; cet acte d'énergie tardive ne fit que rendre moins excusables la trahison de l'Assemblée envers le roi, et sa faiblesse à l'égard du peuple [2].

[1] Chambers, *Révolutions de l'Écosse*, III, 37. — Napier, *Vie de Montrose*, 274.

[2] *Hist. parl.*, XVII, 348, 351, 430. — Lac., I, 295, 296. — *Hist. de Fr.*, IX, 369. — Mign., II, 205. — Th., II, 76, 77, 79.

Le nombre des assassins n'était cependant pas considérable : c'est là un des faits les plus instructifs de l'histoire des révolutions. Il y avait longtemps que Marat avait dit qu'avec deux cents assassins, à un *louis* par jour, il gouvernerait la France et y ferait tomber trois cent mille têtes. Les événements du 2 septembre semblèrent justifier son opinion. Le nombre des meurtriers officiels n'excéda point trois cents, et devant chaque prison, une poignée de quelques centaines de misérables les encourageaient dans leurs horribles fonctions : cependant, cette poignée de brigands gouvernèrent la France avec un despotisme que n'exercèrent jamais les trois cent mille guerriers du grand capitaine. L'immense majorité des bons citoyens, divisés d'opinion, irrésolus, dispersés, ne purent se rendre maîtres d'une bande d'assassins, procédant sans entraves aux actes les plus atroces qui aient déshonoré l'histoire des temps modernes : que cet exemple puisse servir dans les âges futurs aux bons et aux forts ; qu'ils apprennent à se liguer pour la défense de la société dans ces temps de troubles et d'extrême agitation de l'esprit public ; qu'ils ne se disent point que les criminels audacieux qui menacent la société sont méprisables par leur nombre et qu'il sera facile de défendre la vertu contre leurs atrocités. Il n'est pas moins digne de remarque que ces massacres eurent lieu au sein d'une cité possédant une garde nationale organisée de plus de 50,000 hommes, et que cette force avait été créée surtout dans le but de réprimer les mouvements populaires et d'assurer l'empire des lois. Mais la garde nationale comptait dans ses rangs un grand nombre de révolutionnaires, et toute la bonne volonté des citoyens dévoués à l'ordre s'y vit paralysée, dans les journées du 10 août et du 2 septembre. De là il ressort à l'évidence qu'une pareille force armée ne peut être d'aucun secours contre l'anarchie, du moment qu'elle est divisée d'opinions, et se trouve elle-même travaillée par les passions populaires. Dans les temps ordinaires, c'est une puissance imposante, très-convenable à la répression de désordres partiels ; mais dont l'action est inefficace aux époques de grandes convulsions sociales ; on la verra toujours faire défaut dans ces moments de crise où son intervention énergique serait le plus nécessaire [1].

[1] Barbaroux, 57. — Louvet, *Mém. Rév.*, XLVI, 73.

La municipalité de Paris adressa aux magistrats des autres villes de France une lettre circulaire pour les inviter à imiter l'exemple de la capitale; on frémit d'horreur à la lecture d'un pareil document*. Heureusement, ce funeste exemple ne fut point généralement suivi : dans quelques villes cependant, l'influence de cette circulaire, et l'agitation excitée par la chute du trône, produisirent des scènes plus horribles que tous les attentats qui eussent encore souillé la Révolution. Le 30 août, la municipalité de Paris avait présenté une pétition à l'Assemblée, pour obtenir que les accusés destinés à comparaître devant la haute cour d'Orléans fussent transférés dans la capitale pour y être jugés. Le but de cette pétition, comme l'événement le prouva dans la suite, était évidemment de faire arriver ces malheureux dans le rayon des massacres. L'Assemblée accorda la demande, et un détachement de la force armée de Paris, avec sept pièces de canon, fut envoyé à Orléans sous la conduite d'un ardent Jacobin, nommé Fournier. Le chef du détachement y rencontra Léonard Bourdon, commissaire de la Législative. Pénétrant dans la prison, les Parisiens commencèrent à dépouiller les prisonniers de tous les objets précieux qu'ils avaient conservés en leur possession, et le 2 septembre, les malheureux furent dirigés sur Paris sous l'escorte envoyée de la capitale. Quand ils arrivèrent à Versailles, la foule qui encombrait les rues, les menaces proférées par le peuple, apprirent aux prisonniers qu'il se préparait quelque sanglante catastrophe, et l'effet de ces menaces

* La lettre circulaire envoyée à cette occasion, par la municipalité de Paris aux autres municipalités de France, est un des monuments les plus curieux de la Révolution. Elle se terminait comme suit : « Prévenu que des hordes de barbares s'avançaient contre elle, la commune de Paris se hâte d'informer ses frères de tous les départements, qu'une partie des conspirateurs féroces détenus dans les prisons a été mise à mort par le peuple, actes de justice qui lui ont paru indispensables pour retenir par la terreur les légions de traîtres renfermés dans ses murs, au moment où il allait marcher à l'ennemi; et sans doute la nation, après la longue suite de trahisons qui l'a conduite sur les bords de l'abîme, s'empressera d'adopter ce moyen si utile et si nécessaire; et tous les Français se diront comme les Parisiens : Nous marchons à l'ennemi, et nous ne laissons pas derrière nous des brigands pour égorger nos femmes et nos enfants. » (*Signé*) DUPLAIN, PANIS, SERGENT, LENFANT, MARAT, LEFORT, JOURDEUIL, *administrateurs du comité de surveillance constitué à la mairie.* (Paris, 3 septembre 1792. — *Hist. parl.*, XVII, 433.)

ne se fit point attendre. Les voitures qui transportaient ces infortunés firent halte dans la rue de l'Orangerie ; la troupe et les canons sont rangés en ordre de bataille, et la populace se précipite sur les victimes. Plusieurs des prisonniers, au nombre desquels se trouvait le duc de Brissac, ancien gouverneur de Paris, se défendirent longtemps avec vigueur; mais, enfin, tous succombèrent sous les coups des brigands; les malheureux étaient au nombre de cinquante-sept. Parmi eux se trouvait de Lessart, ministre de l'intérieur avant le 10 août. Le même jour, auprès de Gisors, le noble philanthrope, duc de la Rochefoucauld, qui s'était retiré de la vie publique, était arraché de sa voiture, et impitoyablement massacré dans les bras de sa femme et de sa mère. Les assassins de Versailles, enivrés du massacre des prisonniers d'Orléans, se ruèrent sur les prisons de leur ville, où ils firent périr encore vingt et une victimes. Les restes sanglants de ces infortunés furent attachés aux pointes des grilles de l'Orangerie. La garde nationale de Versailles, à son éternelle honte, prit part à ces massacres. Danton, ministre de la justice, répondit à ceux qui l'informaient des horribles projets des assassins, qu'il ne pouvait intervenir, que le peuple était résolu à se venger et qu'il devait être satisfait [1].

Les commissaires de la municipalité de Paris provoquèrent les mêmes horreurs à Meaux, le 5 septembre. Suivis d'une troupe furieuse, ils se portèrent à la prison de la ville, en forcèrent les portes et en arrachèrent quatorze prisonniers, au nombre desquels se trouvaient huit prêtres vénérables : tous furent taillés en pièces dans la cour de la prison. A Lyon, le 9 septembre, la populace, excitée par les mêmes moyens, attaqua les prisons. Les magistrats, pour sauver les captifs, les firent transférer à Roanne : mais l'escorte qui les protégeait fut attaquée et vaincue, et tous les prisonniers massacrés sur la route, à l'exception d'un seul, qui se noya dans la rivière, où la terreur l'avait fait se précipiter. Les assassins allèrent jusqu'à Roanne, où ils sacrifièrent encore sept victimes dans la prison de cette ville. Parmi ces malheureux se trouvait l'abbé Lanoix, curé de la paroisse de Saint-Nizère, prêtre du caractère le plus doux et le plus généreux. Il

[1] Bertr. de Mollev., IX, 316. 321. — Prudhomme, IV, 170, 181. — Lac., I, 296, 298. — Deux Amis, VIII, 336. 337.

fut haché en morceaux; ses membres, transportés à Lyon par les cannibales, y furent suspendus aux arbres de la place Bellecour. Ni la garde nationale, ni les autorités constituées ne firent rien pour prévenir ou réprimer ces désordres. Ces magistrats élus par la multitude étaient aussi incapables d'en arrêter les excès, que les satrapes de l'Orient de s'opposer aux cruautés des despotes, qui disposent à leur gré de toutes les existences [1].

Cependant, toutes ces sombres horreurs n'étaient rien encore en comparaison de l'effroyable barbarie de la populace de Reims. Dès le 2 septembre, le maître de poste Guérin et son délégué sont décapités par le peuple; les assassins se distribuent les lambeaux de leur chair palpitante. En même temps, l'abbé de Lescur et onze curés des environs, qui avaient refusé le serment constitutionnel, sont massacrés avec tous les raffinements de la cruauté la plus sauvage, et leurs restes sanglants portés en triomphe par la ville. D'autres ecclésiastiques subirent le lendemain un supplice bien plus terrible. Le peuple déclara qu'il brûlerait vifs tous les prêtres qui se refuseraient au serment. On élève un bûcher sur la place principale de Reims; tous les citoyens sont forcés de prendre part au travail. Le jour suivant, l'abbé Romain et l'abbé Alexandre, doyen de la cathédrale, sont amenés auprès du bûcher; on leur demande le serment : tous les deux refusent avec la fermeté des premiers martyrs. Romain est jeté vivant dans les flammes et meurt dans d'affreuses tortures; les cris de : *Vive la nation* étouffaient les cris d'angoisse de cet infortuné [2].

L'abbé Alexandre, vaincu par l'horreur de ce spectacle, annonce qu'il va prêter le serment : mais on ne l'écoute plus; on le jette dans la fournaise; on fait amener de force son neveu Heyberger, qui demeurait avec lui, et on l'oblige à apporter des fagots pour alimenter le bûcher. Le malheureux prêtre, au milieu des flammes, s'agitait et criait encore qu'il était prêt à jurer; les flammes enfin étouffent sa voix et la foule joyeuse applaudit à cet affreux spectacle. Après lui, périt de la même manière un simple artisan du nom de Laurent : on obligea sa femme à contempler cette horrible scène; la malheureuse, à genoux auprès

[1] Prudhomme, IV, 165, 170, 184, 189.
[2] Prudhomme, *Crimes de la Rév.*, IV, 189, 195.

du bûcher, les mains tendues vers le ciel, attendait son destin; les assassins se réjouissaient à l'idée des tortures qu'elle allait endurer à son tour; quand cette femme, par une inspiration soudaine, s'écrie qu'elle porte un enfant dans son sein. Ce mot la sauva; la foule exigea des assassins qu'il fût sursis à son exécution. Ces actes de barbarie s'accomplirent en présence de tous les officiers municipaux de la ville de Reims, et de cinq mille hommes de garde nationale. Telles furent les plus cruelles horreurs de la Révolution. Elle fit, dans la suite, un nombre bien plus considérable de victimes; mais au moins la mort subie sur l'échafaud n'avait point cet effrayant caractère de barbarie. Nous n'aurons plus à présenter dans le cours de cette histoire le désolant spectacle d'êtres humains brûlés vifs par leurs semblables, jusqu'à ce qu'un peuple de race anglo-saxonne nous oblige à le montrer encore, au milieu de la civilisation et de la liberté tant vantées de l'Amérique du Nord [1].

Cependant, la municipalité de Paris s'était procuré d'immenses ressources en s'appropriant les biens de tant de victimes. Non-seulement on fit saisir l'argenterie des églises et le mobilier des émigrés, mais tous les effets des prisonniers massacrés furent mis sous séquestre et déposés dans les vastes magasins du comité de surveillance. Jamais, ni l'Assemblée législative, ni la Convention, ne purent obtenir que la municipalité rendît compte de la valeur des biens saisis, ni de l'usage auquel le prix en était appliqué. La commune alla plus loin, et, de sa propre autorité, elle fit mettre en vente le mobilier de tous les hôtels sur lesquels la nation avait fait mettre les scellés à la suite de l'émigration des propriétaires. Les agents subalternes de la commune se livraient impunément au pillage : des bandes de vingt à trente individus se jetaient au milieu de la rue sur les citoyens qui passaient pour riches, sur les femmes élégantes, et les dépouillaient de leurs montres, de leur or et de leurs joyaux. Sous le prétexte de visites domiciliaires, on organisait le pillage des demeures des particuliers; et l'on se regardait comme fort heureux de ne perdre que sa propriété quand on obtenait la vie sauve. Le ministre de l'intérieur, sans forces pour réprimer ces brigandages, ne pouvait que se plaindre amèrement devant l'Assemblée : tous les fonc-

[1] Prudhomme, *Crimes de la Rév.*, IV, 191. 194.

tionnaires inférieurs du gouvernement étaient dans les intérêts de la municipalité ; la garde nationale, reconstituée sous le nom de *sections armées,* était dans un état complet de désorganisation. Pendant la nuit du 17 septembre, les joyaux de la couronne, déposés aux Tuileries, disparurent. On avait enlevé les scellés ; mais on ne trouva pas aux serrures la moindre trace de violence ; cela prouvait à l'évidence que le vol avait été commis par les ordres de l'autorité municipale, et non par des brigands de la lie du peuple. Quelque temps après, on vit un des bijoux précieux enlevés aux Tuileries entre les mains de Sergent, membre du comité de la commune, qui avait rédigé et signé la fameuse circulaire aux municipalités de France, pour les inviter à imiter les massacres de Paris. On voit ce qu'avaient produit les premières élections populaires dans la capitale de l'empire [1].

Roland avait acquis désormais la conviction qu'en présence de la municipalité démagogique de Paris, tout gouvernement était devenu impossible. « Hier, dit-il à l'Assemblée, le peuple a déclaré dans ses réunions électorales qu'il voulait tirer vengeance des députés qui n'ont point voté pour le décret d'accusation contre la Fayette ; déjà des placards sont affichés dans Paris, annonçant ma prochaine dénonciation ; il en a été donné lecture à la municipalité, qui l'a approuvée. Il y a huit jours que l'on supplie l'Assemblée, et dans ce moment les jours sont des siècles ! il y a huit jours que l'on vous supplie de prendre des mesures pour défendre le pouvoir exécutif et assurer le respect dû à la loi. Si vous ne le faites pas, non-seulement Paris, mais tout l'empire est à jamais perdu. » Roland était bien informé : déjà Marat avait insinué dans son journal que la Révolution allait rétrograder, si l'on ne faisait tomber 200,000 têtes, et avait désigné 400 membres de l'Assemblée comme les premières victimes à offrir en sacrifice à la vengeance du peuple. Le caractère connu de la municipalité disait assez que la commune n'hésiterait point dans l'exécution de ces menaces [2].

Au milieu de tant d'horreurs, la Législative touchait au terme de son mandat. L'histoire de la première législature est pleine

[1] *Hist. parl.*, XVIII, 437, 462, 463. — Deux Amis, VIII, 338, 339. — Th., III, 129, 131.

[2] *Hist. parl.*, XVIII, 445. — Marat, *l'Ami du peuple*, n° 682 et 684. — Deux Amis, VIII, 338, 339.

d'intérêt pour ceux qui veulent étudier le travail de l'esprit humain dans les grandes convulsions sociales. Un calme trompeur avait précédé l'ouverture de cette assemblée ; l'ambition des partis, la fureur des passions parurent apaisées pendant quelque temps. et le monarque, acclamé par la multitude, put goûter pendant quelques jours les douceurs de l'administration populaire. La Constituante avait déclaré la Révolution finie ; le roi avait accepté la constitution ; on supposait que les jours de l'anarchie étaient passés. Mais ceux qui troublent la paix du monde sont rarement capables de le gouverner, au moment de ses plus grands égarements. La Législative termina sa carrière au milieu du sang et du carnage : le roi en prison, la noblesse absente, le peuple insurgé ; on avait égorgé les royalistes, la hache était suspendue sur la tête des patriotes. Cette assemblée ne vécut que onze mois, et sous son règne, 8,500 personnes périrent de mort violente ! Ses chefs furent, sous la Convention, victimes des mesures de proscription qu'elle avait autorisées contre les classes supérieures. Telle est la marche fatale des révolutions : les partisans des idées philanthropiques n'ont point l'énergie nécessaire pour lutter contre les passions désordonnées de la multitude ; les amis de l'ordre et de la propriété manquent de cette vigueur et de cette unanimité qui font le succès des masses ; d'un côté combattent la raison et la justice ; de l'autre l'ambition et l'égoïsme. Si l'on eût moins discuté sur des droits abstraits, et que l'on eût fait plus d'attention aux dangers présents ; si l'on eût raisonné moins et qu'on eût agi davantage, la Législative pouvait arrêter les progrès de la Révolution. Si l'on avait su profiter de la victoire du Champ-de-Mars, une charge opérée par 500 chevaux dans la journée du 10 août évitait à la France la chute du trône et le règne de Robespierre[1].

La Convention nationale s'ouvrit sous de plus sombres auspices. Depuis le 10 août, depuis la victoire de la municipalité sur l'Assemblée, le parti démocratique avait conquis un ascendant incontesté : la masse inerte du peuple était disposée, comme dans toutes les commotions sociales, à se ranger du côté des vainqueurs. Les sections de Paris, sous l'influence de Marat

[1] Prudhomme, *Crimes de la Rév.*, IV. — Table I. — *Hist.*, I, 108. — *Hist. de France*, IX, 149, 230.

et de Robespierre, y avaient envoyé, comme beaucoup d'autres villes de France, les députés les plus révolutionnaires. Les Jacobins et les clubs affiliés des départements avaient eu la plus grande part d'action dans les élections générales. La société mère de Paris avait envoyé, dans toute la France, la liste imprimée des votes émis par chaque député sur toutes les questions importantes décidées par la Législative. Tous les représentants qui avaient voté contre les décrets populaires, et spécialement contre la mise en accusation de la Fayette, s'y trouvaient désignés comme devant être exclus de la représentation nationale. Les élections se firent à Paris, le 2 septembre, au milieu des horreurs et des massacres des prisons. Les violents démagogues de la municipalité y dirigèrent à leur gré la conduite des électeurs. Les noms de Robespierre et de Danton, sortis les premiers, furent accueillis par des applaudissements unanimes. Après eux furent nommés Camille Desmoulins, Tallien, Osselin, Fréron, Anacharsis Clootz, Fabre-d'Églantine, le peintre David, Collot-d'Herbois, Billaud-Varennes, Legendre, Panis, Sergent, presque tous impliqués dans les massacres de septembre. A ces noms vint s'ajouter celui du duc d'Orléans, qui, ayant renoncé à ses titres, avait pris le nom de *Philippe Égalité*. En un mot, la députation de Paris se composait de tous les chefs de l'insurrection du 10 août, et des auteurs des massacres des prisons. Le plus grand nombre des députés envoyés par les grandes villes de France étaient des hommes de la même trempe. Les Girondins, auteurs du renversement de la monarchie, formaient le côté modéré de cette législature[1].

Dès les premières séances de la Convention, les Girondins y occupèrent les bancs de la droite, et les Jacobins s'unirent au sommet de la gauche; c'est de là que ce dernier parti fut désigné dans la suite sous le nom de la *Montagne*. Les Girondins avaient la majorité dans cette chambre, car les départements y avaient envoyé des députés relativement modérés. Mais les Jacobins, de leur côté, avaient l'avantage de compter dans leurs rangs toute la députation de Paris, maîtresse de cette populace toujours prête à environner l'Assemblée de ses menaçantes clameurs. Ils avaient

[1] Deux Amis, VIII, 352, 353. — Bertr. de Mollev., X, 2, 7. — *Hist. parl.*, XVIII. — *Journal des Jacobins*, 17 septembre.

en outre l'appui de la municipalité, qui était devenue une puissance souveraine dans l'État, comme centre d'action du parti démocratique. On surnomma la Plaine ou le Marais, une fraction nombreuse de représentants neutres, ou du moins dont les principes n'étaient pas connus, mais qui commencèrent par se ranger du côté de la Gironde, jusqu'à ce que la Terreur les eût forcés à embrasser le parti vainqueur. Comme déjà nous l'avons fait remarquer, à la société mère des Jacobins de Paris étaient affiliées des sociétés semblables dans les principales villes de France; on y formait des adeptes pour le club de la capitale; ces nouvelles recrues, poussées par une ambition effrénée, arrivaient incessamment à Paris pour y entretenir et y raviver la flamme démocratique. La commune aussi avait noué des relations avec toutes les municipalités du pays, dont les magistrats en général, élus par le suffrage universel, appartenaient au parti de la violence et de la terreur. Il en résultait qu'en réalité les Jacobins avaient dans leurs mains le pouvoir suprême; les Girondins ne conservaient que le ministère qui, tenu en échec par la municipalité, n'avait pas la moindre autorité dans Paris. On ne pouvait pas compter, pour agir contre les chefs du parti populaire, sur une armée recrutée durant les troubles de la Révolution; au reste, répandue sur les frontières, elle n'était point sous la main du gouvernement, et en conséquence ne pouvait lui servir à réprimer les insurrections de la capitale[2].

Les deux grandes fractions rivales à l'Assemblée récriminaient l'une contre l'autre, dans le but de se concilier la faveur de l'esprit public. Les Jacobins reprochaient à la Gironde l'intention de détruire la république; de vouloir établir, sur le modèle de l'Amérique, vingt-trois États démocratiques confédérés : les Girondins n'avaient songé sérieusement à ce projet qu'à l'époque où le duc de Brunswick menaçait la capitale; mais les conversations imprudentes de Brissot et de ses amis, l'admiration enthousiaste que tout ce parti professait pour les institutions américaines, semblaient donner quelque poids à l'accusation. Il n'en fallait pas davantage pour le rendre impopulaire à Paris, dont l'existence dépendait de sa situation comme capitale et siége du gouvernement d'un vaste empire. Les Girondins dirigeaient

[2] Mign., I, 216. — Lac., II, 10.

contre la Montagne des accusations infiniment mieux fondées, mais qui n'étaient point de nature à enflammer le peuple. Ils lui reprochaient de vouloir faire de la municipalité de Paris un pouvoir supérieur à l'Assemblée nationale ; de chercher à peser sur les délibérations de la Convention, soit par des pétitions menaçantes, soit par le déploiement de la force brutale ; de préparer enfin pour leurs chefs favoris Danton, Robespierre et Marat, un triumvirat qui bientôt aurait détruit toutes les libertés que la France avait acquises au prix de tant d'efforts. La première partie de cette accusation était déjà parfaitement fondée au moment de l'ouverture de la Convention ; l'avenir se chargea d'en justifier la seconde partie [1].

Les premières réunions de la nouvelle assemblée eurent lieu dans une des salles des Tuileries, puis dans la salle du manége, où elle continua ses séances. Son premier acte, sur la motion de l'abbé Grégoire, fut de déclarer, au milieu de transports unanimes, l'abolition de la royauté, et de proclamer la république. Un autre décret décida que l'on renoncerait à se servir du calendrier datant de la naissance du Christ, et que tous les actes publics seraient datés de l'an *un* de la République française. L'ère nouvelle commençait au 22 septembre 1792. La Convention eut à s'occuper immédiatement de la situation des finances. Il résultait du rapport présenté par le ministre de ce département que les Assemblées précédentes avaient autorisé l'émission de 2,700,000,000 de francs en assignats (au delà de 150,000,000 de livres sterling), somme prodigieuse absorbée en trois ans de paix, et qui prouvait bien que la Révolution avait tari les sources ordinaires du revenu. Il ne restait dans le trésor que 15,000,000 de cette somme énorme. Il fallait donc une nouvelle émission ; elle fut immédiatement ordonnée sur la garantie des biens nationaux, dont la valeur augmentait toujours et représentait à cette époque les deux tiers de la propriété territoriale de la France, par suite de la confiscation des biens des émigrés [2].

En même temps, on décréta une constitution plus démocratique encore que l'œuvre de la Constituante. En vertu de cette

[1] Deux Amis, IX, 4, 7. — Bertr. de Mollev., X, 10, 11. — Th., III, 142. 145.

[2] *Calend. répub.*, p. 1. — Th., III, 151. — *Monit.*, 24 septembre, p. 1141. — Deux Amis, IX, 18. — *Hist. parl.*, XIX, 94, 95.

nouvelle loi fondamentale, toute espèce de cens électoral fut aboli, sur la proposition du duc d'Orléans. Les magistrats pouvaient désormais être élus dans tous les rangs de la population ; il ne fallait pas le moindre titre de capacité pour aspirer aux fonctions de juge. Tous les citoyens étaient déclarés également éligibles à tous les emplois ; le droit de voter dans les assemblées primaires était conféré à tous les Français âgés de 21 ans. C'était l'égalité absolue, dans le sens le plus littéral. Le suffrage universel devenait la base unique du gouvernement.

Cependant, le ministre de l'intérieur présenta à la Convention le désolant tableau des massacres ordonnés dans toute la France par les émissaires des Jacobins. Il dit que les désordres de Paris n'avaient été que trop fidèlement imités par les départements ; que ce n'était point l'anarchie qu'il fallait accuser de ces calamités, mais des tyrans d'un nouveau genre, qui s'étaient emparés de la France récemment affranchie. Il soutint que les excitations aux massacres partaient de Paris. Il demanda comment il était possible de préserver le peuple de la misère, quand un si grand nombre de citoyens étaient obligés de se cacher pour sauver leur existence ; quand les murs de la capitale étaient couverts de placards séditieux, invitant le peuple à la rapine, au meurtre, au pillage ; comment il était possible de donner une constitution à la France, si la Convention devait délibérer sous les poignards des assassins. Après un débat plein de violence et de récriminations, l'Assemblée rendit un décret contre les instigateurs des massacres, et ordonna la formation d'une garde départementale ; mais les événements ne permirent point la mise à exécution de ces décrets [1].

Les chefs de la Gironde, redoutant Robespierre, dirigèrent contre lui leurs premières attaques, et l'accusèrent ouvertement d'aspirer à la dictature. Osselin, l'un des membres de la municipalité, engagea Robespierre à se défendre, et comme celui-ci semblait dédaigner l'accusation, Osselin s'écria : « J'invite tous les membres de la municipalité de Paris à s'expliquer à la barre. Que chacun de nous déclare qu'il ne veut vivre que pour la liberté et l'égalité, et pour défendre la constitution la plus

[1] Deux Amis, IX, 121, 123. — *Monit.*, 25 septembre, p. 1139, 1140. — Th., III, 152, 155.

démocratique. Il y a un parti contraire; il y a un triumvirat; Robespierre, je te dénonce comme le chef de ce parti! » La réplique de Robespierre fut conforme à ses principes. « Croyez-vous réellement, dit-il, que j'aspire à la dictature? Détrompez-vous. Il ne suffit pas, pour établir votre accusation, de dire que je veux être dictateur. Où sont les faits qui le prouvent? En a-t-on cité un seul? Vous semblez croire qu'il suffit d'affirmer le fait pour me faire décréter d'accusation. Ignorez-vous donc la force de la vérité, l'énergie de l'innocence, qui se défend avec un courage imperturbable? Vous pouvez m'accuser; mais la nation sera mon juge; c'est d'elle que j'attends ma sentence. Il est temps que l'on sache si nous sommes réellement des traîtres; si en effet nous avons formé des desseins contre la république; si nous avons flatté le peuple!... Que dis-je? flatter le peuple!... On peut flatter les tyrans; on ne saurait flatter le peuple... flatter 25,000,000 d'hommes, c'est aussi impossible que de flatter la Divinité elle-même*. » Les chefs de la Gironde commirent la faute de voter l'ordre du jour[1].

Marat fut à son tour l'objet d'une accusation; un frisson d'horreur parcourait la Convention dès qu'on l'y voyait paraître; tout le monde avait présentes à la mémoire les violentes excitations au massacre dont son journal était rempli tous les jours. Vergniaud donna lecture à l'Assemblée de l'infâme circulaire de la municipalité de Paris, invitant les autorités constituées de tout le pays à imiter les massacres du 2 septembre, et au bas de laquelle figurait le nom de *Marat;* puis il montra un numéro de *l'Ami du peuple,* dans lequel ce monstre calculait froidement que 70,000 têtes devaient tomber avant que la liberté pût être solidement établie; — et les tribunes d'applaudir! Un autre Girondin donna ensuite lecture d'un autre écrit dans lequel Marat disait: « Une pensée me décourage, c'est que tous mes efforts pour sauver le peuple seront inutiles sans une nouvelle insurrection. Quand je considère la majorité des représentants à la Convention

* Ces derniers mots de Robespierre peignent l'homme tout entier. Son principe à lui c'était : *Vox populi, vox Dei;* les masses ne pouvaient mal faire. Son attachement immuable à ce principe fut la base de sa puissance et la cause de sa ruine.

[1] *Monit.*, 26 septembre, p. 1145, 1146. — *Hist. parl.*, XIX, 96, 100, 105.

nationale, je désespère du salut public. Si au bout de huit jours ils n'ont point jeté les bases d'une nouvelle constitution, on ne doit plus rien attendre de leurs travaux. Cinquante ans d'anarchie vous attendent, et vous n'en sortirez que pour tomber dans les mains d'un dictateur, d'un vrai patriote, d'un homme d'État. O peuple mal conduit, si seulement tu savais comment il faut faire ! » Des cris de fureur accueillirent cette lecture : quelques membres applaudissent; la plupart s'écrient : *A l'Abbaye! à la guillotine*[1] !

Marat monte à la tribune pour répondre; c'était la première fois qu'il y paraissait : telle était l'horreur qu'inspirait sa présence qu'il y resta longtemps avant d'obtenir qu'on l'écoutât. Cependant, il reconnut l'écrit dont on l'accusait d'être l'auteur, et refusa hardiment de le désavouer : « Si le peuple, dit-il, avait été sage, il aurait coupé 500 têtes le jour de la prise de la Bastille. Cette faute a déjà coûté la vie à 100,000 patriotes; il en tombera 100,000 de plus si le peuple s'arrête dans sa vengeance, et l'anarchie est certaine. Jamais je n'ai déguisé mes opinions; j'ai signé tous mes écrits. Me demander une rétractation, c'est vouloir que je ferme mes yeux pour ne point voir et mes oreilles pour ne point entendre. Il n'y a pas de puissance au monde qui puisse me forcer à changer ainsi mes idées; je puis répondre de la pureté de mon cœur; mais je ne puis changer mes opinions; elles ont leur source dans la nature des choses. » Les tribunes retentissent d'applaudissements. Des bravos tumultueux partent des bancs des Jacobins : beaucoup de membres de la Plaine, saisis d'horreur, quittent la séance. L'accusé, voyant ses avantages, tire un pistolet de sa poche : « Rougissez, s'écrie-t-il, d'accuser ainsi les patriotes! si le décret d'accusation est rendu, je me fais sauter la cervelle au pied de cette tribune! Telle est donc la récompense de mes travaux, des souffrances, des misères que j'ai endurées pour la cause du peuple! » A cette apostrophe, les clameurs des tribunes devinrent si violentes que la salle parut ébranlée jusqu'en ses fondements. La terreur s'empare de tous les cœurs. L'Assemblée dissimule ses craintes sous le masque du mépris, et sur la motion de Tal-

[1] Marat, *Journal de la Rép.*, nos 22, 29. — *Moniteur*, 27 septembre. — *Hist. parl.*, XIX, 96, 98. — Mign., 218, 219. — Lac., II, 6, 8. — Th., III, 163.

lieu, elle décrète que la république est une et indivisible; elle laisse l'accusé triomphant libre de recueillir les fruits de sa victoire[1].

Une accusation plus redoutable allait être dirigée contre Robespierre par l'intrépide Louvet, l'un des membres les plus distingués de la Gironde. Le ministre de l'intérieur, redoutant pour la république et pour sa propre sûreté les fureurs de la démagogie, avait présenté à la Convention son lumineux rapport sur la situation de la capitale. Il y faisait hardiment le récit des mesures sanguinaires ordonnées par la municipalité. « Quand les principes de la révolte et des massacres, disait-il, sont audacieusement avoués et applaudis, non-seulement dans les clubs, mais jusqu'au sein de la Convention, on ne peut douter que des partisans secrets de l'ancien régime, des amis prétendus du peuple, voilant leurs détestables projets sous le masque du patriotisme, n'aient conçu l'espoir de renverser la constitution, et de satisfaire, au milieu des ruines de la nation, leur soif de sang et leur passion des richesses... Département sage, mais peu puissant; commune active et despote; peuple excellent, mais dont une partie saine est intimidée ou contrainte, tandis que l'autre est travaillée par des flatteurs et enflammée par la calomnie; confusion des pouvoirs; mépris des autorités; force publique faible ou nulle par un mauvais commandement : voilà Paris... Je sais qu'en offrant un pareil tableau, je déplais à beaucoup de personnes; mais entre la vérité qui blesse et la flatterie qui tue, ou le silence qui trahit, je n'hésiterai jamais un instant : ma vie même y fût-elle intéressée... » Roland, après la lecture de son rapport, donne à l'Assemblée communication d'une lettre par laquelle le président de la seconde section du tribunal criminel lui annonce que la vie des ministres est menacée, et que, suivant le langage des assassins, une *nouvelle saignée* est devenue nécessaire. Tous les yeux s'étaient tournés vers Robespierre, qui venait de monter à la tribune et avait dit, entre autres choses : « Quoi ! lorsqu'il n'est pas un homme qui osât m'accuser en face, en articulant des faits positifs contre moi; lorsqu'il n'en est pas un qui osât monter à cette tribune[2]... »

[1] *Mon.*, 27 septembre, p. 1149, 1150. — Lac., II, 8, 9. — Th., III, 167, 170. — *Hist. de la Conv.*, I, 75, 76.

[2] *Hist. parl.*, XIX, 410, 415.

A ces mots, Louvet s'élance, et d'une voix forte, le regard étincelant, il s'écrie : « Moi, je t'accuse! Oui, Robespierre, je t'accuse... » Le tyran tremble sous le regard de cet adversaire, dont il a plus d'une fois éprouvé le talent et le courage au club des Jacobins. Louvet alors, dans un discours plein d'éloquence et d'énergie, fait le tableau du caractère et des actes de cet ennemi public. Il suit Robespierre aux Jacobins, à la municipalité, à l'assemblée électorale, et le montre toujours calomniant ses adversaires et flattant la multitude; tirant avantage des passions aveugles de la foule, pour la jeter à son gré dans tous les excès; insultant, au nom du peuple, la majesté de la législature; obligeant ce pouvoir souverain à rendre les décrets qu'il ordonne, sous la menace de l'insurrection; dirigeant, quoique invisible, les meurtres et les pillages de septembre, afin de soutenir par la terreur les usurpations de la municipalité; envoyant des émissaires par toute la France, pour y provoquer les mêmes crimes, et inviter les provinces à suivre l'exemple de Paris, à obéir à l'autorité de la commune. Il le montre toujours occupé à se décerner des louanges à lui-même, exaltant en même temps la grandeur du peuple, ne manquant jamais de rappeler que lui-même appartient au peuple. « La glorieuse révolution du 10 août, ajoute l'intrépide Louvet, est l'ouvrage de tous; mais celle du 2 septembre... conjurés barbares! elle est à vous, elle n'est qu'à vous!... Eux-mêmes s'en glorifient; eux-mêmes, avec un mépris féroce, ne nous désignent que comme les patriotes du 10 août, se réservant le titre de patriotes du 2 septembre!... Le peuple de Paris sait combattre, mais point assassiner. On le vit tout entier dans le château des Tuileries, dans la magnifique journée du 10 août. Il est faux qu'on le vit devant les prisons dans l'horrible journée du 2 septembre! Et dans l'intérieur des prisons, combien y avait-il de monde? pas deux cents personnes. Au dehors, combien y avait-il de spectateurs retenus par une curiosité vraiment inconcevable? pas le double... Mais l'autorité tutélaire de Paris était enchaînée; Roland parlait en vain; le ministre de la justice d'alors (Danton) ne parlait point; les présidents des quarante-huit sections, tous prêts à réprimer ces désordres, attendaient une réquisition que le commandant général ne donna pas; les officiers municipaux, couverts de leurs écharpes, présidaient à ces atroces persécutions... Conjurés barbares, vous n'avez été que trop fatalement obéis [1] ! »

L'éloquence de Louvet produisit sur l'assemblée une impression profonde : malheureusement, ses amis de la Gironde ne le soutinrent que faiblement. En vain il fit appel à Pétion, à Vergniaud et aux autres chefs de son parti : ils n'eurent point la fermeté nécessaire pour venir à la tribune attester la vérité des faits dévoilés par l'accusateur. Si chacun d'eux seulement eût déposé du quart des faits qui étaient à leur connaissance, l'accusation décrétée d'emblée eût amené la ruine immédiate du tyran. Robespierre considéra cependant l'attaque comme assez grave, et demanda huit jours pour préparer sa défense. Dans l'intervalle, on mit en œuvre tous les moyens propres à répandre la terreur. Le club des Jacobins retentit d'imprécations contre l'intrépide accusateur; les chefs de la Montagne firent les derniers efforts pour épouvanter leurs adversaires; Robespierre le jeune prit la parole aux Jacobins : « Le but des Girondins, dit-il, est clair; ils accusent les héros du 10 août des massacres de septembre, afin d'amener une contre-révolution. Ils veulent détruire en détail tous les patriotes; Robespierre d'abord, puis Danton, Marat, Santerre; puis Merlin et Chabot; puis, enfin, tous les membres de la municipalité, le faubourg Saint-Antoine et les quarante-huit sections de Paris. Louvet lui-même, cependant, n'a-t-il pas justifié la municipalité, lorsque, dans un des placards de *la Sentinelle,* il disait : *Honneur au grand conseil de la municipalité! il a sonné le tocsin! il a sauvé la patrie!* » Insensiblement on vit se refroidir l'ardeur produite par le discours de Louvet; la terreur reprit son empire, et l'accusé, huit jours après, montait à la tribune avec toute l'assurance d'un vainqueur. Les députés, épouvantés, affectèrent de considérer l'accusation comme l'effet d'une animosité personnelle entre Louvet et Robespierre, et feignirent de ne point redouter celui que Barère appelait complaisamment *un homme d'un jour, un petit entrepreneur de révolutions* [2].

Robespierre, dans la conclusion de sa réponse, pleine de nerf et de vigueur, disait, à propos des massacres du 2 septembre, que, sans doute, les massacres dans les prisons étaient des actes illégaux; mais, ajoutait-il, quel avait été le caractère du 10 août

[1] *Hist. parl.*, XIX, 423, 436. — *Mon.*, 30 octobre, p. 1292. 1291.
[2] *Journal des Jacobins,* 1er et 6 novembre, n° 93. — Louvet, 52.

et du 14 juillet? Si l'on en était réduit à improuver tout ce qui n'était point conforme à la loi, qui donc pourrait défendre la Révolution elle-même, qui donc serait à l'abri d'un procès de haute trahison? Une pareille doctrine ne faisait-elle point planer le doute sur la légitimité des pouvoirs de l'Assemblée? Si l'on n'avait pas eu recours à des mesures illégales, la tyrannie serait encore debout; quel souverain serait assez insensé pour constituer une force légale pour sa propre ruine? Cette sensibilité, qui n'a de larmes que pour les ennemis de la liberté, lui était suspecte. « Cessez, dit-il enfin, d'agiter sous mes yeux la robe sanglante du tyran, ou je croirai que vous voulez remettre Rome dans les fers... Calomniateurs éternels, voulez-vous venger le despotisme? Voulez-vous flétrir le berceau de la république? Voulez-vous déshonorer aux yeux de l'Europe la Révolution qui l'a enfantée, et fournir des armes à tous les ennemis de la liberté?... On assure qu'un innocent a péri. On s'est plu à en exagérer le nombre : mais, un seul, c'est beaucoup trop sans doute. Citoyens, pleurez cette méprise cruelle. Nous l'avons pleurée dès longtemps; c'était un bon citoyen; c'était donc l'un de nos amis. Pleurez même les victimes coupables, réservées à la vengeance des lois, qui sont tombées sous le glaive de la justice populaire; mais que votre douleur ait un terme comme toutes les choses humaines. Gardons quelques larmes pour des calamités plus touchantes. Pleurez cent mille patriotes immolés par la tyrannie; pleurez nos citoyens expirant sous leurs toits embrasés, et les fils de nos citoyens massacrés au berceau ou dans les bras de leur mère! N'avez-vous pas aussi des frères, des enfants, des épouses à venger? La famille des législateurs français, c'est la patrie; c'est le genre humain tout entier, moins les tyrans et leurs complices. Pleurez donc l'humanité abattue sous leur joug odieux; mais consolez-vous en assurant le bonheur de votre pays, et en préparant celui du monde[1]... »

La Convention ne demandait pas mieux que de mettre fin, comme l'avait proposé Robespierre, à ces altercations personnelles, et passa à l'ordre du jour. En vain Barbaroux et Lanjuinais s'efforcèrent de soutenir l'accusation : les chefs de la Gironde, irrésolus, hésitaient à les appuyer. « Si, en effet, dit

[1] *Hist. parl.*, XX, 208, 213. — *Moniteur*, 6 novembre.

Barère, il existait dans la république un homme né avec le génie de César ou l'audace de Cromwell; un homme qui, avec le talent de Sylla, en aurait les dangereux moyens; s'il existait ici quelque législateur d'un grand génie, d'un caractère profond et d'une ambition vaste, je demanderais d'abord s'il a une armée à ses ordres, ou un trésor public à sa disposition. Si un grand général, ivre de ses succès, le front ceint de lauriers, revenant au milieu de nous avec une armée victorieuse, venait pour commander aux législateurs ou insulter aux droits du peuple, je serais le premier à proposer contre lui un décret d'accusation..... Ne perdons pas ainsi notre temps; ne donnons pas de l'importance à des hommes que l'opinion générale saura mieux que nous remettre à leur place; ne faisons pas des piédestaux à des pygmées..... Les couronnes civiques de Robespierre sont mêlées de cyprès. » La plus grande agitation régna longtemps dans l'Assemblée; Barbaroux, Lanjuinais et Louvet prétendaient répliquer au discours de Robespierre. Leur propre parti les abandonna dans cette lutte. Gens faibles, ils espéraient éloigner le danger en différant le combat. Enfin, ce fut à la presque unanimité qu'on vota l'ordre du jour. Les Girondins se flattaient que l'accusation portée contre Robespierre suffirait à détruire son influence aussi bien que la mort ou l'exil; et ils se joignirent aux Jacobins pour refuser la réplique à Louvet : fatale erreur que la France devait pleurer avec des larmes de sang[1] * !

[1] *Hist. parl.*, XX, 220, 222. — Louvet, 56. — Mign., I, 224. — Th., III, 229. — Lac., II, 18, 19. — *Mon.*, 6 novembre.

* La presse de Paris avait déjà à cette époque adopté le système de ne rapporter que les discours des chefs de parti; ce mode était suivi même par le *Moniteur*. L'éditeur de ce journal nous en donne une preuve dans une lettre qu'il adressait à Robespierre. « Cependant, vous devez avoir remarqué que toujours le *Moniteur* a rapporté avec beaucoup plus d'étendue les discours de la Montagne que les autres. Je n'ai donné qu'un court extrait de la première accusation qui fut faite contre vous par Louvet, tandis que j'ai inséré en entier votre réponse. J'ai rapporté presque en entier tous les discours qui ont été prononcés pour la mort du roi, et je ne citais quelques extraits des autres qu'autant que j'y étais indispensablement obligé pour conserver quelque caractère d'impartialité. Je puis dire avec assurance que la publicité que j'ai donnée à vos deux discours et à celui de Barère n'a pas peu contribué à déterminer l'opinion de l'Assemblée et des départements. » (*Papiers inédits trouvés chez Robespierre*, II, 130. — *Rédacteur du Moniteur à Robespierre*, 18 juin 1793.)

Les Girondins n'étaient évidemment pas de force à soutenir la lutte contre leurs terribles adversaires; Louvet, Barbaroux, Lanjuinais, les hommes d'action du parti, firent de vains efforts pour obliger leurs amis à déployer plus de vigueur. Ils ne voulaient pas, disaient-ils, être les premiers à donner le signal de l'effusion du sang. Toute leur énergie s'usait en discours déclamatoires; toute leur sagesse politique consistait à discuter sur des abstractions. Ils étaient devenus modérés, après s'être montrés si pleins d'ardeur au commencement de la Révolution; de pareils hommes d'État eussent développé sans doute la prospérité publique en temps de paix; mais à cette époque d'agitation, la tâche de gouverner était évidemment au-dessus de leurs forces. Gens d'honneur, ils ne croyaient point à la perversité de leurs ennemis; trop scrupuleux sur l'emploi des moyens, ils ne surent pas arracher aux Jacobins leurs armes redoutables. Lorsqu'on leur représentait la nécessité pressante de frapper un coup décisif, ils répondaient, avec le plus déplorable sang-froid, qu'il valait mieux ne pas irriter des hommes d'un tempérament aussi violent que les Jacobins. Les seules armes qu'ils voulussent employer à la défense de leurs idées étaient la raison et l'éloquence, tandis que leurs adversaires aiguisaient des poignards. « Il était facile de prévoir, dit Louvet, quelle serait l'issue de la lutte[1]. »

Le mal signalé par Louvet avait cependant des racines plus profondes et une cause plus éloignée. Les Girondins, maîtres du pouvoir exécutif, mais tenus en échec par une bande de démocrates violents, durent comprendre alors la faute qu'ils avaient commise en détruisant la monarchie. Ils durent regretter amèrement la dissolution de la garde constitutionnelle, mesure fatale dont ils avaient imposé la sanction à l'infortuné Louis XVI. La cause réelle du mal était donc l'absence de toute force armée capable de protéger les délibérations des représentants du peuple, contre les insurrections de la populace parisienne. Les effroyables massacres du 10 août et du 2 septembre avaient frappé l'Assemblée d'une si profonde terreur, qu'elle se hâtait de se soumettre, chaque fois qu'on la menaçait d'un soulèvement. Un corps de législateurs désarmés ne pouvait se défendre contre une populace ivre de sang, et brûlant du désir

[1] Barbaroux, 68, 70. — Louvet, 56, 57. — Th., III, 231.

d'en boire encore à longs traits. Les Jacobins sentaient bien leur avantage; chaque jour ils augmentaient la force armée des sections dont disposait la commune, et ils s'opposaient avec une extrême énergie à toute tentative de faire arriver autour de la Convention une force publique quelconque capable de la défendre. Roland avait cherché, à plusieurs reprises, à obtenir de l'Assemblée un décret pour l'institution d'une garde spéciale; tous ses efforts avaient échoué contre l'agitation que semait à ce propos le club des Jacobins, dont le grand argument consistait toujours dans la menace d'une insurrection. Ainsi donc, on peut dire que toutes les horreurs de la Révolution furent la conséquence de l'anéantissement du pouvoir exécutif, anéantissement qui livrait les représentants de la nation à la merci de la populace parisienne [1].

Les Girondins, sentant bien aussi à quoi tenait leur impuissance, firent la motion de créer une garde pour la sûreté de la Convention. Aussitôt le peuple de Paris fut en émoi. Il faut lire le langage menaçant que tinrent à la barre les députés des sections, chargés d'adresser des représentations contre la motion proposée; on pourra se faire alors une juste idée de la servitude à laquelle était réduite l'Assemblée nationale : « Mandataires du peuple souverain, vous voyez devant vous les députés des sections de Paris : ils viennent vous dire des vérités éternelles; ils viennent vous rappeler les principes que la nature et la raison ont gravés dans le cœur de tous les hommes libres. Plus de paroles..... Nous demandons des actes. On vous a proposé de vous mettre au niveau des tyrans, en vous entourant d'une garde armée. » Ces mots soulèvent une tempête violente dans l'Assemblée; le président, désespéré, se couvre. L'orateur de la députation attend patiemment que le bruit ait cessé, puis il continue. « Je répète qu'on vous a proposé de vous mettre au niveau des tyrans, en vous entourant d'une garde autrement composée que la force publique constituée. Les sections de Paris, après avoir mûrement pesé les principes sur lesquels repose la souveraineté du peuple, vous déclarent par notre voix qu'elles regardent ce projet comme odieux et d'une exécution dangereuse. Nous en attaquerons le principe de front, avec autant de vigueur que nos armées attaquent l'ennemi sur nos frontières. Nous défendons la

[1] *Hist. parl.*, XIX, 330, 332.

république tout entière. Paris a fait la révolution ; Paris a donné la liberté à la France ; Paris défendra la liberté. » L'Assemblée, vaincue, subjuguée, fut heureuse de dissimuler sa faiblesse en votant l'ordre du jour, et invita la députation aux honneurs de la séance [1].

Au milieu de ces violentes passions, on rendit contre les prêtres et les émigrés des lois plus cruelles et plus sanguinaires. La Révolution avait fait des progrès si rapides que ces décrets excitèrent à peine l'attention publique et furent votés presque sans opposition. On décréta d'abord que tout Français combattant contre la France, et qui serait pris les armes à la main, subirait la peine de mort. Bientôt après une loi porta que les émigrés étaient bannis à perpétuité du territoire français, et qu'ils n'y pouvaient rentrer sous peine de mort. Un troisième décret décida que tous leurs biens meubles et immeubles seraient confisqués au profit de l'État. Ces décrets, quoique passés inaperçus au milieu des sanglantes horreurs qui souillaient la Révolution, furent exécutés avec rigueur et produisirent des conséquences funestes pour longtemps irremédiables [2].

La prostration de l'Assemblée devant les sections armées de Paris était enfin devenue tellement intolérable, que Buzot et Barbaroux, les plus intrépides des Girondins, proposèrent des mesures dont l'adoption pouvait émanciper la législature de cette odieuse servitude. Buzot demandait, pour la protection spéciale de l'Assemblée, la création d'une garde composée de jeunes citoyens choisis dans les départements. En même temps, Barbaroux proposait quatre décrets habilement conçus, pour mettre un terme aux usurpations de la municipalité. En vertu du premier de ces décrets, la capitale devait cesser d'être le siége de la législature; car, disait Barbaroux, Paris avait perdu son droit à posséder l'Assemblée dans son sein, en ne la protégeant pas contre toute insulte. Par le second, les bataillons des fédérés et la cavalerie nationale devaient être chargés, conjointement avec les sections de Paris, de protéger la Convention. Par le troisième, la Convention devait se constituer en cour de justice pour juger tous les citoyens qui conspireraient contre son

[1] *Hist. parl.*, XIX, 550, 551.
[2] *Hist. parl.*, XIX, 370. — Deux Amis, IX, 236.

autorité. Enfin, le quatrième décret suspendait la municipalité de Paris. L'adoption de ces mesures eût constitué une force capable de balancer la puissance de la multitude, et eût porté un coup mortel aux Jacobins et à la commune. Robespierre combattit ces propositions de toutes ses forces. « Paris est calme aujourd'hui, dit-il. — Le sang de septembre fume encore, réplique à l'instant Vergniaud. — L'autorité de la Convention est universellement respectée. — Vous la mettez en question tous les jours dans vos assemblées séditieuses et dans vos journaux sanguinaires ! — Voter un pareil décret, ce serait diffamer le peuple de Paris. — Il gémit, comme nous, sous les assassins qui l'oppriment. — Vous voulez créer une tyrannie. — Nous combattons au contraire pour mettre un frein à la vôtre ! — Vous voulez établir une garde prétorienne ! — C'est vous qui gouvernez comme une horde de brigands ! — Vous marchez sur les traces de Sylla ! — Et toi Robespierre, tu as l'ambition de Cromwell ! » Ces aigres récriminations n'eurent d'autre effet que de détourner l'Assemblée de l'objet important qui était en discussion; sous la crainte du danger présent, elle rejeta les moyens propres à écarter les périls de l'avenir, et se livra désarmée aux brigands de la capitale. Ainsi les Girondins, coupables d'avoir trahi le roi, d'avoir aboli la garde constitutionnelle, descendaient rapidement la pente qui les conduisait à leur perte[1].

Les Jacobins, profitant habilement de ces impuissantes manifestations de défiance, parvinrent à donner plus de vraisemblance au bruit déjà répandu que les Girondins voulaient transporter le siége du gouvernement dans les provinces méridionales. Ce bruit ne fit qu'accroître l'irritation du peuple contre le ministère. La Gironde méprisa l'accusation ; les hommes de ce parti ne savaient pas sur quelles misérables futilités se fonde la faveur ou la haine populaire. Les démocrates ne perdaient aucune occasion de demander avec instance un décret en faveur de l'unité et de l'indivisibilité de la république; ils donnaient à croire ainsi que leurs adversaires nourrissaient le projet d'une fédération : rien au monde n'était plus impopulaire dans cette grande cité, et cette accusation fut dans la suite la cause des plus grands désastres

[1] *Hist. parl.*, XIX, 454, 457. — *Monit.*, 31 octobre. — Lac., II, 12, 13. — Mign., I, 225. — Th., III, 221.

pour le parti modéré. Au reste, les soupçons des Jacobins à cet égard n'étaient pas aussi dépourvus de fondement que ne l'avouaient les chefs de la Gironde. Mme Roland était d'avis qu'une confédération de petites républiques pouvait seule assurer à la France la liberté : les chefs du parti partageaient secrètement cette opinion, car ils sentaient trop bien les avantages de leurs ennemis, qui avaient à leur disposition la force armée de la capitale. Le projet d'une fédération était du reste ouvertement soutenu par le *Courrier des départements,* journal de la Gironde [1].

Les deux partis faisaient ainsi l'essai de leurs forces dans ces luttes préliminaires, avant d'aborder la grande question qui allait attirer les regards de l'Europe et du monde; c'était le procès de Louis XVI. Les Jacobins avaient plusieurs raisons de hâter la solution de cette affaire. Ils espéraient, en menaçant la vie du roi, décider les Girondins à embrasser ouvertement sa cause, et par conséquent ruiner eux-mêmes leur popularité. Ensuite, en poussant le parti populaire à un acte si hardi, ils écartaient toute chance d'un retour au gouvernement monarchique. De plus, ils voulaient ôter au parti de la Gironde et à la fraction modérée de la Convention, l'avantage de former le gouvernement de la République. Ils pensaient probablement que la vengeance des morts n'est pas autant à redouter que celle des vivants, et qu'un monarque détrôné est toujours, pour une jeune démocratie, un voisin très-dangereux. Afin de préparer la nation à ce grand événement, et de la familiariser avec l'idée du drame sanglant qu'on allait lui donner en spectacle, les Jacobins prirent dans toute la France les mesures les plus vigoureuses. La question fut discutée incessamment dans leur club central de Paris; on y prononça les harangues les plus incendiaires sur la nécessité de frapper un grand coup contre la faction royaliste. Les sociétés populaires des départements furent excitées à présenter des adresses à la Convention pour demander la condamnation du roi. Les sections de Paris suivirent cet exemple. Chaque jour, à la barre de l'Assemblée, on présentait des pétitions dans lesquelles on demandait vengeance des assassins du 10 août et la mort du dernier tyran. Souvent le président avait promis

[1] *Courrier des départements*, XL, p. 163. — *Hist. parl.*, XX, 47, 50. — Lac., II, 14. — Th., III, 229.

satisfaction aux nombreux pétitionnaires qui, dans le langage barbare de cette époque, conjuraient la Convention *de faire rouler la tête du tyran ;* déjà plus d'une proclamation, adressée au peuple par le parti du sang, annonçait que le monarque qu'on allait juger avait été condamné d'avance par l'Assemblée [1].

Une importante découverte se faisait à cette époque aux Tuileries, et venait augmenter encore l'extrême irritation du peuple contre le malheureux prince. Dans la cavité d'un mur et sous une porte de fer adroitement déguisée, on trouva une grande quantité de papiers secrets appartenant à la cour, et déposés dans ce lieu par l'ordre de Louis XVI. On y acquit la preuve des mesures prises par Talon, de l'arrangement fait avec Mirabeau, des propositions de Bouillé, et de beaucoup d'autres transactions secrètes. Roland, en donnant de la publicité à cette découverte, eut le malheur de hâter la mort du prince qu'il désirait sauver. Les papiers trouvés dans l'armoire de fer jetaient du doute sur le caractère de plusieurs démocrates; mais ils n'impliquaient de la part du roi aucun acte, aucun projet indigne de lui. Tout ce qu'on en pouvait conclure, c'est que, pressé par ses ennemis, abandonné de tout le monde, il avait désiré fortifier son parti et avait reçu des projets de délivrance de la part de ses amis les plus zélés. Mais on n'y trouva pas la trace d'une intention de renverser la constitution qu'il avait juré de maintenir : on ne pouvait l'accuser que d'avoir cherché à se soustraire à l'insupportable tyrannie qu'exerçait sur lui la faction démocratique, dans ces jours de liberté prétendue. Le souverain serait-il donc le seul, dans un pays libre, à qui il ne serait pas permis de chercher à défendre ses droits, tout aussi bien que le moindre de ses sujets [2]?

Cependant, les charges furent nombreuses contre Louis. Entre autres choses, on l'accusait d'avoir écrit à l'évêque de Clermont, le 16 avril 1791 : « que s'il recouvrait son autorité, il rétablirait le clergé et l'ancienne constitution de la monarchie; » d'avoir formé le dessein de trahir ses serments et d'abolir la constitution; d'avoir entretenu des correspondances avec la faction émi-

[1] *Journal des Jacobins*, n°s 295, 296, 297. — *Hist. parl.*, XX, 361, 372. — Lac., II, 35. — Mign., I, 227, 228.

[2] Deux Amis, IX, 144, 147. — Bertr. de Mollev., X, 216, 218. — Lac., II, 33, 34. — Mign., I, 229. — Th., III, 326, 327.

grée, dont le but avoué était la restauration de l'ancien ordre d choses. Quant à ces chefs d'accusation, il suffira de remarquer que pour autant qu'ils fussent fondés en fait, il était facile de les jus tifier, vu les circonstances dans lesquelles Louis s'était trouv placé; mais, pour la plus grande partie, ce n'étaient là que de calomnies, que réfutaient suffisamment et les vertus du roi, e son caractère d'indécision; et si, en effet, sa conduite eût ét dirigée par les principes qu'on lui imputait, jamais il n'aurai été réduit à la nécessité de défendre sa tête par-devant une assem blée démocratique. Une question préliminaire fut soumise à l Convention : pouvait-elle légitimement juger le roi? Un comit de douze membres, chargé de l'examen de la question, con cluait à l'affirmative. Mailhé présenta le rapport et soutint « qu l'inviolabilité garantie à Louis par la constitution lui avait ét accordée comme *roi,* mais non comme *individu;* que la natio avait suppléé à l'inviolabilité du souverain par la responsabilit des ministres; que quand le roi avait agi comme individu, san la participation de ses ministres, il ne pouvait plus se retranche derrière l'inviolabilité; que la déchéance n'était point une puni tion, mais un changement de gouvernement; que Louis n'étai point inviolable devant la loi qui punit les traîtres et les conspi rateurs; qu'enfin le jugement devait avoir lieu devant la Conven tion et non devant aucun autre tribunal; parce que la Conven- tion, embrassant tous les intérêts dont l'existence tient à l défense de la justice, il était impossible que ce tribunal suprêm pût être injuste, et qu'en conséquence il était inutile qu'il s soumît à l'observation de certaines formes de procédure [1].

Ce rapport de Mailhé donna lieu dans l'Assemblée à une vio- lente discussion. Les partisans du roi, obligés de se déclarer sa- tisfaits de sa mise en accusation, prétendirent de leur côté qu l'inviolabilité était générale; que la constitution avait prévu, non-seulement les hostilités secrètes de la part du souverain, mais qu'elle avait supposé même la guerre ouverte, et que, dans l'un et l'autre cas, elle ne prononçait d'autre peine que la déchéance; que la nation avait placé Louis sur le trône à ces conditions; que la Convention avait reçu du peuple le mandat de

[1] Bertr. de Mollev., X, 192, 193. — *Hist. parl.*, XX, 322, 323. — Mign., I, 230.

changer la forme du gouvernement, non celui de juger le souverain ; que si les lois de la justice s'opposaient à son jugement, à plus forte raison les lois de la guerre, lesquelles ne permettent de sévir contre les vaincus que sur le champ de bataille; que la république n'avait point intérêt à la condamnation du roi ; qu'il lui suffisait de prendre des précautions dans l'intérêt du salut public, qui serait suffisamment garanti par sa détention ou son exil. Cependant, un bon nombre de députés eurent le courage de soutenir une opinion plus humaine. « Quelle était, dit Rauzet, la véritable situation faite au roi par la constitution de 1791 ? Elle le plaçait en présence d'une représentation nationale jalouse du pouvoir royal. N'était-il pas naturel qu'il cherchât à recouvrer son autorité perdue? Ne l'avez-vous pas vous-mêmes forcé d'entrer en lutte avec la Législative? Renversé dans ce combat, il se trouve abattu, seul, garrotté, au pied de vingt-cinq millions d'hommes; auront-ils l'infamie d'assassiner le vaincu? Louis n'avait-il pas, plus que tout autre prince, combattu dans son cœur cette éternelle passion du pouvoir si profondément enracinée dans l'homme? N'avait-il pas, en 1789, volontairement renoncé à une grande partie de son autorité? N'avait-il pas aboli la servitude dans ses domaines? admis les philosophes dans ses conseils, et jusqu'aux empiriques que lui imposait la voix de la nation? La France ne lui devait-elle pas la convocation des états-généraux et le premier établissement des droits politiques? Les Girondins appuyaient cette opinion ; la Plaine semblait disposée à se ranger de l'avis du comité [1]. »

Les Jacobins professaient ouvertement une doctrine plus mâle, si l'on peut décorer de cette épithète la cruauté à l'égard d'un ennemi vaincu : « Citoyens, dit Saint-Just, j'entreprends de prouver que le roi peut être jugé ; que l'opinion du préopinant et celle du comité sont également fausses, et qu'il doit être jugé dans des principes qui ne tiennent ni de l'une, ni de l'autre. L'unique but du comité fut de vous persuader que le roi devait être jugé en simple citoyen, et moi je dis que le roi doit être jugé en ennemi; que nous avons moins à le juger qu'à le combattre, et que n'étant pour rien dans le contrat qui unit les Français, les

[1] *Hist. parl.*, XXI, 158, 161. — *Mon.*, 13 novembre. — Mign., I, 231. — Th., III, 295, 298, 305.

formes de la procédure ne sont point dans la loi civile, mais dans la loi du droit des gens..... De quelques illusions, de quelques conventions que la royauté s'enveloppe, elle est un crime éternel contre lequel tout homme a le droit de s'élever et de s'armer.... On ne peut point régner innocemment, la folie en est trop évidente. Tout roi est un rebelle et un usurpateur. Les rois mêmes traitaient-ils autrement les prétendus usurpateurs de leur autorité ? Ne fit-on pas le procès à la mémoire de Cromwell ? et certes Cromwell n'était pas plus usurpateur que Charles Ier; car lorsqu'un peuple est assez lâche pour se laisser dominer par des tyrans, la domination est le droit du premier venu, et n'est pas plus sacrée et plus légitime sur la tête de l'un que sur la tête de l'autre..... On s'étonnera qu'au XVIIIe siècle on ait été moins avancé que du temps de César; le tyran fut immolé en plein sénat, sans autres formalités que vingt-deux coups de poignard, sans autre loi que la liberté de Rome. Et aujourd'hui, l'on fait avec respect le procès d'un homme assassin d'un peuple, pris en flagrant délit, la main dans le sang, la main dans le crime..... Ceux qui attacheront quelque importance au juste châtiment d'un roi ne fonderont jamais une république..... Si le peuple romain, après six cents ans de vertu et de haine contre les rois; si la Grande-Bretagne, après Cromwell mort, vit renaître les rois, malgré son énergie, que ne doivent pas craindre parmi nous les bons citoyens, amis de la liberté, en voyant la hache trembler dans nos mains, et un peuple, dès le premier jour de sa liberté, respecter le souvenir de ses fers ? »

Robespierre vint à son tour appuyer fortement les arguments de Saint-Just : « Considérez, dit-il, à quel degré d'audace en sont venus les ennemis de la liberté. O crime ! ô honte ! la tribune du peuple français a retenti du panégyrique de Louis XVI ! Nous avons entendu vanter les vertus et les bienfaits du tyran..... A peine avons-nous pu arracher à l'injustice d'une décision précipitée l'honneur ou la liberté des meilleurs citoyens. Que dis-je ! Nous avons vu accueillir avec une joie scandaleuse les plus atroces accusations contre des représentants du peuple connus par leur zèle pour la liberté; nous les avons vus sur le point d'être immolés par leurs collègues presque aussitôt que dénoncés..... Si nous les en croyons, le procès durera au moins plusieurs mois; il atteindra l'époque du printemps prochain, où les despotes doivent nous livrer une attaque générale ; et quelle carrière ouverte aux conspirateurs ! quel aliment donné à l'intrigue et à l'aristocratie !... L'Assemblée a été entraînée à son insu loin de la véritable question. Il n'y a point ici de procès à faire. Louis n'est point un accusé ; vous n'êtes point des juges ; vous n'êtes, vous ne pouvez être que des hommes d'État et les représentants de la nation. Vous n'avez point une sentence à rendre pour ou contre un homme, mais une mesure de salut public à prendre, un acte de providence nationale à exercer..... Si Louis est innocent, tous les défenseurs de la liberté deviennent des calomniateurs, et les rebelles étaient les amis de la vérité et les défenseurs de l'innocence opprimée..... Tous les patriotes de l'empire français sont coupables..... En faisant le procès à Louis XVI, vous ressuscitez la querelle du despotisme contre la liberté, vous réveillez toutes les factions, vous encouragez le royalisme assoupi..... Nouvelle difficulté : à quelle peine condamnerons-nous Louis ? La peine de mort est trop cruelle : Non, dit un autre, la vie est plus cruelle encore. Avocats du roi, est-ce par pitié ou par cruauté que vous voulez le soustraire à la peine de ses crimes ? Pour moi, j'abhorre la peine de mort prodiguée par vos lois, et je n'ai pour Louis ni amour ni haine ; je ne hais que ses forfaits. J'ai demandé l'abolition de la peine de mort à l'Assemblée constituante..... Vous demandez une exception à la peine de mort pour celui-là seul qui peut la légitimer..... Je vous propose de statuer dès ce moment sur le sort de Louis. Je demande que la Convention nationale le déclare traître à la nation française, criminel envers l'humanité, et le condamne à l'instant en vertu du droit d'insurrection..... [1] »

Par ces propositions extrêmes, qu'ils n'espéraient cependant pas faire adopter, les Jacobins s'assuraient en quelque sorte la condamnation de Louis. Du moment que de pareilles doctrines se répandaient dans la multitude, les modérés ne pouvaient conserver une certaine popularité qu'en adoptant des mesures moins sévères sans doute, mais qui leur ôtaient toute chance de sauver le roi. Aux yeux du peuple, l'acquittement de Louis eût paru l'abandon complet de tous les principes de la Révo-

[1] *Hist. parl.*, XXI, 162, 163. — *Mon.*, 4 décembre. — Mign., I, 232, 233. — Th., III, 300, 303, 321, 322.

lution. Chacun comprit qu'il ne pouvait pencher pour l'indulgence sans compromettre sa propre sûreté, sans s'exposer à aller prendre au fond d'un cachot la place du souverain détrôné. La majorité de la Convention, composée de la Gironde et de la fraction neutre de l'Assemblée, décida donc que Louis serait jugé devant la représentation nationale [1].

La prison du Temple, immortalisée par le séjour qu'y fit Louis XVI avec sa famille, n'existe plus aujourd'hui. Située dans la rue du Temple, au centre de Paris, elle consistait en deux tours contiguës, environnées d'un mur extérieur assez élevé. Il y avait la petite et la grande tour. Toute la famille royale fut d'abord logée dans la première : plus tard, lorsque le roi fut séparé de sa femme et de ses enfants, on le transféra dans la grande tour. La petite tour, construction à quatre étages, formait un bâtiment carré flanqué de tourelles. Au premier se trouvaient une petite bibliothèque, un salon, et une salle pour les gardiens. Au second était la chambre à coucher du roi, de la reine et du dauphin. Mme Élisabeth et la princesse royale couchaient dans une chambre voisine, ouvrant dans celle du roi. Pendant la journée, la famille royale se tenait dans une grande pièce au troisième étage, et près de laquelle se trouvait un cabinet où travaillait le roi. Cléry et Huc, ces deux fidèles serviteurs du souverain déchu, couchaient dans une pièce attenante. A la droite de l'édifice était un petit jardin entouré de hautes murailles, dans lequel la famille royale était autorisée à se promener. On n'y voyait ni fleurs, ni bouquets de verdure ; quelques touffes de gazon, quelques rares arbustes que les vents d'automne avaient presque entièrement dépouillés, formaient le seul ornement de ce petit enclos. Telle était la dernière habitation de cette famille qui avait joui des splendeurs de Versailles [2].

L'infortuné monarque, depuis son emprisonnement, s'était vu privé par degrés de toutes les commodités de la vie ; chaque jour sa détention avait été rendue plus sévère. On avait permis d'abord aux augustes captifs de passer leurs journées en famille ; déchargés du poids et des soucis du gouvernement, ils goûtaient du moins les douceurs d'une mutuelle tendresse, servis par

[1] *Hist. parl.*, XXI, 173. — *Mon.*, 4 décembre. — Mign., I, 233. — Lac., II, 30, 34.

[2] Cléry, 447.

leurs fidèles domestiques, Cléry et Hue. Le roi, de son côté, enseignait au dauphin les premiers éléments de l'éducation, tandis que la reine et les princesses s'occupaient des soins les plus humbles du ménage, ou travaillaient à de grands ouvrages de tapisserie. On déjeunait à neuf heures dans la chambre de la reine; à une heure, lorsque le temps était beau, la famille royale se promenait dans le jardin, rigoureusement surveillée par des officiers municipaux dont elle eut plus d'une fois à subir les outrages. Le dauphin annonçait un aimable caractère et les plus heureuses dispositions pour l'étude : élevé à l'école de l'adversité, il eût porté sur le trône les vertus et l'énergie qu'inspire une humble condition. La princesse royale passait avec son frère les heures qu'on ne consacrait point au travail, et leurs jeux innocents adoucissaient la rigueur de la captivité pour leurs infortunés parents. La princesse Élisabeth supportait les rigueurs de la prison avec cette céleste égalité d'âme qu'elle avait opposée autrefois aux séductions du plaisir et à la corruption de la cour [1].

Les longues soirées d'hiver étaient employées en lectures : Racine et Corneille, ou les bons historiens, faisaient l'objet favori des études et des délassements de la famille royale *. Le roi lisait et relisait sans cesse l'histoire de la Révolution d'Angleterre par Hume : en méditant sur le destin de Charles Ier, il préparait son âme à la catastrophe dont lui-même se sentait menacé. Mais sa fermeté grandissait à mesure que le péril devenait plus proche ; cette irrésolution, qui avait été le trait distinctif de son caractère, avait disparu depuis que le sort de ses sujets ne semblait plus intimement attaché à son propre sort. La reine elle-même était devenue plus forte. Chaque soir, après le dîner, le roi et sa famille se livraient un instant au sommeil; la sérénité de ce repos avait quelque chose de bien touchant quand on songe que les illustres captifs approchaient de leur dernière heure. Le soir, le dauphin, agenouillé auprès de la reine, récitait ses prières; il priait pour le salut de ses parents, pour la princesse de Lamballe, dont il ignorait la fin cruelle, et pour sa gouvernante, la marquise de Tourzel. Il avait soin cependant, et sans qu'il fût besoin de

[1] Bertr. de Mollev., X, 107. — Lac., X, 133, 135. — Cléry, 40, 43. — Th., III, 228, 280, 282.

* Ces mêmes lectures, quelques années plus tard, charmaient à Sainte-Hélène les soirées d'hiver de Napoléon. (Las Cases et O'Meara.)

le lui recommander, de n'articuler que bien faiblement les noms de ces dernières personnes, quand il croyait pouvoir être entendu par les commissaires de la commune. Des membres de la municipalité, qui, chaque jour, visitaient la famille royale, les uns se conduisaient avec une brutalité sans égale, les autres avec les égards les plus délicats. Louis, chaque fois que l'occasion s'en présentait, s'entretenait avec ces inspecteurs; il parlait à chacun de sa profession, et souvent il les étonnait par la variété et l'étendue de ses connaissances pratiques. « Ne craignez-vous pas, disait-il au maçon Mizarcau, que ces piliers ne viennent à céder? — Ils sont plus solides que le trône des rois, répliqua le farouche républicain [1]. »

Cependant, la municipalité prenait chaque jour des précautions plus vexatoires à l'égard des prisonniers du Temple. Les officiers de la commune ne perdaient plus de vue un seul instant la famille royale; et quand le roi et les siens se retiraient pour la nuit, un lit était dressé pour les gardiens à la porte de chacune des chambres où reposaient les augustes captifs. Santerre y venait tous les jours, suivi de son brutal état-major. Au rez-de-chaussée de la prison siégeait en permanence un conseil de délégués de la commune. On commença par enlever à la famille royale tout ce qui lui servait à écrire; puis on s'empara des couteaux, des ciseaux, des aiguilles : tout fut saisi après une recherche très-minutieuse. Ce fut pour les princesses une cruelle privation; non-seulement il leur devenait impossible de charmer les longues heures de la captivité par des travaux à l'aiguille, mais elles ne pouvaient même plus songer à entretenir leur toilette dans un état de réparation convenable. Privés de toute communication avec l'extérieur, les prisonniers ne parvenaient qu'à grand'-peine à savoir les événements qui se passaient dans Paris. L'ingénieux Cléry avait cependant trouvé moyen de satisfaire jusqu'à un certain point leur curiosité à cet égard; il se servait d'un crieur public avec lequel il s'était mis en relation. Ce crieur venait se placer sous les fenêtres du roi, et, sous le prétexte d'annoncer la vente de ses journaux, récitait en résumé les articles les plus importants. Cléry, à l'heure marquée, se mettait à

[1] Cléry, 52, 53, 58, 59. — Th., III, 282, 283. — Lac., X, 138, 142. — Th., III, 281.

la fenêtre, écoutait attentivement, et le soir, quand le roi se retirait, il lui communiquait secrètement les nouvelles du jour, à l'insu des commissaires de la commune [1].

Bientôt la municipalité vint à envier à ses captifs jusqu'à la consolation qu'ils trouvaient à supporter ensemble leur malheur. En vertu d'une délibération de la commune, du 29 septembre, il fut décidé que le roi et le dauphin seraient séparés de la reine et des princesses. Ce décret, aussi inutile que barbare, brisa les cœurs de toute la famille royale. A cette nouvelle, la reine et les princesses cherchaient à lire, avec des regards inquiets, sur la physionomie des officiers municipaux, si cette séparation d'avec le roi n'était point l'annonce de sa mort. Leur douleur fut si poignante qu'elle toucha le cœur des magistrats de la commune; ils sortirent de la présence de leurs malheureuses victimes, dans la crainte de se laisser surprendre à un excès d'attendrissement. On ne permit pas même à Cléry, qui suivit le roi dans la grande tour, de voir le dauphin pour lui donner ses soins; pendant quelque temps, Louis fut totalement privé du bonheur de voir sa famille. On leur permit cependant plus tard de dîner en commun; rien ne peut dépeindre la joie qu'ils éprouvèrent à se revoir; leurs farouches geôliers eux-mêmes en furent touchés jusqu'aux larmes [2].

Le jour où le roi devait paraître à la barre de l'Assemblée, les commissaires de la Convention le trouvèrent donnant une leçon au dauphin. On lui annonça que le jeune prince allait être remis à sa mère. Louis, profondément affligé de cette séparation, embrassa tendrement son fils. A une heure, Chambon, maire de Paris, vint lui donner lecture du décret qui mandait Louis Capet à la barre. « Capet n'est point mon nom, répondit-il; c'était le nom d'un de mes ancêtres. J'aurais désiré, messieurs, garder mon fils auprès de moi; mais cette privation n'est qu'une suite du traitement que je subis depuis ma captivité. Je suis prêt à vous suivre; non que je reconnaisse l'autorité de la Convention, mais parce que je sais qu'elle a le pouvoir de m'y forcer. » Mme Élisabeth, en apprenant les décisions de l'Assemblée à l'égard du roi, se montra préparée à la catastrophe qui devait

[1] Cléry, 62, 79. — Th., III, 284, 286.
[2] Lac., X, 140, 142. — Cléry, 69. — Bertr. de Mollev., X, 107.

frapper la famille royale. « La reine et moi, dit-elle, nous sommes préparées à tous les malheurs; nous savons quel est le destin qu'on réserve à Louis XVI : il périra victime de son amour pour le peuple, au bonheur duquel il n'a cessé de travailler depuis son accession au trône. Que la France a été cruellement trompée ! La religion du roi, sa ferme confiance dans la Providence, le soutiendront dans ces cruelles épreuves..... » « Vous allez, dit-elle à Cléry, rester seul auprès de mon frère; redoublez de soins pour lui; nous ne pouvons plus compter que sur vous [1]. »

Une foule immense se pressait sur le passage du roi lorsqu'il fut conduit à la Convention. Au milieu de mille cris révolutionnaires, beaucoup de gens sympathisaient en secret au malheur du souverain déchu. Le cortége ne différait guère en apparence de celui qui accompagnait le monarque aux jours de sa puissance, lorsqu'il quittait un de ses palais pour aller visiter une autre résidence royale. Sa voiture était escortée de six cents hommes d'infanterie, d'un corps nombreux de cavalerie, et de six pièces de canon, mèche allumée. Quand on apprit à la Convention que le roi approchait, le plus grand calme fut recommandé aux membres de l'Assemblée. « Représentants, dit le président Barère, vous allez exercer le droit de justice nationale. Vous répondez à tous les citoyens de la république de la conduite ferme et sage que vous allez tenir dans cette occasion importante. L'Europe vous observe, l'histoire recueille vos pensées, vos actions. L'incorruptible postérité vous jugera avec une sévérité inflexible. Que votre attitude soit conforme aux nouvelles fonctions que vous allez remplir ! Le peuple va donner par votre organe une grande leçon aux rois et un exemple utile à l'affranchissement des nations. Rappelez-vous le silence terrible qui accompagna Louis ramené de Varennes, silence précurseur du jugement des rois par les nations. » Louis entre à la barre; Barère aussitôt lui dit avec embarras : « Louis, la nation française vous accuse : on va vous lire l'acte énonciatif des délits qui vous sont imputés. Vous pouvez vous asseoir. » Louis s'assied. Rien dans sa contenance ne trahit la moindre émotion. Plus d'un Girondin fut touché jusqu'aux larmes, en face de cette grande

[1] Cléry, 117, 120. — Th., III, 329. — Lac., X, 171. — Deux Amis, IX, 228, 229.

infortune : Saint-Just, Robespierre et Marat se laissèrent surprendre à un sentiment d'humanité [1].

Les charges contre Louis consistaient en une longue énumération des crimes de la Révolution depuis 1789 ; l'acte d'accusation les imputait au roi. Suivant les règles de la procédure des cours de France, il fut donné lecture de cet acte par un greffier ; après quoi le roi fut invité à répondre séparément sur chaque article. Toutes ses réponses, de l'aveu même de ses ennemis, furent pleines de fermeté et de concision ; il déploya une présence d'esprit remarquable, et, sur beaucoup de points, il répondit victorieusement ; souvent il toucha l'Assemblée par la simplicité de ses réponses. Il justifia, en faisant appel aux décrets mêmes de la Constituante, l'affaire de Nancy, la fuite de Varennes, et la répression de la révolte au Champ-de-Mars. Quant à l'affaire du 10 août, il invoqua le droit de légitime défense que lui conférait la constitution. Enfin, il répondit avec clarté et précision à toutes les questions du président, déniant quelques-unes des inculpations mises à sa charge, prouvant que les autres avaient été l'œuvre de ses ministres, les justifiant toutes par les pouvoirs que lui donnait la constitution. Accusé d'avoir, le 10 août, versé le sang du peuple, il s'écria avec force : « Non, monsieur, ce n'est pas moi ! » Il eut soin, dans le cours de son interrogatoire, de ne jamais compromettre aucun membre de la Constituante ou de la Législative ; un grand nombre de ses juges tremblaient qu'il ne les trahît. Les Jacobins remarquèrent avec effroi la profonde impression produite sur l'Assemblée par l'expression simple de la vérité, par la contenance ferme et digne du roi. Les plus exagérés voulaient que Louis fût exécuté immédiatement ; des rires diaboliques partirent, à cette proposition, des bancs de la Montagne. La majorité décida que le roi serait jugé en forme, et qu'il lui serait accordé un conseil pour sa défense [2].

Louis, à son retour au Temple, reçut communication de l'ordre barbare de la commune qui lui interdisait toute relation avec sa famille. « Mon fils, du moins ! s'écria l'infortuné monarque ;

[1] *Hist. parl.*, XXI, 286, 287. — Deux Amis, IX, 229, 230. — Lac., X, 175, 176. — Mign., I, 235. — Th., III, 329, 331.

[2] *Hist. parl.*, XXI, 287, 302. — Deux Amis, IX, 231, 253. — Bertr. de Mollev., X, 270. — Lac., X, 177, 178. — Mign., I, 235, 236. — Th., III, 383.

ne verrai-je plus mon fils ! Quelle cruauté inutile veut donc me priver de ce cher enfant ! * » Quand, le soir, vint l'heure du coucher du dauphin, le roi demanda avec instance de pouvoir lui donner sa bénédiction; la commune lui refusa même cette faveur. Ce fut un coup affreux pour le cœur du malheureux père; il eut un instant de désespoir. Il se remit cependant; après s'être livré pendant deux heures à une pieuse lecture, son âme reprit sa sérénité habituelle, sérénité qui dès ce moment ne l'abandonna plus. La Convention, moins barbare que la commune, décréta, sur la demande du roi, qu'il pourrait voir ses enfants, mais avec cette restriction étrange, que ceux-ci, pendant toute la durée du procès, ne verraient plus la reine. « Vous aurez beau rendre ce décret, s'écria un membre de la Montagne, si la commune ne le veut pas, cela ne sera pas. » Au reste, le roi pensa que les enfants étaient plus nécessaires à leur mère, et il se résigna à cette pénible séparation avec un courage héroïque [1].

Des commissaires de la Convention allèrent au Temple, le lendemain, annoncer à l'accusé qu'il pouvait faire choix d'un conseil. Louis choisit Tronchet et Turgot **. Le premier accepta cette mission et s'en acquitta fidèlement. Turgot eut la bassesse de refuser ***. Le vénérable Malesherbes, dont la carrière administra-

* *Si visurus eum vivo, et venturus in unum,*
Vitam oro; patiar quemvis durare laborem:
Sin aliquem infandum casum, Fortuna, minaris,
Nunc, o nunc liceat crudelem abrumpere vitam,
Dum curæ ambiguæ, dum spes incerta futuri,
Dum te, care puer, mea sera et sola voluptas,
Complexu teneo; gravior ne nuntius aures
Vulneret.

(*Énéide*, liv. VIII, v. 575.)

[1] Bertr. de Mollev., X, 272, 273. — Deux Amis, IX, 254. — Th., III, 336. — Lac., X, 180. — Cléry, 124.

** Le même jour, la municipalité rendit un décret ordonnant : que les conseils de Louis XVI seraient scrupuleusement fouillés jusqu'aux endroits les plus secrets, et qu'après s'être déshabillés, ils se revêtiraient de nouveaux habits sous la surveillance des commissaires. (Bertrand de Molleville, X, 276, 277.)

*** Napoléon, qui savait admirer l'héroïsme, quelle que fût la cause qui l'eût inspiré, eut soin de désigner Tronchet, arrivé déjà à un âge avancé, parmi les jurisconsultes chargés de préparer le Code civil, et le nomma peu de temps après premier président de la cour de cassation. (Bourrienne, IV, 68; V, 122.)

tive s'était signalée par des réformes si sages et si utiles, vint offrir ses services pour la défense de son souverain. Il s'exprimait comme suit, dans une lettre qu'il écrivait à ce sujet au président de la Convention : « J'ai été appelé deux fois au conseil de celui qui fut mon maître, dans le temps que cette fonction était ambitionnée par tout le monde; je lui dois le même service, lorsque c'est une fonction que bien des gens trouvent dangereuse. » Cette offre généreuse arracha des larmes à plus d'un membre de l'Assemblée; la Montagne se tut; pour un moment les plus violents démagogues éprouvèrent l'ascendant de l'héroïsme et de la vertu. Cette preuve de dévouement de son vieil ami toucha vivement Louis XVI. Lorsque Malesherbes vint au Temple, le roi, le serrant contre son cœur, lui dit avec des larmes dans les yeux : « C'est donc vous, mon ami ? Vous voyez où m'a conduit l'excès de mon affection pour mon peuple, et la fatalité qui m'a fait éloigner les troupes qui devaient défendre le trône contre les entreprises des factieux. Et vous ne craignez pas d'exposer votre vie pour sauver la mienne ! ce sera un sacrifice inutile. Ils me conduiront à l'échafaud : je m'y attends. Mais l'important n'est point là. Préparons ma défense comme si j'étais certain du succès; vous m'aurez fait gagner mon procès, si ma mémoire parvient sans tache à la postérité [1]. »

Malesherbes et Tronchet demandèrent l'assistance de Desèze, avocat célèbre qui, dès le commencement de la Révolution, avait embrassé les principes du parti populaire, mais qui, depuis, s'était retiré de la vie publique, dégoûté des horreurs commises au nom de la liberté. Il entreprit cette tâche difficile avec le plus grand zèle et y déploya toute son habileté. Le roi, conférant avec Malesherbes, lui dit un jour : « Je regrette souvent de n'avoir pas les moyens de récompenser le zèle de vos collègues ; j'avais songé à leur laisser un legs par mon testament, mais la Convention y consentirait-elle? Et ne serait-ce point les compromettre? — Sire, répliqua Malesherbes, déjà le legs est acquitté ! En les choisissant pour ses défenseurs, Votre Majesté a immortalisé leurs noms. » Le roi étonnait ses conseils par la constante sérénité de son âme : « Croyez-moi, leur disait-il, il y a plus de con-

[1] Deux Amis, IX, 257, 258. — Bertr. de Mollev., X, 279. — Hue, 42. — Lac., X, 186, 199. — Mign., I, 236, 237.

solation dans la religion que dans la philosophie. » Lorsque, la veille des plaidoiries, Desèze eut fait lecture au roi du discours qu'il devait prononcer devant l'Assemblée, Louis le pria d'en supprimer l'éloquente péroraison. « Je vous demande, lui dit-il, un sacrifice pénible, je le sais; retranchez de votre plaidoirie cette touchante péroraison. C'est bien assez déjà de paraître devant de tels juges et de leur démontrer ma complète innocence; mais je ne veux pas m'humilier à implorer leur pitié. » Louis rédigea le même jour son testament, œuvre immortelle, le meilleur commentaire des principes de la religion chrétienne qui soit sorti d'une plume royale *. « Je recommande à mon fils, dit-il dans cette expression touchante de sa dernière volonté, je recommande à mon fils, s'il avait le malheur de devenir roi, de songer qu'il se doit tout entier au bonheur de ses concitoyens; qu'il doit oublier toute haine et tout ressentiment, et nommément tout ce qui a rapport aux malheurs et aux chagrins que j'éprouve; qu'il ne peut faire le bonheur des peuples qu'en régnant suivant les lois; mais en même temps, qu'un roi ne peut se faire respecter, et faire le bien qui est dans son cœur, qu'autant qu'il a l'autorité nécessaire, et qu'autrement, étant lié dans ses opérations, et n'inspirant point de respect, il est plus nuisible qu'utile..... Je sais qu'il y a plusieurs personnes de celles qui m'étaient attachées, qui ne se sont pas conduites envers moi comme elles le devaient; mais je leur pardonne, et je prie mon fils, s'il en trouve l'occasion, de ne songer qu'à leur malheur..... Je finis en déclarant devant Dieu, et prêt à paraître devant lui, que je ne me reproche aucun des crimes qui sont avancés contre moi [1]. »

Le roi parut enfin le 26 décembre devant la Convention. On l'y conduisit dans la voiture du maire, avec le même appareil de forces militaires. Il se montra aussi calme, aussi peu ému que la

* L'héroïsme de la vertu est le même dans tous les temps; écoutez comme le poëte en a dépeint les nobles efforts :

Je serai du parti qu'affligera le sort,
Égale à tous les deux jusques à la victoire,
Je prendrai part aux maux, sans en prendre à la gloire,
Et je garde, au milieu de tant d'âpres rigueurs,
Mes larmes aux vaincus, et ma haine aux vainqueurs.

(CORNEILLE, *Horace*, acte Ier, sc. Ire.)

[1] Huc, 72. — Cléry, 148 — Lac., X, 195, 197. — Th., III, 348.

première fois; il s'entretint de Sénèque, de Tite-Live, des hôpitaux; il adressa même une plaisanterie assez fine à un officier municipal qui, assis dans la voiture, gardait son chapeau sur la tête. Pendant qu'il attendait dans une salle voisine de l'Assemblée, Malesherbes, s'entretenant avec lui, se servait des mots *Sire* et *Votre Majesté*. Treilhard, Jacobin brutal, l'interrompt avec colère, et lui demande ce qui peut le rendre si hardi de prononcer ces titres proscrits par la Convention. « Le mépris de la vie, » réplique l'intrépide vieillard. Louis, dès qu'il fut introduit, s'assit entre ses défenseurs, promenant des regards bienveillants sur les bancs où se pressaient ses ennemis. Plusieurs fois on le vit sourire tout en conversant avec Malesherbes. Desèze, dans son plaidoyer, tira habilement avantage de l'inviolabilité du souverain, et prouva que si ce principe était détruit, la minorité de la Convention elle-même resterait désarmée devant la majorité; vérité prophétique, dont les Girondins, livrés à leurs implacables ennemis, devaient bientôt faire la funeste épreuve. Le défenseur, passant en revue la vie tout entière de Louis, prouva qu'en toute occasion sa conduite avait été dirigée par l'amour le plus sincère pour ses peuples [1].

Desèze demandait si, au 10 août, le monarque devait se soumettre à la multitude armée? si la loi l'obligeait à céder à la force? Le pouvoir qu'il tenait de la constitution n'était-il point un dépôt dont il répondait devant la nation? Si les députés de la Convention se voyaient menacés par une populace furieuse qui voulût les arracher violemment du sanctuaire des lois, pourraient-ils se conduire autrement que ne l'avait fait Louis? Les magistrats eux-mêmes avaient autorisé tous ses actes, en signant l'ordre de repousser la force par la force. Et cependant, malgré cette sanction, le roi ne faisait qu'à regret usage de son autorité, et il se retirait au sein de l'Assemblée pour éviter l'effusion du sang. La lutte qui s'en était suivie n'avait été engagée ni pour lui, ni par son ordre; il n'était intervenu que pour l'arrêter; il était prouvé par les faits que c'était sur un ordre signé du roi que les Suisses avaient abandonné la défense du château et s'étaient rendus à discrétion. C'était donc une injustice criante que de rendre Louis responsable du sang versé dans cette fatale

[1] Bertr. de Mollev., X, 300, 301 — Lac., X, 190. — Th., III, 319.

journée, pendant laquelle sa conduite avait été à l'abri de tout reproche. Desèze concluait sa plaidoirie en ces termes : « Louis était monté sur le trône à vingt ans, et à vingt ans il donna sur le trône l'exemple des mœurs; il n'y porta aucune faiblesse coupable, ni aucune passion corruptrice; il y fut économe, juste, sévère, et il s'y montra toujours l'ami constant du peuple. Le peuple désirait la destruction d'un impôt désastreux qui pesait sur lui, il le détruisit; le peuple demandait l'abolition de la servitude, il commença par l'abolir lui-même dans ses domaines; le peuple sollicitait des réformes dans la législation criminelle pour l'adoucissement du sort des accusés, il fit ces réformes; le peuple voulait que des milliers de Français que la rigueur de nos usages avait privés jusqu'alors des droits qui appartiennent aux citoyens, acquissent ces droits ou les recouvrassent, il les en fit jouir par ses lois; le peuple voulut la liberté, et il la lui donna! Il vint même au-devant de lui par ses sacrifices; et cependant c'est au nom de ce même peuple qu'on demande aujourd'hui..... Citoyens, je n'achève pas... je m'arrête devant l'histoire : songez qu'elle jugera votre jugement, et que le sien sera celui des siècles[1]! »

Après cette conclusion, Louis se leva et parla en ces termes : « On vient de vous exposer mes moyens de défense; je ne les renouvellerai point; en vous parlant peut-être pour la dernière fois, je vous déclare que ma conscience ne me reproche rien, et que mes défenseurs vous ont dit la vérité... Je n'ai jamais craint que ma conduite fût examinée publiquement; mais mon cœur est déchiré de trouver dans l'acte d'accusation l'imputation d'avoir voulu faire répandre le sang du peuple, et surtout que les malheurs du 10 août me soient attribués. J'avoue que les preuves multipliées que j'avais données dans tous les temps de mon amour pour le peuple et la manière dont je m'étais toujours conduit, me paraissaient devoir prouver que je ne craignais pas de m'exposer pour épargner son sang, et éloigner à jamais de moi une pareille imputation. » A ces mots, le roi se retira avec ses défenseurs. Il embrassa Desèze, et lui dit dans un transport de gratitude : « Voilà de la vraie éloquence! maintenant je suis tranquille;

[1] *Hist. parl.*, XXII, 56, 57. — Mign., I, 237. — Lac., X, 208. — Th., III, 349, 352.

ma mémoire sera honorée : les Français regretteront ma mort [1]. »

A peine le royal accusé s'est-il retiré qu'une discussion orageuse s'élève dans l'Assemblée. Lanjuinais a l'audace de demander la révocation du décret en vertu duquel le roi a été amené à la barre de la Convention : « Si vous voulez être juges, dit-il enfin, cessez d'être accusateurs ; je m'indigne en voyant siéger ici comme juges des hommes qui, au 10 août, ont conspiré contre le trône, et qui ici déjà ont énoncé leur avis avant d'avoir entendu la défense, et cela avec une férocité scandaleuse. » Ces paroles sont suivies de la plus violente agitation. « Il accuse le 10 août, s'écrient les Jacobins, devant la Convention qui doit son existence à cette journée ! Il veut sauver le tyran ; demain il nous livrera à sa vengeance ! A l'Abbaye, le député parjure ! Que les amis du tyran périssent avec lui ! » Les Girondins sentirent la force de cette réplique : ils ne pouvaient remettre en question la légitimité de l'insurrection qui avait donné naissance à la république, ils ne pouvaient l'inculper sans détruire leurs propres pouvoirs, sans se condamner eux-mêmes à l'échafaud. Duhem s'écria des bancs de la Montagne : « Je demande qu'il soit jugé le plus tôt possible ; toutes les formalités ont été remplies ; que l'on imprime, si l'on veut, sa défense, mais après le jugement ! » Le débat continua avec violence, souvent interrompu par des cris de fureur, jusqu'à ce qu'enfin, sur la proposition de Couthon, la discussion s'ouvrit sur la question de savoir si l'on ferait un appel au peuple. Cette discussion dura vingt jours [2].

De tous les orateurs, Saint-Just fut celui qui déclama contre le roi avec les arguments les plus habiles. « Tout ce qui porte un cœur sensible sur la terre respectera notre courage..... La résistance ouverte n'est point le caractère de Louis. Il a toujours affecté de marcher avec tous les partis, comme il paraît aujourd'hui marcher avec ses juges mêmes. Je ne pense pas qu'on veuille vous persuader que c'est le dessein de rendre la liberté au peuple qui fit en 89 convoquer les états-généraux. La volonté d'abaisser les parlements, le besoin de pressurer de nouveau le peuple, voilà ce qui nécessita cette convocation..... On ne conçoit point cet excès d'hypocrisie. Le malheureux ! il a fait

[1] *Hist. parl.*, XXII, 57, 58. — Lac., X, 210. — Th., III, 353.

[2] Deux Amis, IX, 276, 280. — *Hist. parl.*, XXII, 61, 81. — Lac., X, 213. — Th., III, 355.

égorger depuis ceux qu'il aimait alors. En songeant combien il outragea la vertu par sa fausse sensibilité, on rougira d'être sensible..... On n'a point trouvé parmi ses papiers de projet pour bien gouverner; mais on en a trouvé pour séduire le peuple : on créait des séditions, afin de l'armer contre les lois et de le tuer ensuite par elles..... Quel est donc ce gouvernement libre où par la nature des lois le crime est inviolable? La puissance exécutrice conspirait par la loi, conspirait par la liberté, elle conspirait par le peuple..... Vous les connaissez les projets hostiles qu'il médita contre le peuple; je ne vous les rappellerai point; passons au 10 août. Le palais est rempli d'assassins et de soldats. Louis vient à l'Assemblée; les soldats qui l'accompagnent insultent les députés; et lui parut-il s'inquiéter du sang qu'on répandait?..... On a parlé d'un appel au peuple. N'est-ce pas rappeler la monarchie! Il n'y a pas loin de la grâce du tyran à la grâce de la tyrannie. Ce n'est pas vous qui jugez Louis; c'est le peuple qui l'accuse et qui le juge par vous..... La révolution ne commence que quand le tyran finit. Vous devez éloigner toute autre considération que celle du bien public..... Si l'on récuse ceux qui ont parlé contre le roi, nous récuserons au nom de la patrie ceux qui n'ont rien dit pour elle... Pour tempérer votre jugement, on vous parlera de faction. Ainsi la monarchie règne encore parmi vous : eh! comment ferait-on reposer le destin de la patrie sur le jugement d'un coupable! Je demande que chacun des membres monte à la tribune et prononce : « Louis est ou n'est pas convaincu [1]. »

Robespierre, parlant à son tour, vint dire : « ..... Je ne répéterai point qu'il est des formes sacrées qui ne sont point celles du barreau, qu'il est des principes indestructibles supérieurs aux rubriques consacrées par l'habitude et par les préjugés; que le véritable jugement d'un roi, c'est le mouvement spontané et universel d'un peuple fatigué de la tyrannie, qui brise le sceptre dans les mains du tyran qui l'opprime : c'est le plus sûr, le plus équitable de tous les jugements. Je ne vous répéterai pas que Louis était déjà condamné avant le décret par lequel vous avez prononcé qu'il serait jugé par vous..... Moi aussi j'ai senti chanceler dans mon cœur la vertu républicaine en présence du coupable humilié devant la puissance souveraine..... La dernière

[1] *Hist. parl.*, XXII, 82, 83. — Lac., X, 215, 218. — Th., III, 356.

preuve de dévouement que les représentants du peuple doivent à la patrie, c'est d'immoler ces premiers mouvements de sensibilité naturelle au salut d'un grand peuple et de l'humanité opprimée..... Chaque instant de retard amène pour nous un nouveau danger..... Quel scrupule enchaîne encore votre zèle? La procédure est arrivée à son dernier terme : l'accusé vous a déclaré qu'il n'avait rien de plus à dire pour sa défense..... Doutez-vous du crime? Non, vous auriez douté de la légitimité et de la nécessité de l'insurrection; vous douteriez de ce que la nation crut fermement étranger à notre révolution; et loin de punir le tyran, c'est à la nation elle-même que vous auriez fait le procès..... On veut avoir, dit-on, l'avis de la majorité..... Mais la vertu fut souvent en minorité sur la terre! Sans cela, la terre serait-elle peuplée de tyrans et d'esclaves? Hampden et Sydney étaient de la minorité, car ils expirèrent sur un échafaud. Les Critias, les Anitus, les César, les Clodius étaient de la majorité, mais Socrate était de la minorité, car il avala la ciguë; Caton était de la minorité, car il déchira ses entrailles. La motion qui consiste à faire un appel au peuple n'est qu'un prétexte pour amener la guerre civile[1]. »

Vergniaud prend enfin la parole et répond plus spécialement à Robespierre. Un profond silence s'établit : l'Assemblée prête une attention extrême aux paroles éloquentes de son premier orateur, plaidant la cause du premier sujet de l'empire français. « On nous accuse de provoquer la guerre civile; l'accusation est fausse : qui sont ceux qui veulent la guerre civile? Ceux qui, en prêchant l'assassinat contre les partisans de la tyrannie, appliquent ce nom à toutes les victimes que leur haine veut immoler; ceux qui appellent les poignards sur les représentants du peuple, et demandent la dissolution du gouvernement et de la Convention; ceux qui veulent que la minorité devienne arbitre de la majorité, qu'elle puisse légitimer ses jugements par des insurrections. Ils veulent la guerre civile ceux qui prêchent ces maximes dans tous les lieux publics, et pervertissent le peuple en accusant la raison de feuillantisme, la justice de pusillanimité, et la sainte humanité de conspiration..... N'avez-vous pas entendu, dans cette enceinte et ailleurs, des hommes crier : Si le pain est cher, la cause en est au Temple; si le numéraire est rare, si nos

[1] *Hist. parl.*, XXII, 104, 125. — *Mon.*, 29 décembre 1792.

armées sont mal approvisionnées, la cause en est au Temple; si nous avons à souffrir chaque jour du spectacle de l'indigence, la cause en est au Temple... Qui me garantira que ces mêmes hommes qui s'efforcent continuellement d'avilir la Convention; que ces mêmes hommes qui proclament partout qu'une nouvelle révolution est nécessaire, qui font déclarer telle ou telle section en état d'insurrection permanente; qui disent à la commune que quand la Convention a succédé à Louis, on n'a fait que changer de tyrans, et qu'il faut une autre journée du 10 août; que ces mêmes hommes qui publient qu'il faut nommer un défenseur à la république, qu'il n'y a qu'un chef qui puisse la sauver; qui me garantira, dis-je, que ces mêmes hommes ne crieront pas, après la mort de Louis : Si le pain est cher, la cause en est dans la Convention; si le numéraire est rare, si nos armées sont mal approvisionnées, la cause en est dans la Convention; si la machine du gouvernement se traîne avec peine, la cause en est dans la Convention chargée de la diriger; si les calamités de la guerre se sont accrues par les déclarations de l'Angleterre et de l'Espagne, la cause en est dans la Convention, qui a provoqué ces déclarations par la condamnation précipitée de Louis!..... Qui me garantira que de cette tempête où l'on verra ressortir de leurs repaires les tueurs du 2 septembre, on ne vous présentera pas tout couvert de sang et comme un libérateur, ce défenseur, ce chef qu'on dit être si nécessaire?.... Qui pourrait habiter une cité où régnerait la terreur et la mort? Et vous, citoyens industrieux, dont le travail fait toute la richesse, quelles seraient vos ressources, quelles mains essuieraient vos larmes?..... Iriez-vous trouver ces faux amis, ces perfides flatteurs qui vous auraient précipités dans l'abîme? Ah! fuyez-les plutôt! Redoutez leur réponse! je vais vous l'apprendre : vous leur demanderiez du pain, ils vous diraient : Allez dans les carrières, disputer à la terre quelques lambeaux sanglants des victimes que vous avez égorgées! Ou : Voulez-vous du sang? prenez, en voici! Du sang et des cadavres; nous n'avons pas d'autre nourriture à vous offrir! Vous frémissez, citoyens! O ma patrie, je demande acte à mon tour des efforts que je fais pour te sauver de cette crise déplorable[1]! »

[1] 15 janvier. — *Hist. parl.*, XXII, 137, 151. — *Mon.*, 31 décembre. — Lac., X, 231, 232. — Th., III, 369, 373. — Mign., I, 238. — Toul., III, 178.

A la fin de ce long débat, l'Assemblée prononça à l'unanimité que Louis était coupable *. L'appel au peuple fut rejeté par une majorité de 423 voix contre 281.

Falsa è l'accusa : ognun lo sa ; ma ognuno
Per se tremante, tacendo l'afferma **.

Restait à décider la peine qui serait infligée. Le vote sur cette question dura quarante heures. L'agitation était extrême à Paris; le club des Jacobins retentissait des cris de : *Mort au tyran!* Une multitude furieuse assiégeait les abords de la Convention, menaçant à la fois les neutres et les députés favorables à Louis. De nombreuses députations des sections, de la garde nationale, de la municipalité, se succédaient sans interruption à la barre de l'Assemblée. Les Jacobins s'étaient déclarés en permanence; jour et nuit des discours menaçants se faisaient entendre dans cet antre du crime. Tout ce que peuvent la violence des factions, l'animosité, la terreur, tout était mis en œuvre pour assurer la condamnation. A mesure que la longue opération du vote touchait à sa fin, le tumulte allait croissant. Une foule compacte environnait la salle des séances; l'Assemblée, haletante, demeurait sous le poids d'une anxiété terrible. Enfin, Vergniaud, qui présidait en ce moment, annonce en ces termes le résultat du vote : « Citoyens, je vais proclamer le résultat du scrutin. Vous garderez, je l'espère, un profond silence. Quand la justice a parlé, l'humanité doit avoir son tour. Le nombre de votants est de 721; la majorité est de 361 : 366 votent pour la mort. Je déclare, au nom de la Convention nationale, que la peine qu'elle prononce contre Louis Capet est celle de la mort***[1]. »

Ainsi donc, sans la défection des Girondins, le roi avait la vie

* Huit membres étaient absents pour raison de santé; trente-sept déclarèrent Louis coupable, mais opinèrent seulement pour des mesures de précaution : 683 votèrent la culpabilité. Pas un Français n'osa affirmer la vérité, c'est-à-dire l'innocence de l'illustre accusé. (Thiers, III, 377.)

** L'accusation est fausse : tous le savent; mais tous
Tremblant pour eux-mêmes la confirment par leur silence.

(ALFIERI, *Filippo.*)

*** Il est généralement admis aujourd'hui que la majorité ne fut que de cinq voix.

[1] Mignet, I, 238, 239. — Th., III, 380, 385. — Lac., X, 233, 240. — *Hist. parl.*, XX, 206, 207. — *Monit.*, 18 janvier.

sauve. Quarante-six membres de ce parti, y compris Vergniaud, votèrent la mort avec ou sans condition. Ils désiraient cependant sauver le roi; mais ils croyaient que, dans ces temps de fureur démagogique, ils ne pouvaient arriver à leur but que par l'appel au peuple. Vergniaud passa dans les larmes toute la nuit qui suivit ce scrutin fatal. Presque tous les Girondins qui avaient voté la mort portèrent dans la suite leur tête sur l'échafaud. Le duc d'Orléans, appelé au scrutin à son tour, s'avança d'un pas incertain, plus pâle que la mort même, et prononça ces paroles. « Uniquement occupé de mon devoir, convaincu que tous ceux qui ont attenté ou attenteront par la suite à la souveraineté du peuple, méritent la mort, je vote pour la mort. » Le vote du premier prince du sang était un triomphe sans doute pour les partisans de la mort, et cependant son atrocité même excita dans toutes les parties de l'assemblée un sentiment général d'indignation : une grande agitation suivit les paroles du duc d'Orléans; il semblait que ce vote à lui seul fixât irrévocablement le destin du monarque[1].

Les conseils de Louis furent appelés à la barre pour entendre prononcer la sentence : longtemps suffoqué par ses larmes, Malesherbes s'efforça en vain de parler; Desèze donna lecture d'une déclaration dans laquelle le roi protestait de son innocence; Tronchet conjura l'Assemblée de revenir sur la sentence prononcée à une si faible majorité. On lui fit observer que les lois se votaient à la simple majorité : — « Oui, répondit-il, mais les lois peuvent être rapportées, tandis que le condamné qui a subi le supplice ne peut être rappelé à l'existence. » Les Girondins, comme dernière ressource, proposèrent un délai pour l'exécution; sur cette question encore, leurs divisions fatales donnèrent la victoire à leurs adversaires, et la sentence fut confirmée par une majorité de 510 voix sur 209. Ce dernier vote produisit une profonde émotion dans Paris; tous les membres du côté droit, tous les partisans secrets ou avoués de la royauté furent consternés : les Jacobins pouvaient à peine croire à un triomphe aussi éclatant que la condamnation d'un roi, au milieu du peuple sur lequel il régnait naguère en monarque absolu. Aussi redoublèrent-ils d'activité; ils mirent sur pied toutes leurs

[1] Bertr. de Mollev., X, 1, 9. — *Hist. de la Conv.*, II, 48. — Lac., X, 241.

forces; ils eurent soin d'entretenir l'agitation, de tonner jour et nuit dans leur assemblée infernale et au club des Cordeliers; ils recommandèrent la vigilance à tous leurs partisans, pendant les deux jours qui allaient suivre, afin de s'assurer les fruits de la victoire. Cette audace énergique produisit son effet habituel sur les masses, paralysa le plus grand nombre par la terreur, mais excita la plus profonde indignation dans un petit nombre de nobles cœurs[1].

Cependant Louis était tout à fait préparé à sa destinée. Pendant qu'on procédait au scrutin, il disait à Malesherbes : « N'avez-vous pas vu, auprès du Temple, la dame blanche? » Et comme Malesherbes s'étonnait de cette question : « Ne savez-vous pas, lui dit-il en souriant, que chaque fois qu'un prince de notre maison est sur le point de mourir, on voit errer aux environs du palais une femme vêtue de blanc? » — « Mes amis, ajouta-t-il, s'adressant à ses défenseurs; je vais partir avant vous pour le séjour des justes; nous nous y retrouverons; pour vous, vos vertus seront récompensées même en ce monde. » Ses seules craintes étaient pour sa famille. « Pour moi, disait-il, je n'ai pas d'espoir, et je ne souhaite pas d'en avoir : je serais désolé qu'il y eût de nouveaux troubles à cause de moi; cela ferait encore de nouvelles victimes. Je frémis de penser à la situation dans laquelle je laisse mes enfants : la prière seule pourra préparer mon âme à soutenir ma dernière entrevue avec ma famille. Et ces fidèles serviteurs qui ne m'ont pas abandonné, qui n'ont d'autres moyens d'existence que ce que je leur donnais! Et ce malheureux peuple! il va être livré à l'anarchie; le crime va succéder au crime; de longues dissensions vont déchirer la malheureuse France! O mon Dieu! est-ce là ce que je devais attendre de tous mes sacrifices! Était-ce pour cela que sans cesse je travaillais au bonheur des Français! » Telles furent les seules expressions de désespoir qui lui échappèrent pendant toute sa captivité. Lorsque Malesherbes vint à la prison pour annoncer au roi le résultat du scrutin, il le trouva seul, la tête appuyée dans ses mains, et plongé dans une profonde rêverie. Sans se préoccuper de son destin, sans même lever les yeux sur son

[1] *Journal des Jacobins*, 19 et 20 janvier. — *Hist. parl.*, XXIII, 269, 270. — Bertr. de Mollev., X, 395, 397. — Th., III, 385, 390. — Mign., I, 239. — Lac., X, 243.

vénérable ami : « Depuis deux heures, dit-il, je passe en revue tous les actes de ma vie, et je me demande si, dans tout le cours de mon règne, j'ai volontairement donné quelque sujet de plainte à mes sujets ; au moment de comparaître devant Dieu, je puis déclarer en toute sincérité que je ne mérite aucun reproche de leur part, et que je n'ai jamais formé un souhait qui ne fût pour leur bonheur. » Malesherbes voulait lui faire espérer que la sentence pourrait être rapportée ; le roi, branlant la tête en signe d'incrédulité, supplia son vieil ami de ne point l'abandonner à ses derniers moments. La commune eut encore la cruauté de lui refuser cette consolation. Malesherbes se présenta à plusieurs reprises à la porte du Temple, mais ne fut plus admis. Le roi se fit apporter par Cléry le volume de l'histoire de Hume où se trouve le récit de la mort de Charles Ier : il le relut avec beaucoup d'attention pendant le temps qui lui restait pour se préparer à la mort. Louis, pendant les cinq derniers mois de sa vie, avait lu 250 volumes [1].

Le 20 janvier, Santerre parut enfin au Temple avec une députation de la municipalité, et lut au roi l'arrêt de sa condamnation. Le roi l'entendit avec une mâle fermeté ; il demanda un délai de trois jours pour se préparer à mourir ; il demanda aussi qu'on lui permît de voir sa famille, et qu'on lui accordât un confesseur. La Convention fit droit à ces deux dernières requêtes ; quant à l'exécution elle fut fixée au lendemain, à dix heures du matin. Louis, dès qu'il eut connaissance de cette décision, reprit son calme habituel ; il dîna comme de coutume : les officiers de service avaient fait enlever les couteaux de dessus sa table. « Me croient-ils donc assez lâche pour me tuer ? dit le roi ; je suis innocent et puis mourir sans crainte. » Mais sa dernière entrevue avec sa famille fut une scène des plus déchirantes. A huit heures et demie, la porte de la chambre de Louis s'ouvre : la reine paraît avec la princesse royale et madame Élisabeth ; elles se jettent dans les bras du roi. Pendant quelques minutes règne un profond silence, interrompu seulement par les sanglots de cette famille désolée. Le roi s'assied ; la reine est à sa gauche, la princesse royale à droite, madame Élisabeth en face, et le dauphin

[1] Bertr. de Mollev., X, 406, 407. — Cléry, 158, 159. — Th., III, 283. — Mign., I, 240. — Lac., X, 245, 246.

entre les genoux de son père. Cette scène navrante dura près de deux heures; les larmes, les lamentations de la famille royale disaient assez que le roi lui-même venait d'annoncer aux siens sa condamnation. Enfin, à dix heures et un quart le roi se lève; la reine et lui bénissent le dauphin; la princesse embrasse les genoux de son malheureux père. Il se retire, et au moment où il va franchir la porte, le désespoir des siens éclate en cris déchirants. « Je vous promets, leur dit le roi, de vous revoir demain matin à huit heures. — Pourquoi pas à sept heures? s'écrient tout d'une voix les infortunées princesses. — Eh bien, à sept heures; adieu! adieu! » Mais il y avait quelque chose de si triste dans l'accent de ces dernières paroles, que les lamentations redoublèrent, et que la princesse royale s'évanouit à ses pieds. Voulant enfin mettre un terme à cette scène déchirante, le roi les embrassa, de la manière la plus tendre, et s'arracha de leurs bras [1].

Le roi passa le reste de cette soirée avec son confesseur, l'abbé Edgeworth, qui, avec un dévouement héroïque, s'acquitta de la périlleuse mission d'assister Louis jusque dans ses derniers instants. « Ah! disait-il à ce noble ministre de la religion, pourquoi faut-il que j'aime ainsi, et que je sois tant aimé! Quelle entrevue déchirante!... mais n'y pensons plus; ne nous occupons que du grand objet du salut; concentrons là toutes nos pensées! » En ce moment Cléry parut et servit le souper: Louis hésita un instant; mais après un peu de réflexion, il s'assit pour cinq minutes et prit un peu de nourriture. Il se coucha à minuit, et dormit paisiblement jusqu'à cinq heures du matin. Ce fut alors qu'il donna à Cléry ses dernières instructions; il lui remit les seuls biens dont il pût encore disposer: c'était une bague, un cachet et une touffe de cheveux. « Vous donnerez cet anneau à la reine, dit-il; vous lui direz ce que j'éprouve de regrets à me séparer d'elle; vous lui donnerez aussi *le bijou* qui renferme des cheveux de mes enfants: remettez ce cachet au dauphin; dites-leur combien je souffre à mourir sans avoir reçu leurs derniers embrassements; mais je veux leur épargner la douleur d'une séparation si cruelle. » Puis il demanda des ciseaux afin de se couper lui-même les cheveux, pour éviter d'avoir à subir

[1] Cléry, 173. — Th., III, 394. — Edgeworth, *Derniers Moments de Louis XVI*, p. 15. — Lac., X, 246, 248.

cette opération humiliante de la main des exécuteurs : les officiers de la commune rejetèrent sa demande. Après cela, son confesseur lui administra les sacrements, devant un petit autel préparé par Cléry : le roi entendit les prières des mourants, au moment où le roulement des tambours et l'agitation de la foule dans les rues annonçaient que le moment fatal était arrivé [1].

Santerre se présenta au Temple à neuf heures : « Vous venez me chercher, dit le roi; permettez une minute. » Puis il passa dans son cabinet, et en sortit immédiatement tenant à la main son testament. « Je vous prie, dit-il, de remettre ce paquet à la reine, ma femme. — Cela ne me regarde pas, répliqua le digne représentant de la municipalité; je ne suis ici que pour vous conduire à l'échafaud. » Le roi pria un autre membre de la commune de se charger du testament, puis, se tournant vers Santerre : « Partons, » lui dit-il. La municipalité fit publier le lendemain le testament du roi, comme une preuve de son fanatisme et de ses crimes : par cette publication, elle élevait, sans s'en douter, le plus beau monument à sa mémoire*. Louis, en traversant la cour du Temple, jeta un dernier regard sur la tour qui renfermait tout ce qui lui était cher au monde. Mais, rappelant aussitôt son courage, il prit tranquillement place dans la voiture qui l'attendait : il avait à côté de lui son confesseur, et deux gendarmes en face. Pendant les deux heures que dura le trajet de la prison au lieu du supplice, le roi ne cessa de réciter les psaumes que lui indiquait le vénérable prêtre qui l'assistait. Les soldats de l'escorte eux-mêmes s'étonnaient de ce calme extraordinaire. Quelques braves royalistes firent, auprès de la porte Saint-Martin, une tentative pour le sauver ; mais elle devait échouer devant l'appareil imposant d'une grande force militaire; et du reste elle ne pouvait trouver d'appui dans les masses. Une foule immense encombrait les rues, et voyait passer en silence le lugubre cortége ; un détachement considérable escortait la voiture ; une double file de soldats et de gardes nationaux, et un train formidable d'artillerie, rendaient inutile tout effort pour sauver la royale victime [2].

L'échafaud avait été dressé entre le jardin des Tuileries et les

[1] Cléry, 181, 182. — Th., III, 395, 397. — Edgeworth, 16, 17, 218.

* *Voir* APPENDICE au chap. VIII.

[2] Bertr. de Mollev., X, 426, 428. — Lac., X, 254. — Mign., I, 240. — Th., III, 398. — Cléry, 183, 194. — Edgeworth, 218, 220.

Champs-Élysées, vers le centre de la place Louis XV. Quand la voiture s'arrêta : « Est-ce ici, murmura Louis? » La place était environnée de canons, et un océan de têtes s'étendait aussi loin que la vue pouvait porter. Le roi descend, lui-même il ôte son habit, sans l'aide des exécuteurs. Au moment où l'on veut lui lier les mains, il témoigne son indignation. « Non ! s'écrie-t-il, je ne m'y soumettrai jamais! » Voyant que l'on va employer la force, il tourne ses regards vers le prêtre : « Soumettez-vous à cet outrage, lui dit le digne abbé Edgeworth d'un ton inspiré ; ce sera votre dernière ressemblance avec le Sauveur, qui va récompenser vos souffrances.—Il n'y a, dit Louis, qu'un pareil exemple qui puisse m'obliger à me soumettre à cette humiliation : faites donc comme il vous est ordonné, je boirai la coupe jusqu'à la lie. » A ces mots, la victime résignée se dirige vers les marches de l'échafaud. Là il reçoit la dernière bénédiction de son confesseur : « Fils de saint Louis, montez au ciel ! » Dès qu'il a franchi les degrés, il s'avance d'un pas assuré sur le devant de l'échafaud *. D'un regard il impose silence à vingt tambours placés là pour empêcher qu'on ne l'entende, et dit d'une voix forte : « Je meurs innocent de tous les crimes dont on m'accuse : je pardonne aux auteurs de ma mort, et je prie Dieu que mon sang ne retombe jamais sur la France... Et vous, peuple malheureux... » A ces mots, Santerre ordonne aux tambours de battre ; les bourreaux s'emparent de Louis, et le couteau de la guillotine a terminé son existence. Un des assistants saisit la tête de la victime et la montre au peuple : le sang jaillit jusque sur le confesseur, agenouillé auprès du corps inanimé de son souverain [1].

* Souvent avant le coup qui doit nous accabler,
La nuit qui l'enveloppe a de quoi nous troubler,
L'obscur ressentiment d'une injuste disgrâce
Combat avec effroi sa confuse menace :
Mais quand ce coup tombé vient d'épuiser le sort
Jusqu'à n'en pouvoir craindre un plus barbare effort,
Le trouble se dissipe, et cette âme innocente,
Qui brave impunément la fortune impuissante,
Regarde avec dédain ce qu'elle a combattu,
Et se rend tout entière à toute sa vertu.

(CORNEILLE, *Œdipe*, acte V, sc. 9.)

[1] Edgeworth, 222, 225, 227. — Th., III, 340, 399. — Lac., X, 255. — Bertr. de Mollev., X, 428, 429.

Immédiatement après l'exécution, les restes de l'infortuné monarque furent transportés à l'ancien cimetière de la Madeleine, à l'extrémité du boulevard des Italiens, où il fut inhumé dans une fosse de six pieds carrés, la tête dans la direction de la rue d'Anjou. On remplit la fosse de chaux vive pour hâter la décomposition du cadavre. Elle fut si rapide que quand, en 1815, on fit des recherches pour en retrouver les restes, on ne parvint à découvrir que des fragments qui furent transportés au mausolée royal de Saint-Denis. Napoléon, après la bataille d'Iéna, jeta les fondements de son temple à la gloire sur le lieu même où avait été inhumé le corps du monarque : il voulait, disait-il, élever un monument à la mémoire de la grande armée; mais sa secrète pensée était de le convertir en un monument expiatoire consacré aux victimes de la Révolution; il ne voulait pas révéler son dessein avant que les principes monarchiques eussent repris leur empire sur la France. Sa propre chute ne lui permit pas d'accomplir ce projet. Les Bourbons achevèrent ce superbe édifice, connu aujourd'hui sous le nom d'église de la Madeleine, et le plus beau parmi les beaux monuments de Paris. Louis XVI avait été décapité à peu près au centre de la place Louis XV, mais un peu vers le côté nord de cette place, à l'endroit même où moururent la reine, la princesse Élisabeth et tant de nobles victimes de la Révolution; à l'endroit où furent exécutés Robespierre, Danton, et presque tous ceux qui avaient été cause de la mort du roi. Ce fut là aussi que s'établirent l'empereur Alexandre et les souverains alliés, lorsque leurs armées victorieuses entrèrent à Paris, le 31 mars 1814. Cette même place Louis XV vit donc le plus grand des crimes révolutionnaires et l'éclatante punition de ce forfait : l'histoire de l'Europe moderne n'offre point de scènes d'un plus puissant intérêt. On voit aujourd'hui s'élever sur cette place, le colossal obélisque de granit rouge, transporté de Thèbes dans la haute Égypte, par le gouvernement français. La couleur sanglante de ce monument, qui a vu la marche de Cambyse, qui a survécu aux conquêtes d'Alexandre et de César, semble destinée à rappeler aux générations les plus reculées, le lieu du martyre de Louis et du triomphe de ses vengeurs[1].

Le plus habile des écrivains républicains de la France a tracé

[1] Nap., Las Cases, I, 370, 371. — *Hist. de la Conv.*, II, 13, 14.

avec une grande vérité le portrait de ce monarque. Nous ne saurions mieux faire que de citer ce passage de Mignet. « Ses ancêtres lui léguèrent une révolution. Plus qu'aucun d'eux il était propre à la prévenir ou à la terminer, car il était capable d'être un roi réformateur avant qu'elle n'éclatât, ou d'être ensuite un roi constitutionnel. Il est le seul prince peut-être, qui, n'ayant aucune passion, n'eut pas celle du pouvoir, et qui réunit les deux qualités qui font les bons rois, la crainte de Dieu et l'amour du peuple. Il périt victime de passions qu'il ne partageait pas; de celles de ses alentours qui lui étaient étrangères, et de celles de la multitude qu'il n'avait pas excitées. Il y a peu de mémoires de roi aussi recommandables. L'histoire dira de lui qu'avec un peu plus de force d'âme il eût été un roi unique. » Ajoutons que ce fut dans ses derniers jours que cet infortuné monarque déploya les qualités les plus grandes et les plus touchantes; cependant, ces poignantes douleurs, cette fin tragique ne doivent point nous faire oublier les désastreuses conséquences de son irrésolution, de la faiblesse de sa conduite sur le trône; que les calamités de la Révolution, le sang répandu, le bouleversement de la société française furent les résultats inévitables de son invincible aversion pour les mesures de vigueur. Celui de tous les hommes qui a le mieux connu la France et la Révolution, Napoléon a dit à ce sujet : « Si Louis XVI eût résisté en homme, s'il eût montré le courage, l'activité, la résolution de Charles Ier d'Angleterre, il eût triomphé. » Il faut reconnaître néanmoins que l'émigration de la noblesse avait ôté au trône son principal appui; et cependant, cette défection même avait pour cause l'irrésolution de Louis; car la classe des propriétaires dut désespérer de l'avenir, en voyant un chef aussi faible à la tête de l'État. Au reste, les luttes prolongées de Lyon et de la Vendée ont fait voir quels éléments de résistance on pouvait trouver encore dans le royaume, même après le départ de la noblesse.

Parmi ceux qui votèrent la mort du roi, un grand nombre n'étaient guidés que par des motifs d'égoïsme et de basse vengeance. Les Girondins votèrent pour la mort et pour l'appel au peuple, dans l'espoir de sauver la vie du roi. En adoptant cette marche timide, ils manquaient aux lois de la politique aussi bien qu'aux lois de la vertu. Un des plus grands maîtres dans la science des hommes d'État de la moderne Europe, a condamné leur conduite dans les termes suivants : « Les Girondins et les Jacobins, a dit Napoléon, s'unirent pour condamner le roi à mort; et cependant la majorité de la Gironde avait voté l'appel au peuple, dans le but de le sauver; c'est là le côté inexplicable de leur conduite. Si, en effet, ils avaient voulu lui conserver la vie, il était en leur pouvoir de le faire; il ne fallait qu'ajourner la sentence, ou bien le condamner à l'exil ou à la déportation; mais le condamner à mort, et chercher ensuite à faire dépendre son sort d'un vote populaire, c'était le comble de l'imprudence et de l'absurdité; c'était, après avoir détruit la monarchie, vouloir déchirer la France par la guerre civile. Cette fausse combinaison fut la cause de leur ruine. Vergniaud, la colonne de ce parti, fut celui-là même qui, comme président, prononça la sentence de mort, et cela au moment où ce parti possédait dans l'assemblée une majorité si forte qu'il fallut pour les renverser plusieurs mois d'efforts continus, et plus d'une insurrection. Ce parti eût dirigé la Convention, détruit la Montagne, et gouverné la France, si dès l'abord il avait adopté une marche ferme et franche à la fois. Il ne dut sa chute qu'à ses subtilités métaphysiques. » Chose remarquable, ici Napoléon, malgré toute sa pénétration, ne nous paraît pas avoir aperçu le motif réel de la conduite adoptée par les Girondins; il n'a pas vu que c'était la *terreur*. En votant l'appel au peuple, ils restaient populaires, et s'ils avaient sauvé le roi, ils compromettaient leurs ennemis; tandis qu'en votant d'emblée le salut de Louis XVI, ils perdaient leur popularité et s'exposaient eux-mêmes [1].

Mais il y eut aussi parmi les conventionnels qui votèrent la mort, un certain nombre d'hommes considérables, qui se soumirent, quoique à regret, à cette triste nécessité, croyant sincèrement qu'il fallait anéantir l'ennemi le plus dangereux d'une république encore mal assise. De ce nombre était Carnot : appelé à son tour pour donner son vote; « jamais, je l'avoue, dit-il, devoir ne pesa davantage sur mon cœur que celui qui m'est imposé; je vote pour la mort [2]. » La destinée de Louis prouve à l'évidence que ce qui est injuste ne saurait être avantageux, et que le résultat

[1] Nap., Las Cases, II, 184, 185, 190, 191.
[2] Carnot, *Mém.*, 97.

final de toute injustice est de nuire à la cause pour laquelle elle a été commise. Les conséquences immédiates peuvent pour un temps répondre à l'attente des auteurs du mal; les conséquences extrêmes leur sont toujours fatales. Pendant quelques années, en effet, la mort du roi fut favorable à la démocratie, parce qu'elle engageait un grand nombre d'hommes politiques à soutenir la république; mais elle amena en définitive la restauration de la monarchie. Avec quel empressement les écrivains royalistes ne racontent-ils point les scènes touchantes de la prison du Temple! Que ne donneraient pas les historiens de la république pour arracher cette page des annales de la France! On devrait ne jamais oublier que la conduite des hommes publics sera jugée dans d'autres temps, quand l'intérêt et les passions humaines, quand la terreur et la discorde auront cessé d'exercer leur empire, et que la conscience sera rentrée triomphante dans le cœur des nations. Ainsi donc il n'y a de bon que ce qui est juste, parce que la justice peut seule compter sur l'approbation de la postérité.

Mais ce que nous trouvons de plus étrange dans ce procès à jamais célèbre, c'est ce vote unanime de la Convention nationale sur la question de culpabilité! Que parmi les sept cents membres de cette assemblée, il y ait eu des opinions très-diverses, cela ne peut faire doute pour personne. Il suffirait, pour le démontrer, de rappeler les votes qui suivirent, et l'infime majorité qui prononça la peine de mort. Et cependant, les amis mêmes du roi se virent forcés, pour pouvoir le servir ensuite, de commencer par le déclarer coupable. D'un consentement unanime, on renonça à examiner les véritables moyens de défense de Louis, ceux-là mêmes sur lesquels s'est basé le jugement de la postérité. La Convention fut unanime à le trouver coupable, sur un point où l'histoire proclame à l'unanimité son innocence. Un pareil résultat ne pouvait se présenter devant une cour de justice ordinaire, composée de juges inamovibles, responsables de leurs actes, et dont le devoir est de se décider sur la seule évidence. Ce furent des considérations politiques qui firent condamner Louis XVI; en outre, la crainte de retomber sous le despotisme monarchique, l'appréhension du châtiment mérité par les crimes de la Révolution, puis enfin la terreur qu'inspirait la hache révolutionnaire déjà suspendue sur le pays. Cela devait arriver du reste, parce qu'on avait confondu les fonctions judiciaires avec les fonctions législatives, parce qu'on faisait dépendre la vie d'un homme de la décision d'une assemblée populaire, dans laquelle se trouvait d'autant moins de responsabilité qu'elle était plus nombreuse; l'influence de la multitude ajoutait à l'énergie des passions, sans rien diminuer des effets de la terreur [1].

Mais ce n'est pas tout : ce vote extraordinaire démontre à l'évidence que, sous l'empire des institutions démocratiques, il est impossible de discuter librement et d'administrer la justice publique, dans un État où toute la puissance politique est aux mains du parti populaire. On sait bien qu'en Amérique, par exemple, la presse, quand elle est unie, devient une puissance souveraine, qu'elle peut prononcer l'ostracisme des citoyens les plus innocents; on sait que les jugements des tribunaux, irréprochables du reste dans les affaires civiles, y sont souvent d'une injustice flagrante dans les questions où l'intérêt populaire est mis en jeu, et cela parce que le pouvoir du peuple n'y a point de contrepoids. Le procès de Louis XVI fut une preuve funeste de cette vérité. Les membres de la Convention qui désiraient le sauver étaient, sans contredit, des hommes fort distingués; leurs discours le prouvent assez, leur mort héroïque prouve aussi qu'ils étaient doués du plus noble courage. Et cependant, ces Girondins intrépides se virent forcés de condamner Louis comme coupable, et ils ne crurent pas pouvoir le sauver autrement. Agir d'une autre manière, c'était le livrer sans défense aux mains de ses ennemis; c'était détruire leur propre influence sur le peuple; c'était se perdre sans le sauver. Tant il est vrai que l'extrême démocratie est aussi fatale à la liberté que le despotisme le plus absolu; tant il est vrai que la vérité se fait entendre aussi rarement dans les assemblées de la multitude que dans les palais des rois; tant il est vrai que, sans un juste équilibre entre les forces diverses de la société, chacun des plateaux de la balance peut être entraîné à son tour, et que la hache populaire est aussi fatale à la justice que le cordon des sultans.

Mais la vérité est grande et finira par triompher. Le règne de l'injustice ne saurait être éternel; il n'est pas besoin pour cela d'une intervention spéciale de la Providence; il n'est pas besoin

[1] Toul., III, 226, 233. — Mign., I, 237. — Lac., X, 220, 240.

que l'ange exterminateur vienne l'arrêter dans sa course funeste. L'injustice tombe sous l'excès de sa propre violence : elle-même donne naissance à la force qui doit la renverser; l'ange vengeur se trouve dans le cœur humain. En vain, Louis est soumis à toutes les indignités par la malice de ses ennemis; en vain, le bourreau lui lie les bras; en vain, les tambours révolutionnaires étouffent sa voix; en vain, le tranchant de la guillotine a mutilé son corps, qu'on va jeter dans une terre profane, son âme a vaincu la cruauté de ses oppresseurs, sa mort marque le commencement d'une réaction générale en faveur de l'ordre et de la religion. Son martyre met fin au règne des illusions révolutionnaires. Ses souffrances font plus de bien à la cause de la monarchie que les vices de ses prédécesseurs ne lui avaient fait de mal.

A un point de vue cependant, il fut heureux pour la société que la crise de la monarchie française arrivât pendant le règne de Louis XVI. Elle n'éclata point dans les jours de sa splendeur, ni dans les jours de sa corruption, ni sous le fier Louis XIV, ni sous l'infâme du Barry. Cette monarchie périt en la personne d'un monarque honnête homme, qui aimait le peuple plus que tout le reste de ses sujets, dont la vie s'était passée à faire le bien, dont les sentiments et les vertus devaient le protéger contre toute violence populaire. Avec plus d'audace, il eût été moins malheureux; défenseur plus énergique de l'autorité royale, il n'eût pas eu à souffrir des fureurs de la multitude; plus prodigue du sang de ses semblables, il n'eût point versé le sien sur l'échafaud. Cependant, les qualités que nous regrettons en lui n'eussent point arrêté la Révolution; elles ne pouvaient que la différer : mais alors cette convulsion venant à éclater plus tard, sous le règne d'un autre prince faible, n'en eût été peut-être que plus terrible; d'un autre côté, le peuple se fût livré à de plus cruelles vengeances contre la tyrannie dont il eût souffert plus longtemps, et de l'autre, il n'eût pas eu à se reprocher la mort d'un monarque aussi vertueux. La catastrophe arriva dans un moment où le trône était occupé par un prince qui, doué des sentiments les plus généreux de notre nature, ressentait vivement les souffrances du peuple, et qui avait plus fait pour la cause de la liberté qu'aucun des rois de sa race; par un prince dont la bonté avait été récompensée par des atteintes à son autorité, la douceur par la licence, l'aversion pour toute violence, par la soif du sang humain. Un monarque d'un caractère plus ferme pouvait, nous le répétons, éloigner le moment de l'explosion ; aucun n'était plus propre à en empêcher à jamais le retour.

De plus, le martyre de Louis a été utile aux intérêts immédiats de la cause pour laquelle il souffrit. Sa résignation dans l'adversité, sa charité, son héroïsme ne s'oublieront jamais. Les terreurs du gouvernement de 93, les gloires de l'empire ont passé ; tandis que la mort de la monarchie dans la personne d'un prince vertueux a fait sur les hommes une impression qui ne peut s'effacer. Au moment où le monde moral était plongé dans les ténèbres, une flamme est apparue à la tour du Temple, faible d'abord et vacillante, mais qui brille aujourd'hui d'un éclat immortel et qui a jeté sa sainte lumière sur la chute de la monarchie française. Aujourd'hui, sans doute, la susperstition a perdu son empire ; on ne verra pas la foule des pèlerins affluer vers cette tombe, on ne verra point la pierre tumulaire se creuser sous les pas d'innombrables adorateurs ; mais ce qui n'aura pas de fin, ce sera l'admiration des hommes pour cette noble victime. La vertu et la piété viendront, dans la succession des siècles, apporter leurs hommages au pied du mausolée que lui aura élevé l'histoire. On plaindra son destin, on révérera sa mémoire, et l'on maudira ses meurtriers, aussi longtemps que la justice et la bonté régneront sur la terre.

APPENDICE AU CHAPITRE VIII.

TESTAMENT DE LOUIS XVI.

Au nom de la très-sainte Trinité, du Père, du Fils et du Saint-Esprit : Aujourd'hui, vingt-cinquième jour de décembre 1792, moi Louis, XVIe du nom, roi de France, étant depuis plus de quatre mois enfermé avec ma famille dans la tour du Temple à Paris, par ceux qui étaient mes sujets, et privé de toute communication quelconque, même avec ma famille depuis le dix du courant; de plus, impliqué dans un procès dont il est impossible de prévoir l'issue, à cause des passions des hommes, et dont on ne trouve aucun prétexte ni moyen dans aucune loi existante; n'ayant que Dieu pour témoin de mes pensées et auquel je puisse m'adresser.

Je déclare ici en sa présence mes dernières volontés. — Je laisse mon âme à Dieu, mon créateur ; je le prie de la recevoir dans sa miséricorde, de ne pas la juger d'après ses mérites, mais par ceux de Notre-Seigneur Jésus-Christ, qui s'est offert en sacrifice à Dieu son Père, pour nous autres hommes, quelque endurcis que nous fussions, et moi le premier.

Je meurs dans l'union de notre sainte mère l'Église catholique, apostolique et romaine, qui tient ses pouvoirs par une succession non interrompue de saint Pierre, auquel Jésus-Christ les avait confiés : je crois fermement et je confesse tout ce qui est contenu dans le symbole et les commandements de Dieu et de l'Église, les sacrements et les mystères que l'Église catholique enseigne et a toujours enseignés; je n'ai jamais prétendu me rendre juge dans les différentes manières d'expliquer les dogmes qui déchirent l'Église de Jésus-Christ; mais je m'en suis rapporté et m'en rapporterai toujours, si Dieu m'accorde la vie, aux décisions que les supérieurs ecclésiastiques, unis à la sainte Église catholique, donnent et donneront conformément à la discipline de l'Église suivie depuis Jésus-Christ.

Je plains de tout mon cœur nos frères qui peuvent être dans l'erreur; mais je ne prétends pas les juger, et je ne les aime pas moins tous en Jésus-Christ, suivant ce que la charité chrétienne nous enseigne, et je prie Dieu de me pardonner tous mes péchés; j'ai cherché à les reconnaître scrupuleusement, à les détester, et à m'humilier en sa présence. Ne pouvant me servir du ministère d'un prêtre catholique, je prie Dieu de recevoir la confession que je lui en ai faite, et surtout le repentir profond que j'ai d'avoir mis mon nom (quoique cela fût contre ma volonté) à des actes qui peuvent être contraires à la discipline et à la croyance de l'Église catholique, à laquelle je suis toujours sincèrement uni de cœur; je prie Dieu de recevoir la ferme résolution où je suis, s'il m'accorde la vie, de me servir aussitôt que je pourrai du ministère d'un prêtre catholique, pour m'accuser de tous mes péchés et recevoir le sacrement de pénitence.

Je prie tous ceux que je pourrais avoir offensés par inadvertance (car je ne me rappelle pas d'avoir fait sciemment aucune offense à personne), ou ceux à qui j'aurais pu avoir donné des mauvais exemples ou des scandales, de me pardonner le mal qu'ils croient que je peux leur avoir fait.

Je prie tous ceux qui ont de la charité d'unir leurs prières aux miennes, pour obtenir le pardon de mes péchés.

Je pardonne de tout mon cœur à ceux qui se sont faits mes ennemis, sans que je leur en aie donné aucun sujet; et je prie Dieu de leur pardonner, de même que ceux qui, par un faux zèle mal entendu, m'ont fait beaucoup de mal.

Je recommande à Dieu ma femme et mes enfants, ma sœur, mes tantes, mes frères et tous ceux qui me sont attachés par les liens du sang, ou par quelque autre manière que ce puisse être; je prie Dieu particulièrement de jeter des yeux de miséricorde sur ma femme, mes enfants et ma sœur, qui souffrent depuis longtemps avec moi, de les soutenir par sa grâce, s'ils viennent à me perdre, et tant qu'ils resteront dans ce monde périssable.

Je recommande mes enfants à ma femme; je n'ai jamais douté de sa tendresse maternelle pour eux; je lui recommande surtout d'en faire de bons chrétiens et d'honnêtes hommes, de ne leur faire regarder les grandeurs de ce monde-ci (s'ils sont condamnés à les éprouver) que comme des biens dangereux et périssables, et de tourner leurs regards vers la seule gloire solide et durable de l'éternité. Je prie ma sœur de vouloir bien continuer sa tendresse à mes enfants, et de leur tenir lieu de mère, s'ils avaient le malheur de perdre la leur.

Je prie ma femme de me pardonner tous les maux qu'elle souffre pour moi, et les chagrins que je pourrais lui avoir donnés dans le cours de notre union, comme elle peut être sûre que je ne garde rien contre elle, si elle croyait avoir quelque chose à se reprocher.

Je recommande bien vivement à mes enfants, après ce qu'ils doivent à Dieu, qui doit marcher avant tout, de rester toujours unis entre eux, soumis et obéissants à leur mère, et reconnaissants de tous les soins qu'elle se donne pour eux et en mémoire de moi. Je les prie de regarder ma sœur comme une seconde mère.

Je recommande à mon fils, s'il avait le malheur de devenir roi, de songer qu'il se doit tout entier au bonheur de ses concitoyens; qu'il doit oublier toutes haines et tous ressentiments, et nommément tout ce qui a rapport aux malheurs et aux chagrins que j'éprouve; qu'il ne peut faire le bonheur des peuples qu'en régnant suivant les lois; mais en même temps, qu'un roi ne peut se faire respecter et faire le bien qui est dans son cœur, qu'autant qu'il a l'autorité nécessaire, et qu'autrement, étant lié dans ses opérations, et n'inspirant point de respect, il est plus nuisible qu'utile.

Je recommande à mon fils d'avoir soin de toutes les personnes qui m'étaient attachées, autant que les circonstances où il se trouvera lui en donneront les facultés; de songer que c'est une dette sacrée que j'ai contractée envers les enfants ou les parents de ceux qui ont péri pour moi, et ensuite de ceux qui sont malheureux pour moi. Je sais qu'il y a plusieurs personnes, de celles qui m'étaient attachées, qui ne se sont pas conduites envers moi comme elles le devaient, et qui ont même montré de l'ingratitude; mais je leur pardonne (souvent, dans les moments de trouble et d'effervescence, on n'est pas le maître de soi), et je prie mon fils, s'il en trouve l'occasion, de ne songer qu'à leur malheur.

Je voudrais pouvoir témoigner ici ma reconnaissance à ceux qui m'ont montré un véritable attachement et désintéressé ; d'un côté, si j'étais sensiblement touché de l'ingratitude et de la déloyauté de ceux à qui je n'avais jamais témoigné que des bontés, à eux, à leurs parents ou amis ; de l'autre, j'ai eu de la consolation à voir l'attachement et l'intérêt gratuit que beaucoup de personnes m'ont montré. Je les prie de recevoir mes remercîments.

Dans la situation où sont les choses, je craindrais de les compromettre si je parlais plus explicitement ; mais je recommande spécialement à mon fils de chercher les occasions de pouvoir les reconnaître.

Je croirais calomnier, cependant, les sentiments de la nation si je ne recommandais ouvertement à mon fils MM. de Chamilly et Hue, que leur véritable attachement pour moi avait portés à s'enfermer avec moi dans ce triste séjour, et qui ont pensé en être les malheureuses victimes. Je lui recommande aussi Cléry, des soins duquel j'ai eu tout lieu de me louer depuis qu'il est avec moi : comme c'est lui qui est resté avec moi jusqu'à la fin, je prie messieurs de la Commune de lui remettre mes hardes, mes livres, ma montre, ma bourse et les autres petits effets qui ont été déposés au conseil de la Commune.

Je pardonne encore très-volontiers à ceux qui me gardaient, les mauvais traitements et les gênes dont ils ont cru devoir user envers moi. J'ai trouvé quelques âmes sensibles et compatissantes ; que celles-là jouissent dans leur cœur de la tranquillité que doit leur donner leur façon de penser.

Je prie messieurs de Malesherbes, Tronchet et Desèze, de recevoir tous mes remercîments et l'expression de ma sensibilité, pour tous les soins et les peines qu'ils se sont donnés pour moi.

Je finis en déclarant devant Dieu, et prêt à paraître devant lui, que je ne me reproche aucun des crimes qui sont avancés contre moi.

Fait double à la tour du Temple, le 25 décembre 1792.

(*Signé*) LOUIS.

FIN DU TROISIÈME VOLUME.

TABLE DES MATIÈRES.

FIN DE LA TABLE.

www.ingramcontent.com/pod-product-compliance
Ingram Content Group UK Ltd.
Pitfield, Milton Keynes, MK11 3LW, UK
UKHW012201240726
13966UKWH00002B/498

9 782011 916488